家庭教育指导者丛书

中学生家庭教育指导
标准化课程

浙江省家庭教育指导中心　编著

ZHEJIANG UNIVERSITY PRESS
浙江大学出版社
·杭州·

图书在版编目（CIP）数据

中学生家庭教育指导标准化课程 / 浙江省家庭教育
指导中心编著. -- 杭州：浙江大学出版社，2025. 7.
ISBN 978-7-308-24471-8

Ⅰ. G782

中国国家版本馆CIP数据核字第 2025G6S397 号

中学生家庭教育指导标准化课程

浙江省家庭教育指导中心　编著

责任编辑　平　静

责任校对　汪淑芳

封面设计　周　灵

出版发行　浙江大学出版社

　　　　　（杭州市天目山路148号　邮政编码310007）

　　　　　（网址：http://www.zjupress.com）

排　　版　杭州林智广告有限公司

印　　刷　浙江新华印刷技术有限公司

开　　本　710mm×1000mm　1/16

印　　张　26.75

字　　数　422千

版 印 次　2025年7月第1版　2025年7月第1次印刷

书　　号　ISBN 978-7-308-24471-8

定　　价　100.00元

编委会

前　言

　　家庭教育作为国民教育体系的重要组成部分，历来得到党和国家的高度重视。特别是党的十八大以来，习近平总书记就家庭家教家风建设发表了一系列重要论述，"构建覆盖城乡的家庭教育指导服务体系""加强家庭家教家风建设"写入了党的报告。《中华人民共和国家庭教育促进法》于2022年1月1日起施行，我国家庭教育事业迎来了新发展的春天。进一步发展家庭教育事业，建设覆盖城乡的家庭教育指导服务体系，满足广大家长对家庭教育指导服务日益增长的需求，这都有赖于建设一支人数众多、专业能力强的家庭教育指导者队伍。《中华人民共和国家庭教育促进法》明确规定，"国家和社会为家庭教育提供指导、支持和服务"，"县级以上地方人民政府及有关部门组织建立家庭教育指导服务专业队伍，加强对专业人员的培养"。

　　然而，广大家庭教育指导者普遍存在着专业能力薄弱的问题。家庭教育指导科学性不强，缺少理论依据，以指导者个人经验为主；指导专题缺少系统性和连贯性，比较零散，没有突出各个年龄段儿童身心发展特点及其家庭教育指导重点；指导内容缺少针对性、实操性，对家庭教育存在的问题和家长的需求研究不够，心灵鸡汤类的内容较多。因此，为广大家庭教育指导者研发一套有科学理论依据、有具体指导策略、有逻辑组织体系的家庭教育指导标准化课程，显得尤为必要。

　　浙江省家庭教育指导中心在浙江省妇联的重视和支持下，于2021年启动了"0—18岁儿童家庭教育指导标准化课程"研发项目。组织了以省级家庭教育讲师为核心的研发团队，依据《全国家庭教育指导大纲（修订）》，深入研究各年龄段儿童身心发展特点，在全省范围内全面开展各年龄段儿童家长对家

1

庭教育指导的需求调查，多次召开专家论证会，分 0—3 岁、3—6 岁、小学段和中学段 4 个年龄段，构建了家庭教育指导标准化课程体系，历时 3 年研发了100 节家庭教育指导标准化课程。

每个课程包括课程简介、课程框架和课程内容 3 个部分，其中，课程内容包括实例导入、主题相关概念与理论概述、家庭教育中存在的问题与原因分析、家庭教育指导策略与具体方法、典型问题解析等几个方面，旨在既提升家庭教育指导者的理论水平，又提高家庭教育指导者的实践指导能力。

在近 200 位省级家庭教育讲师中开展依据"标准化课程"文本的备课、说课、评课研讨活动后，"标准化课程"得到了一致好评。讲师们认为该"标准化课程"为广大家庭教育指导者提供了备课抓手，具有"三省四性"特点。"三省"，即省时，备课方便，节约时间；省力，有经典案例，有丰富内容素材，省去广泛搜索资料的疲劳；省心，提升指导者授课的底气，知其然，知其所以然。"四性"，即科学性，基于经典理论，凝结一线指导者经验，经过相关学科专家把关；实用性，基于前期调查，反映广大家长的真实需求；可操作性，提供大量的实操指导与案例；系统性，指导对象涵盖了 0—18 岁各个年龄段儿童的家长，指导内容涵盖了道德品质、身体素质、生活技能、文化修养、行为习惯等家庭教育的各个方面。

本套丛书共 4 册，分别为《0—3 岁儿童家庭教育指导标准化课程》《3—6岁儿童家庭教育指导标准化课程》《小学生家庭教育指导标准化课程》《中学生家庭教育指导标准化课程》。家庭教育指导者在使用时，不能简单照搬，而是要根据家长的实际情况和指导者的自身优势，进行认真备课。备课时要注意以下几点：一是课程中提供的案例，可以参考使用，如果用自己身边的鲜活案例就更好；二是课程中阐述的理论部分，是提供给指导者的学习材料，在指导者融会贯通的基础上，可以用家长听得懂的话语适度讲解给家长；三是课程中提供的指导策略，可以适当选用，还可以结合自己的指导经验加以丰富；四是教学方法和教学形式的选用，应当以指导内容和家长情况为依据，教学方法可以使用讲授法、讨论法、案例分析法、示范演练法、游戏互动法、角色扮演法、情景体验法等，教学形式可以采用讲座、经验分享会、专题讨论会、工作坊、亲子活动等。

本册《中学生家庭教育指导标准化课程》分"生理卫生保健""心理健康教育""关系指导""学习的家庭支持"4个维度，由30节课程组成，其中，初中18节课，高中12节课。课程体系中某一年级的主题是指该问题从该年级开始特别突出，同时包括后面的年级。高亚兵具体负责研发，组建了分别由高亚兵、刘少英、郑国强牵头的编写团队，几易其稿，完成了编写工作。省级家庭教育讲师们在评课活动中提出了修改意见，平静为本书的出版倾注了大量心血，在此一并致谢。浙江省家庭教育指导中心组织召开论证会、验收会，确定课程框架，全程指导课程研发工作，高亚兵负责全书审稿、统稿等工作，来祥康、吴恬、吴旭梅、杨洁等参与了相关工作。

对家庭教育指导标准化课程的研究和编撰，可借鉴的经验较少，且由于时间仓促，水平有限，本书难免存在疏误之处，敬请专家和读者不吝赐教。

浙江省家庭教育指导中心

目 录
CONTENTS

第 1 课

如何指导孩子正确应对
青春期身体变化

课程简介

教学对象

初中生家长

教学目标

1. 认识青春期孩子生理变化的表现及其原因。

2. 理解孩子面对青春期生理变化产生的困惑、烦恼和焦虑，坦然地与孩子开展讨论。

3. 掌握指导孩子应对青春期身体变化的策略。

教学时长

60 分钟

课程框架

参考文献

课程内容

🧍≡ [实例导入]

场景一：梅子到初一突然变得爱漂亮了，很讨厌自己脸上的痘痘。爸爸妈妈跟她说："长痘痘有什么关系？一个人又不是只看长得好看不好看，还是学习最重要。"但是梅子听不进去。最近她又说想去打耳洞，还想染头发。爸爸妈妈很迷惑：这孩子现在怎么这么看重外表呢？我们可是从小就教育她，一个人心灵美最重要嘛。

场景二：宁轩是初一的男生，身高 155 厘米。看着同班男生都比自己高，宁轩很着急，常常想："我是不是长不高了呀？"宁轩的妈妈更着急，每天都让儿子吃钙片、三七、鹅肉等，总之，别人推荐吃什么长得高，妈妈就让他吃什么。

青春期是孩子身体成长和性发育成熟非常快的时期，生理和心理将经历从儿童向成年人的转变。在此过程中，很多孩子对自己的身体变化充满好奇、期待，同时也因为不清楚会发生什么或者不适应变化而产生烦恼。

一、青春期孩子的主要生理变化

进入青春期，由于神经系统和内分泌系统的影响，人体的形态和功能都出现显著的变化。

（一）身体快速生长

到了青春期后，孩子身高的增长速度加快，每年可增长 6—10 厘米。随着骨骼、肌肉等迅速生长，孩子的体重每年可增加 5—8 千克。另外，大脑也进一步发育，其内部结构和功能更加完善，神经系统的调节功能大大增加；内脏功能日趋健全，例如心脏每搏输出量增多、肺活量显著增加等。

（二）第二性征出现

进入青春期，生殖器官发育加快并逐步成熟，性激素的分泌促使第二性征出现。第二性征是指除生殖器之外，在性别上的其他身体差异。

1. 男性的第二性征

男孩步入青春期，会逐渐出现男性的第二性征。例如，肩膀宽平，胸部平实，臀部盆骨窄，肌肉发达，皮下脂肪较少，形成高大壮实的体格形态；皮肤粗糙且较厚；脸上长出胡须，身体各部位的毛发比较多；喉结突出，嗓音逐渐变得粗沉等。

男孩性发育的重要标志是出现遗精。遗精产生的原因是随着性发育的进展，男孩的睾丸产生精子，前列腺和精囊腺等分泌液体，两者组成精液储存在附睾中；当精液积存到一定量，体内已无处可容时，就会经过输精管排出体外，这就是通常所说的"精满自溢"。遗精一般不知不觉地出现在睡梦中（称为"梦遗"），也有的发生在清醒时或白天劳累之后（称为"滑精"）。

2. 女性的第二性征

女孩步入青春期，会逐渐出现女性的第二性征。例如，肩膀相对狭窄，乳房隆起、丰满有弹性，盆骨较宽，臀部浑圆，皮下脂肪较厚，形成日趋丰满的体格形态；皮肤细嫩且较薄，无胡须，躯干上的毛比较细而稀疏，头发较浓密；喉结不明显，嗓音逐渐变得尖细等。

女孩性发育的重要标志是出现月经。月经产生的原因是进入青春期后，女孩的脑垂体分泌出性腺激素，使卵巢内的原始卵泡发育成熟，每月排出一个或几个成熟的卵子到输卵管。与此同时，卵巢释放的大量激素刺激子宫内膜增厚，内壁变得松软、肥厚、充血。随着激素水平的变化，增厚的子宫内膜会自动萎缩脱落，连同其中少量的血液一同排出体外，这就是"月经"。女孩来月经是自然、正常的生理现象。

（三）变化时间差异

1. 男女孩身体变化进程

大多数孩子会在较为集中的年龄段进入青春期，普遍的情况是女孩比男孩早发育 1—2 年。根据 2019 年全国学生体质与健康调研数据，男孩首次遗精的年龄中位数为 13.8 岁，女孩月经初潮的年龄中位数为 12.0 岁。发育成熟所需的时间长度也因人而异，例如有些女孩或许只需 1 年左右，另一些则长达 5—6 年或更久。

2. 早发育和晚发育

虽然大部分孩子会在十几岁时进入青春期，但发育有早有晚。大多数情况下，对于孩子早一点发育或者晚一点发育不必特别关注。但是，如果孩子出现性早熟或者性发育延迟（青春期发育延迟）的状况，就需要重视了。

根据卫生部 2010 年颁布的《性早熟诊疗指南（试行）》标准，男孩在 9 岁前，女孩在 8 岁前呈现第二性征被确定为性早熟。性发育延迟的主要表现是男孩的年龄超过 14 岁，但睾丸体积仍未见增大；女孩的年龄超过 13.5 岁，但乳房仍未见发育。性发育延迟可能是体质性的，也可能是病理性的。体质性青春期发育延迟就是较大多数孩子晚几年发育，不需特殊治疗；病理性原因引起的青春期发育延迟则需要寻求医疗干预。

二、青春期生理变化引发的常见问题

与相对稳定的童年期相比，青春期身体产生的变化可以算得上"巨大"，因而孩子容易产生困惑、烦恼和焦虑。

（一）身体变化不平衡的困扰

孩子对个子一下子蹿得很高、体重增加、体型发生变化等会感到不适。由于开始发育时，常常先是手、腿和脚发育加快，然后才是躯干，因此许多十几岁的孩子长得比例不协调——大手大脚而且腿长，这会让他们觉得不够美观。

（二）第二性征发育的困扰

1. 男孩容易产生的困扰

（1）阴茎发育的困扰

在身体发育过程中，有的男孩会对阴茎的变化产生好奇，比如为什么阴茎会勃起？自己需不需要做"包皮环切术"？有的男孩会对阴茎的发育产生焦虑，比如，自己的阴茎是否太小？如果上课或者运动过程中勃起，怎么办？等等。

（2）产生遗精的困扰

有些男孩不了解遗精产生的原因，以为自己突然"尿床"了，非常害羞和担心。有的男孩受错误观念的影响，认为"一滴精十滴血"，产生"遗精有害健康"的错误看法，在遗精后处于一种紧张状态，甚至害怕别人知道，弄得自已很苦恼。

（3）声音变化的困扰

变声是男孩青春期最明显的变化之一，也是容易令人尴尬的事情之一。朗读课文，回答问题，甚至与人聊天时都可能出现"破嗓子"。有的男孩因为声音变得粗沉而不适应，或者因为变声而不好意思说话。

2. 女孩容易产生的困扰

（1）月经来临的困扰

①初潮

当初潮来临时，有的女孩思想上毫无准备，会惊慌失措、心烦意乱；有的女孩受社会上一些错误看法（比如认为来月经是难为情的事情）的影响，会产生羞愧或者厌恶的情绪；有的女孩在月经期会感到身体不舒服；有的女孩在初潮后因为月经不规律，内心容易焦虑；而当考试遇到月经期时，有的女孩会担心影响发挥。

②痛经

痛经是青春期少女常见的困扰，一般不是由器质性疾病引起的。来月经时，子宫需要收缩才能把经血排出去，有的女孩痛经是因为精神太过紧张，有的女孩是因为体质弱降低了身体的耐受力，还有的女孩是因为子宫发育不良或尚不完善导致经血不能畅通排出等。每个女孩疼痛的程度不一样，有的是剧烈的绞痛，有的是坠胀感，有的是小腹、腰部、骶骨有压迫感似的隐痛、酸痛等。

③经前期综合征

有一部分女孩会出现"经前期综合征"。这是由月经来临前神经内分泌功能失调引起的，主要表现为头痛、眩晕、恶心、呕吐、心悸等，也有人感到乳房胀痛、失眠、注意力不集中等。这些症状还可能会引起女孩的心理变化，如有些人容易生气、好攻击、苛求周围的人；有些人多愁善感、多疑、爱哭。一般来说，这些症状在月经过后就会减弱或消失。但也有少数女孩为此心理紧张，每到月经前几天，就害怕出现上述症状，因而焦虑、恐慌、烦躁不安。

（2）乳房发育的困扰

女孩对乳房发育产生的变化也会感到焦虑。例如，刚开始发育的时候感觉乳房有个硬块，担心自己生病了；觉得自己的乳房太小或者太大；发现自己的两只乳房不一样大小而着急；因为不想被同伴发现乳房发育，内心产生羞涩感，含胸驼背走路，或者盛夏季节依然穿着春秋外套；还有的女孩纠结要不要穿小背心或穿戴胸罩；等等。

3. 男孩和女孩都容易产生的困扰

（1）青春痘问题

青春痘，也称粉刺、痤疮，产生的主要原因是青春期孩子皮肤分泌油脂增多，阻塞在毛孔中，不能顺畅排出，就在毛囊中积聚起来，形成大小不一的疙瘩。青春痘比较容易长在面部、肩胛或者背部等皮脂腺发达的地方。

长青春痘是青春期孩子常见的现象，也是让他们很烦恼的问题。有的孩子觉得长青春痘影响了自己的形象，有的孩子担心被同学笑话，有的孩子会采用一些不恰当的方式处理（例如用长长的刘海遮挡，或者总是用手抠或挤痘痘）。

（2）体毛问题

男孩往往对胡须问题感到焦虑和烦恼。有的男孩认为胡须不好看而设法拔除，引发毛囊炎或者皮脂腺炎症；有的男孩会因为是否长胡须而相互取笑。

有的女孩会觉得长阴毛怪怪的，或者因为腋毛太浓密而感觉不舒服；有的女孩认为四肢的汗毛太长、太密，影响美观，以至于夏天不敢穿短袖，甚至希望能采取某种方法将其除去。

（三）体像烦恼

1. 体像烦恼的概念

"体像烦恼"是青少年群体中较为普遍的一种心理困扰。高亚兵、骆伯巍认为，体像烦恼是由个体自我审美观或审美能力偏差导致自我体像失望而引发的心理烦恼，是介于正常的体像心理与体像障碍之间的一种体像心理状态。

对青少年来说，体像烦恼具体表现为形体烦恼、性别烦恼、性器官烦恼和容貌烦恼等方面。具体来说，比如嫌自己不够漂亮；认为自己皮肤不够白、牙齿不够整齐、身材太胖或者太瘦、个子太矮或者太高、发型和服装不能获得同伴的认可；对自己的阴茎或乳房发育存在焦虑；等等。

2. 体像烦恼对青少年的影响

体像烦恼会给青少年的自尊、社会交往、情绪和学习积极性带来消极的影响。高亚兵等人编制的"青少年学生体像烦恼问卷"，抽取了 3121 名大中学生进行调查。结果表明，体像烦恼与自尊呈显著负相关，有体像烦恼的青少年学生自尊得分较低，没有体像烦恼的青少年学生自尊得分较高。

3. 家长不理解孩子的体像烦恼

对于一个青春期孩子来说，一颗青春痘可能就会毁掉其整整一天的好心情，一个剪坏的发型就可能成为其待在家里、不去上学的理由。孩子如此在意外貌体像，很容易引起家长的不理解，产生怀疑、猜忌，导致亲子之间产生矛盾。家长往往认为不需要太关注外在的形象，品德好、读书好才更重要；但是孩子并不这样认为，或者即使在认知层面接受家长的观点，内心却无法真正释怀。

（四）早发育和晚发育焦虑

青少年大多都很关注自己比同龄人是早发育还是晚发育，由此对他们的心理会产生重要影响。比如，较晚发育的部分中学生会焦虑自己"为什么还没有开始生长"，担心自己"是否正常"；较早发育的部分小学生会焦虑自己"是不是太早"，担心"会不会被别人发现"；而性早熟的部分孩子则担心"医生用了抑制生长的药，不知道会不会长不高了"；等等。

有研究表明，早熟的男孩自我感觉更好，而且比晚熟的同龄人更加受欢迎；而早熟的女孩情绪问题更多，包括更低的自我形象认知与更严重的焦虑、抑郁、饮食障碍和惊恐，显得畏缩不前，缺乏自信，有心理压力，等等。

三、家长应对孩子青春期生理变化的指导策略

（一）树立正确理念：与孩子坦然讨论发育问题

青春期孩子需要了解身体发育以及与之相关的问题，家长有责任和义务指导他，以帮助其身心健康成长。因此，在孩子生理变化的过程中，家长需要明确一个理念：大人是可以与孩子坦然讨论发育问题的。家长要勇于破除"发育

是神秘而不可言说"的观念，和其他事情（如学习、生活等）一样易于、敢于表达出来，使亲子沟通变得更通畅。

（二）储备科学知识：指导孩子做好卫生保健

为了更好地指导青春期孩子应对身体变化，家长需要储备青春期性生理变化的科学知识，通过学习、培训、请教专业教师等途径掌握以下相关内容，以备孩子提问或者主动开展指导。

1. 男孩的阴茎保健

男孩要经常清洗阴茎，并翻起包皮清洗包皮垢，必要时做"包皮环切术"；勤换内裤，内裤宜选用透气性强的棉纺织品；裤子要穿得宽松些；在运动状态下，注意保护阴茎和睾丸，避免碰撞；若发现有问题，及时去医院泌尿外科检查；等等。

2. 男孩的遗精保健

注意观察遗精的频率；发现遗精，及时更换内裤并正确清洗阴茎和阴部；等等。

3. 女孩的月经保健

保持阴部清洁，每天用温水清洗；勤换内裤，注意经期用品的卫生；防寒保暖；避免辛辣和生冷的食物；可淋浴，不盆浴；经期可适度活动，不游泳，避免剧烈运动；保持乐观开朗和情绪稳定；保证充足的睡眠；学习观察和记录月经周期；等等。

4. 女孩的乳房保健

不穿紧身衣或束胸；及时穿戴合适的胸罩；避免碰撞、挤压，以防乳房组织受到损伤；学习乳房自检；等等。

5. 青春痘的保健

加强皮肤护理，早晚用温水洗脸，忌用油性化妆品；少吃甜食或油腻食品，多吃新鲜蔬菜和水果，不饮酒，多喝水；保持心情愉快；不挤捏青春痘，以防感染或留下疤痕；如果痘痘严重，可在医生指导下进行一些药物治疗；等等。另外，家长可以告诉孩子，随着青春期的结束，体内激素分泌趋向稳定，皮肤会变得光洁，因而不必为脸上长痘而过分担忧。

6. 变声期的保健

不大声喊叫，不使嗓子过于疲劳；不吃或少吃辛辣、油腻、生冷、高盐、高糖、过酸等刺激性食物；剧烈运动后，不马上喝冷水；等等。

（三）做好充分准备：陪伴孩子迎接即将发生的变化

"教育要走在孩子发展的前面"，这是开展家庭教育的基本理念，家长指导孩子应对青春期身体变化亦是如此。

1. 为男孩进入青春期做准备

父母需要敏锐地观察孩子正在经历的变化，选择合适的时机，与孩子谈谈他将要经历的身体变化以及相应的感觉。

比如，父母可以让孩子知道跟阴茎相关的内容：有些男人的阴茎比较小，有些比较大；阴茎在软的时候比较小，在性兴奋时就会变得比较大；阴茎的大小和性满意度没有关系。父母也可以介绍阴茎勃起的知识：男孩到青春期可能会对性感兴趣，体验性吸引这种感觉。阴茎可能经常勃起，而且有时会发生在出乎意料的时候。比如，一个漂亮女孩在他面前做自我介绍时，他看见杂志上的一个性感广告时……这完全是正常的反应，勃起会自行消退。父母可以教给孩子一些遮挡的方法，比如把餐盘或衣服挪到合适的地方，或者把正在读的杂志放在齐腰的位置等。

爸爸可以与儿子分享一些自己青春期的体验。比如，"当我在你这么大的时候，我还以为我的身体……""我第一次遗精是在……""那时候，我对我身体最大的担心是……"等等。

独自抚养儿子的单亲母亲，可以根据母子的关系情况，提供必要的指导。例如，妈妈可以开诚布公地和儿子谈谈这些变化，就像谈其他问题一样；也可以请孩子的舅舅、祖父或其他儿子信任的男性亲友帮忙承担这个任务。

2. 为女孩进入青春期做准备

一旦女孩开始乳房发育，妈妈就需要与她多交流。妈妈可以告诉女儿：她的乳房开始发育了，这是她身体奇妙变化的开始；可以给她讲一讲未来几年身体将会发生的一系列变化。

妈妈可以为女儿的月经多做一些准备。例如，当女儿去超市或者在家里发现并询问"卫生巾"的时候，或有意无意地说起同学或朋友已经来月经的时候，妈妈可以借机与孩子交流关于月经的问题。妈妈可以分享自己的亲身经历，比如，第一次来月经的情形，自己是如何应急处理的，等等。另外，母女可以预先为月经来临做些准备，例如在女儿的书包里放一包卫生巾，模拟排练如果在学校或者其他地方第一次来月经，她该怎么做。

妈妈还可以与女儿分享自己在青春期身体变化时的感受和体验。比如，"在我像你这么大的时候，我的身体看起来像……""当时我最关注身体的……"；等等。

当女孩青春期快来临时，如果与女孩一起生活的是单亲父亲，可以根据父女的关系情况，开展必要的指导。例如，爸爸可以直接与女儿坦诚交流；也可以邀请阿姨、祖母或者一个女儿信任的女性亲友，负责任地承担这项工作；还可以准备相关的科学书籍或者视频，以备女儿查询。

（四）指导解决困扰：帮助孩子学会悦纳自我

1. 体像烦恼的指导

家长需要关注孩子自我体像接纳方面的指导，引导孩子树立正确的审美观，正确认识青春期自我体像，接纳自我体像，以消除体像烦恼。

（1）帮助孩子树立观念：我是独一无二的个体

这个世界上没有两片相同的叶子，也没有完全相同的两个人。正因如此，这个世界才多姿多彩、丰富绚丽。每个人都可以努力去发现自己身体的独特之处，并为此而自豪。家长可以指导孩子树立这样一个观念："我就是最独特的我，独一无二的我，无论高矮胖瘦、体像如何，我都喜欢我这个样子。"

（2）协助孩子确立态度：平静而欣然地接纳自己

每个人对自己的身体总会有满意也有不满意的方面，学会安心地接纳、欣赏自己的体像，这是从青春期走向成熟的表现。家长可以引导孩子泰然自若地对待自己的体貌，不需要与其他人比较，也没有必要以流行文化及影视作品中的人物为标准；更不要做出不科学的改变，招致有害后果。

（3）指导孩子调整想法：为理想体像做适当的努力

在接纳自己体像的同时，家长可以引导孩子思考和调整自己的想法，看看能不能为达到自己理想的体像做一些行之有效的努力。

比如，孩子担心个子不高，那么，家长可以指导孩子做哪些努力有利于自己长个子，例如好好睡觉保证充足的睡眠，好好吃东西保证营养均衡，多做一些伸展运动，等等。

比如，孩子认为自己五官不够漂亮，家长可以引导孩子思考"别人是如何评价一个人的"，让孩子懂得，除了外貌还有其他的方面可以表现自己的特点，例如有好的气质，这是可以通过努力去实现的。

家长还可以与孩子讨论"外表美和内在美之间的关系"，让孩子明白内在美才是美丽的核心和灵魂，它具有宝贵的、不可取代的价值，引导孩子加强自我修养，通过提高和完善内在素质而使自己拥有真正的美丽。

2. 其他烦恼的指导

（1）痛经

积极、乐观、愉快等情绪会削弱疼痛的刺激强度；反之，消极、焦虑、恐惧等情绪会增强疼痛的刺激强度。痛经还具有暗示性，即本来没有痛经的人，因看到同伴痛经的痛苦，也会发生痛经；或者原来痛经很轻，受到别人痛经严重的暗示，自己也加重了。因此，家长在指导女孩时，不仅要让她把月经看成青春期"每月必经"的正常现象，解除许多不必要的猜疑和困惑，还需告诉她要保持精神愉快、情绪放松。另外，做好保暖，多喝开水，也有利于痛经的预防和缓解。

（2）白带

家长可以跟孩子介绍有关"白带"的常识。进入青春期后，女孩的内裤上出现的黏液，是阴道分泌物，俗称"白带"。白带能使阴道和外阴保持一定的湿润度，并促使阴道的"卫士"——阴道杆菌正常生长，起到保护阴道的作用。一般来说，白带的量不会太多，也不会有特殊的感觉。如果白带量明显增多，并有阴部奇痒，或者白带发黄、有臭味，那就要及时去医院检查是否有炎症或其他异常。

参考文献

[1] 闵乐夫.青春期性教育教师实用手册[M].重庆：西南师范大学出版社，2010.

[2] 陈一筠，张晓清.我长大啦：小学生青春健康[M].北京：中国妇女出版社，2005.

[3] 陈一筠，陈静秋.解读青春密码：中小学生家长必备[M].北京：中国妇女出版社，2005.

[4] 吴若梅，等.引领孩子度青春："青苹果"专家导航[M].北京：中国妇女出版社，2005.

[5] 胡佩诚.性健康十五讲[M].北京：北京大学出版社，2009.

[6] 高亚兵，彭文波，等.大中学生体像烦恼与自尊的相关研究[J].心理科学，2006（4）：973-975.

[7] 高亚兵，骆伯巍.论青少年学生的体像烦恼[J].浙江教育学院学报，2007（6）：28-32.

[8] 中华人民共和国卫生部.性早熟诊疗指南（试行）[J].中国儿童保健杂志，2011（4）：390-392.

[9] 赵荣杰.关于生长发育方面所发现问题的探讨及治疗策略[J].继续医学教育，2020（6）：63-65.

[10] 张依航，蔡珊，等.中国9~18岁儿童青少年首次遗精/月经初潮与心理困扰的关联研究[J].中华流行病学杂志，2023（10）：1545-1551.

[11] 哈夫纳.从尿布到约会：家长指南之养育性健康的儿童（从婴儿期到初中）[M].王震宇，张婕，译.上海：上海社会科学院出版社，2018.

[12] 斯坦伯格.青少年心理学[M].梁君英，董策，王宇，译.北京：机械工业出版社，2021.

（执笔：缪群　杭州市富阳区富春第三中学）

第 2 课

如何帮助孩子
适应初中生活

课程简介

教学对象
初一年级新生家长

教学目标
1. 认识到孩子适应初中生活的重要性。
2. 了解新生入学适应存在的问题及原因。
3. 学会帮助孩子适应初中生活的指导策略。

教学时长
90 分钟

课程框架

（三）改善关系，提供策略

    1.改善同伴关系，合理处理冲突

    2.改善师生关系，家校形成合力

    3.改善亲子关系，理解接纳孩子

参考文献

课程内容

　　小文刚升入初中，短短两周的生活已经令她精疲力竭。一开学就迎来了国防教育，在严格的纪律要求下，小文多次被批评，艰苦的军训生活也让她身体疲惫。军训结束后，学校的教学节奏又给了小文重重一击。她不适应每天早早来到学校，不间断地上课，每节课的内容又多又难；不适应班主任"这个不能做、那个不能做"的管理要求；不适应晚自修，晚上 8 点多才能回家。她很想念小学生活，没有那么大的学习压力，周围都是聊得来的朋友。她感觉非常糟糕，心情低落，不想上学了。面对小文的情况，老师觉得这个女孩太娇气，纪律意识差，是个不小的麻烦。父母则一方面担心小文这种状态会影响学业，另一方面生气她怎么出这么多状况，大家上的是一样的学校，偏偏她不能适应。

　　像实例中小文这样的情况并不少见。从六年级到初一，虽然只是升了一个年级，但对于孩子来说却是一个很大的跨度，是从"小学"到"中学"的提升。他会面临环境、学业、人际的众多变化，出现适应难题。一些孩子会慢慢适应初中生活，融入其中，找到新的定位与方法，也会有一些孩子始终难以适应，进而影响学业、情绪和身心健康。

一、新生入学适应概述

（一）入学适应对新生的意义

　　李勇通过自编"初一新生学校适应状况调查问卷"进行施测和信息收集，调查结果显示，参与调查的初一新生在过渡期的学习适应、人际适应、环境适应 3 个维度 21 个因子上，均表现出不同程度的适应问题。李琳琳也通过类似的调查发现，初一新生在环境、学业、关系等方面存在普遍的适应问题，而适应状况与他们的健康发展密切相关。

　　每年 9 月，初中学校会普遍开展心理普查工作，测量工具以《中小学心理健康诊断测试量表（MHT）》为主。根据测量数据与后续访谈发现，新生的适应状况与心理健康密切相关。适应新环境常常伴随着一定程度的压力和焦虑，学习要求、社交圈子、生活方式的改变等，都可能导致个体感到不安和紧张。在学校的咨询室，适应不良是最常见的发展性问题之一，又以初一新生最为突出。

陈秋梅对某地区初一新生学校适应状况及其与学业成绩的关系进行研究，统计、分析表明：学业成绩与学校适应各维度之间呈显著正相关，良好的适应可以促进学业成绩，不良的适应会降低学业成绩。在实际的教育教学过程中，任课老师与班主任也时常会提到，部分孩子因为适应不良而慢慢对学习失去兴趣，学习动力不断减弱；这些孩子还容易有更大的压力和情绪困扰，无法融入班级，影响在校的表现。

由此可见，良好的入学适应可以促进孩子的心理健康，提升其学业成绩。反之，则会对孩子产生诸多不利影响。帮助孩子在入学阶段积极适应初中生活非常重要。

（二）新生入学适应的内涵与类型

1. 新生入学适应的内涵

初中新生入学适应主要是指适应学校，即孩子能够感知到良好的学校氛围，积极与同伴、老师相处，能够掌握学习技能，遵守学校的行为规范以及拥有积极健康的情绪，并通过自己的努力实现个人价值。

入学适应主要包含三方面：首先是环境适应，初一新生要积极适应新的学校环境与规则；其次是学业适应，他们要积极适应老师的教学节奏与初中的学习节奏；最后是人际适应，他们要适应全新的同学、老师；等等。

2. 不同的适应类型

初中新生在入学适应过程中，会表现出不同的适应类型。

（1）被动适应与主动适应

有的孩子面对环境的变化被动适应，迫于环境改变自己的行为和态度；也有的孩子主动适应，会充分发挥主观能动性，主动调整自己与环境不适应的地方，并尽可能改变环境使之适合自己发展的需要，这是一种比较高级的适应方式。例如前面的实例中，小文不适应每天很早起床，后续如果她因为害怕老师与父母惩罚，最后克服困难起床上学了，这就属于被动适应；而如果她主动设置闹钟，调整生物钟去上学，就是主动适应。

（2）积极适应与消极适应

积极适应是心理健康的表现，消极适应就可能导致心理问题。例如，一个孩子成绩不好，考试经常不及格，他会选择很多方式来克服，如更加刻苦学习、改进学习方式、请教老师，直到学习成绩上去，即解决了问题。这是一种积极的、良好的适应。但也有孩子会以整日忧虑、哭泣、焦虑的方式去适应，虽然结果也会减轻心理压力，但却是一种消极的、不良的适应。

每个初中新生都会面临适应的问题，这既是一种困难和挑战，也是成长的机会。家长应鼓励孩子主动适应、积极适应，以更加健康的状态迎接变化。

二、新生入学适应存在的问题与原因分析

（一）存在的问题

初一新生入学最常见的适应问题，表现在以下几方面。

1. 环境适应不良

（1）学校的规章制度

对于新生而言，初中的校园是陌生的，但更陌生的是学校的节奏与制度。当前，初中孩子每天的学习时间普遍长达12个小时。尽管教育部门有针对"作业、睡眠、手机、读物、体质"的五项管理规定，也明确要求保证学生每天1小时的户外锻炼时间，但仍有大量孩子很不适应这个节奏。同时，初中普遍重视德育管理，有明确的规章制度，对于迟到、早退、服饰、发型等均有严格要求，这对新生也是一个挑战。

（2）班主任的管理模式

组建班集体后，班主任会开始着手制定班级的规章制度，从而更好地管理班集体。不同的班主任会有不同的管理风格，有些班主任采用粗放式的管理模式，只要学生遵守学校相关制度规定就可以了；也有些班主任采用精细式的管理模式，将学业、纪律、卫生等表现纳入考核体系之中。有些班主任喜欢带着学生一起讨论班级规章制度，也有些班主任直接把自己认为重要的制度公布并执行。所以，部分孩子会适应不良。

（3）班集体的归属感

小学的六年时光，让孩子对之前的班集体有比较强烈的归属感。现在到了新的班集体，他需要适应并融入其中。当孩子接纳自己的班集体并以自己是某某班的一分子而感到自豪的时候，群体归属感就随之产生。但这种归属感的建立往往需要时间和契机，例如学校组织大型的活动，班集体为了同一个目标努力奋斗，就可以加速群体归属感的建立。若孩子游离在班集体之外，就会出现适应不良。

2. 学业适应不良

（1）学习内容

小学的主要科目是两门：语文与数学，到了初中则一下子增加了许多。以浙江省为例，中考科目包含语文、数学、英语、科学、社会、体育与健康，而且每门科目都有不同的要求。这给初一新生带来比较大的学习压力。

（2）学习强度

初中生一天需要上 8—10 节课，学习时间长。初中老师的授课方式也和小学很不一样，课堂节奏快、容量大、难度大，用于复习巩固的时间却大大减少，加上每门课都有不少的作业，学习强度很大。一些不适应的孩子就很容易陷入应付学习的泥潭中，身心疲惫。

（3）评价方式

初中与小学的评价方式有很大的不同。小学低段没有考试，小学中高段采用等级评价制度，初中则直接呈现考试分数。小学的考试频率低，主要是期中与期末两次重要考试，初中则周周练、月月考。小学时，家长对于成绩的要求不高，而到了初中，家长会越来越看重成绩，这都给了孩子很大的压力。

（4）学习习惯

小学的学习往往是由老师手把手教，初中阶段则十分看重孩子的自学能力。有些孩子没有掌握良好的学习方法与学习习惯，就会很不适应。

3. 人际适应不良

（1）同伴关系

孩子小时候的交往以活动为中心，玩在一起就是朋友，友谊并不深刻，朋友往往很多。进入初中后，随着独立意识的加强，他逐渐不满足于一般的交往，而是更多地需要交流思想、探讨问题、互相帮助，从而结成深厚的友谊。这个阶段的同伴关系比较深入，超越亲子关系，成为孩子最重要的人际关系。但不少孩子无法在升入初中后建立良好的同伴关系，于是感到孤独与焦虑。

（2）亲子关系

孩子在小时候，与父母是稳固的铁三角关系，亲子关系对其是最重要的，也比较听父母的话。进入青春期，孩子开始追求权利、自由与平等，但父母习惯了孩子听话，就会很不适应；同时，唯分数的教育理念让父母的话题总离不开学习，常常以学习成绩来评价孩子，这也会让孩子感到厌烦与愤怒，这些都很容易造成彼此之间的矛盾冲突。

（3）师生关系

小学阶段，老师与学生的关系往往是亦师亦（父）母，各方面都关注得较为到位，对学生的情感关注很多。而中学老师与学生相对独立，往往是亦师亦友，情感关注相对较少。这对孩子来说，也需要适应这种新型的人际关系。

由此可见，初一新生面临的适应问题复杂且艰难，对于他们而言是一个巨大的挑战。

（二）原因分析

1. 身心发展变化大

初一学生年龄在 12—13 周岁，正处于青春期的起始阶段，这是生理发育的第二高峰，身体会经历快速发育。但是，他们刚刚跨入青春期，身上又保留了儿童时期的大量特点，心理还比较幼稚，思维尚不够独立，情绪容易波动，面对困境时，还会对父母、师长充满依赖。这个阶段，他们会迷茫，也会混乱，心理并没有做好充足的准备。

2. 周边环境变化大

在孩子自我发生巨大变化的过程中，其外部环境也在发生巨大的变化，这无疑加剧了适应的难度。可以试想一下，一个懵懵懂懂的孩子跨入了新的学校和教室，面对新的老师与同学，还要配合新的管理与制度，从早到晚、从周一到周五，要始终保持良好状态，这是很不容易的。

3.家庭未做好准备

小升初是九年制义务教育，在大部分家长看来，升入初中是顺其自然的事情，他们并不了解孩子即将面临的变化与挑战，也就不会去做小升初衔接指导。有的家长知道初中的学习会有巨大的变化，担心孩子跟不上，于是给孩子报各种补习班，努力提升学业的进度，却忽略了孩子可能面临的其他适应问题。很多孩子升入初中后，学业上并没有很大的困难，但因为不适应新学校的环境、老师的管理风格，无法与新的同学建立友谊等原因，在学校过得很不开心，进而影响了学业。

三、新生入学适应的指导策略

家长想要更好地指导孩子适应初中生活，首先，要提高相关意识，理解孩子从小学升入初中，适应问题是不可避免的，孩子会遇到很多的困难，他需要家长的理解和帮助，这对他很重要。其次，要明白孩子会遇到哪些适应问题，然后针对孩子的实际情况，对症下药，真正帮助孩子提前适应初中。最后，孩子真正遇到问题时，家长也不必过于担忧。孩子进入新的环境，存在适应问题本身就是正常的，适应的过程也是其个体发展的过程。

针对孩子遇到的环境、学业、人际三大适应问题，家长可以从以下几方面开展指导。

（一）熟悉校园，适应规则

1.引导孩子了解并遵守学校规则

入学初期，提醒孩子仔细阅读学生手册或相关文件，了解学校的规章制度、作息时间、行为规范等；积极参加学校组织的新生适应类活动，特别是关于校规校纪的讲解，确保自己知道哪些行为是被鼓励的，哪些是被禁止的。

2.鼓励孩子积极融入班级

家长要引导孩子充分了解并尊重班级的管理制度，如值日制度、奖惩机制等；积极参与班级建设，为班级贡献自己的力量；主动参与班级的各项活动，如班会、学习小组、文体比赛等。这些都可以帮助孩子更好地融入学校社交圈子，培养兴趣爱好，让孩子获得展示自我、结交朋友的好机会。

3. 持续引导和支持孩子

当孩子不适应学校与班级的相关制度与作息时间，甚至与学校、老师产生对抗时，家长要做好思想工作，一方面理解孩子的不易，帮助孩子释放负面情绪，另一方面要继续引导和鼓励孩子适应规则、适应环境，必要时主动与学校、老师联系和沟通，消除误解。

（二）强化动机，培养习惯

1. 积极引导学习动机，给予正面评价

影响学业的因素中，非智力因素影响最大，其中最为重要的就是学习动机。所以家长要与孩子多交流，引导孩子明确学习的意义与价值。家长可以帮助孩子根据个人兴趣和能力设定短期和长期的学习目标，确保这些目标是具体、可衡量、可达成、相关性强、时限明确的（即SMART原则）；可以定期检查孩子的目标进展，给予积极的反馈和鼓励，帮助他调整策略，持续向目标迈进。当孩子有努力和进步时，要给予及时的正面评价和鼓励，避免过分强调成绩或比较，以免挫伤孩子的积极性。

2. 培养良好学习习惯，提高学习能力

家长应该帮助孩子建立良好学习习惯。例如，鼓励孩子养成课前预习的好习惯，提前了解新知识，为课堂学习做好准备；提醒孩子在课堂中保持专注，认真听讲，积极参与课堂讨论；督促孩子及时复习当天学习的知识，巩固记忆，提高学习效率。家长还可以与孩子一起制订科学合理、个性化的学习计划，避免偏科；引导孩子学会预习、复习、做笔记、整理笔记等学习技巧，逐步提升自主学习能力；鼓励孩子尝试不同的学习方法，如思维导图、笔记技巧、时间管理等，找到最适合自己的高效学习方法。

（三）改善关系，提供策略

1. 改善同伴关系，合理处理冲突

改善同伴关系的关键在于孩子能与同伴建立良好关系，合理处理冲突。家长要鼓励孩子积极与同伴交流，主动参与学校和班级的社交活动，帮助他克服社交焦虑和羞怯，建立自信心。要教导孩子基本的社交技巧，如讲礼貌，会倾

听和表达自己的观点。要培养孩子的共情能力，教导他关爱和理解他人的重要性。要鼓励孩子与同伴合作完成各种任务，分享资源和知识，加强团队合作和互助精神，培养良好的合作习惯。

当孩子出现人际冲突的时候，家长要教导孩子如何与同伴合理地解决冲突，鼓励他们寻找协商与共赢的方式。家长要利用真实发生的冲突来帮助孩子完善自我，提升交往能力。例如，家长可以用问题引领孩子澄清真实感受：当朋友这么做时，你有什么感受？你希望的好朋友是怎么样的？他是这样的吗？既然他让你这么难受，你为什么还要和他做朋友？

每一段成功或者失败的人际交往，都能让孩子从中汲取经验教训，完善人格，提升自我调节能力与人际交往能力。

2. 改善师生关系，家校形成合力

改善师生关系的关键在于家校形成合力。如果孩子对老师很信服，与老师关系良好，能积极执行老师的计划与安排，就很容易融入班集体，状态与学业往往会有明显的提升。

家长可以这样做：选择恰当的时机主动与老师沟通，了解孩子的学习与适应情况，掌握孩子的状态，表达积极配合的意愿与行动；在孩子面前表达对老师的信任与肯定，正面宣传老师的形象与付出，树立老师的威信，努力让孩子喜欢老师。当老师以欣赏的眼光看待孩子，并积极表扬其表现与进步时，孩子会受到极大鼓舞，进而产生更大的动力与变化。

3. 改善亲子关系，理解接纳孩子

（1）学习青春期知识，更好地理解孩子

改善亲子关系的关键在于父母的学习与改变。青春期是一个个体在生理和心理上都经历快速发展和显著变化的关键阶段，家长需要保持灵活和开放的态度，不断学习和调整自己的观念，尝试新的策略和方法来应对孩子出现的问题，满足孩子的需要。

学习青春期知识，可以更好地理解孩子遇到的适应问题，这是帮助孩子的基础，也是改善关系的前提。家长可以阅读介绍青春期孩子的身体、心理和情绪变化的专业性书籍和资料，了解其发展和特点；参加青春期主题的讲座和培训，特别是有关青少年心理健康和沟通技巧的课程，从而获得实际的解决方

案；与其他家长进行交流，了解他们的做法和心得，汲取有益的经验。

如果遇到困扰问题，家长可以寻求专业人士的帮助，如学校的心理辅导老师、心理咨询师等。他们往往可以提供专业的指导和建议，帮助家长了解孩子的行为和情绪，并提供适当的教育方法。

通过学习，家长理解孩子并改变自己，学会放手，学会尊重，积极沟通，往往可以极大地改善亲子关系。

（2）理性对待孩子的不同适应情况

尽管家长已经做了多方准备与指导，但孩子进入初中后，仍会出现大大小小的适应问题，家长要针对孩子的情况区别对待。对于大部分新生而言，适应不良的程度较轻，家长不必过度紧张，可以相信孩子的适应能力，把问题留给时间和集体，有时候过度关注反而会强化问题。孩子本身是自带适应能力的，随着学校生活的展开和时间的推移，他会努力调整自己的身心状态与作息规律等。同时，集体也有化解新生适应问题的力量。开学后的一段时间里，学校往往会密集地举行活动：国防教育、班会课、运动会……当大家朝着共同目标努力时，在这个集体中，孩子会慢慢结交到朋友，找到自己的价值感、存在感，问题也就迎刃而解了。

如果适应不良情况比较严重，孩子可能会陷入自我失望、自我否定、自我放弃等情况，那就特别需要家长不断鼓励孩子了。在鼓励的过程中，家长的语言不能是空洞的，而应该非常具体，充满细节，要给孩子指明提升的方向和具体解决办法，搭建台阶，降低孩子适应的难度。家长要真正地理解孩子遇到的困难，和孩子一起去分析问题，寻找对策，树立可以"跳一跳，够得着"的目标，然后在孩子努力的过程中，不断去点出细节，肯定他的行为、动机，巩固学习与努力的成果，增强孩子的信心。

（3）倾听孩子心声，有效缓解情绪

孩子在面对困难与挑战时，容易产生负面情绪，并将这些情绪带回家。这时候家长要学会倾听孩子的心声，帮助孩子缓解情绪，而不是忽视他或者简单地讲道理、提建议。家长可以在一个安全舒适的环境下，与孩子自由地交流话题，确保孩子知道他可以随时向你打开心扉。家长应以积极的态度倾听孩子的感受和想法，不随意打断，让孩子的表达持续下去。对于孩子的情绪体验，一定要尊重，表达肯定和理解，让他感到被接纳和支持，要避免对孩子的情绪做出过度的评判和批评。

例如，当孩子和老师产生矛盾回家哭诉时，家长很容易陷入两难——顺着孩子，会不利于孩子的思想成长；站在老师这一边，孩子又会觉得家长不理解他。这时候，家长最好的应对办法就是认真倾听，可以多用"嗯、啊、哦"做出回应：当孩子说完一句，家长可以说"嗯"；孩子继续说，家长不时地说"啊"或"哦"。在叙述的过程中，孩子回顾梳理了事情经过，情绪也随之逐渐缓解。最后可能不需要家长分析讲道理，孩子就会自己改变认知，调整好心态了。

（4）营造稳定有序的家庭环境

无论在什么时期，家长都要努力经营好家庭关系，调整对孩子的期望，接纳孩子的全部，而不是只关心成绩，让孩子处于稳定有序的生活环境中，充分感受到父母无条件的爱。家庭关系和睦，孩子不用处于担忧、焦虑、愤怒的状态，自然就能把更多的精力放在学校与学习上。

参考文献

[1]李勇.初中新生适应期的典型问题及解决策略[J].教育科学论坛，2020（32）：37-42.

[2]周海燕.初一新生入学适应教育的有关思考[J].基础教育，2016（11）：139.

[3]李琳琳.初一新生学习适应现状调查与教育对策研究[D].大连：辽宁师范大学，2013.

[4]高亚玲.初一新生学习适应性问题研究——以浙江省金华市为例[D].金华：浙江师范大学，2013.

[5]陈秋梅.初一新生学校适应状况及其与学业成绩的关系[J].中国健康心理学杂志，2010，18（5）：618-620.

[6]龙昕.初中生心理韧性与学校适应现状的关系研究：自我概念的中介作用[D].桂林：广西师范大学，2017.

[7]马鑫丽.初中生父母教养方式、情绪调节自我效能感与学校适应的关系研究[D].保定：河北大学，2020.

（执笔：陈琦　杭州市西湖区教育发展研究院）

第 3 课
───
如何帮助孩子
提高身体素质

课程简介

教学对象

初中生家长

─────────────────────────────

教学目标

1. 了解提高身体素质对初中生发展的积极作用。

2. 认识孩子青少年时期身体各项素质的最快发育期以及家庭教育
中忽视孩子体质健康的问题。

3. 掌握提升孩子身体素质及备战体育中考的家庭助力策略。

─────────────────────────────

教学时长

90 分钟

课程框架

[实例导入]

一、初中生体质健康现状与原因分析

（一）初中生体质健康现状

1. 体型偏胖

2. 肺活量下降

3. 运动能力下降

（二）初中生身体素质下降的主要原因

1. 不良生活习惯

2. 课业负担过重

3. 家长认识不足

（三）提高身体素质对孩子发展的积极作用

1. 强身健体

2. 增知益智

3. 促进心理健康

4. 磨炼意志

二、青少年时期身体各项素质处于最快发育期

1. 身体形态最快发育期

2. 力量素质最快发育期

3. 耐力素质最快发育期

4. 速度素质最快发育期

5. 灵敏素质最快发育期

6. 柔韧素质最快发育期

三、提升初中生身体素质的家庭指导策略与方法

（一）提升孩子对体育锻炼的兴趣

    1. 和孩子一起观看体育比赛（竞技体育的乐趣和精神滋养）

    2. 教孩子几种球类运动（协同体育的乐趣和能量滋养）

    3. 鼓励孩子多与同伴玩耍运动（游戏体育的乐趣和情感滋养）

（二）培养孩子的家庭运动习惯

    1. 制订锻炼计划

    2. 逐步适应锻炼

    3. 坚持落实计划

（三）备战中考体育的家庭助力

    1. 运动环境和运动器材的选择

    2. 力量素质的实践助力

    3. 耐力素质的有效训练

    4. 速度素质的实践加速

    5. 灵敏素质的有效提升

    6. 柔韧素质的再度提高

（四）家庭对初中生运动者的营养供给

    1. 碳水化合物——给肌肉和神经系统的营养物质

    2. 蛋白质——身体的基石

    3. 矿物质和微量元素——补充出汗的流失

参考文献

课程内容

初二学生瀚瀚和莎莎的身高、体重正在猛长。瀚瀚的身高已经超过爸爸，身体结实了许多，体型呈现出力量美。他更喜欢约同学一起打球了。莎莎的身体越来越显现出少女的圆润，体型呈现出柔和的曲线美，但是她自己不这么认为，经常嚷嚷自己变胖了，要减肥。

随着学业任务的加重，瀚瀚和莎莎觉得每天节奏很快，睡眠不足，挤不出更多时间运动。眼看初三就要体育中考了，瀚瀚却连一个引体向上都做不上去，心里挺着急。体育老师说青春期是加强体育锻炼、快速提升身体素质的黄金时期，引体向上这样的力量训练只要每天坚持，效果会很快显现出来。

身体素质，是指人体在活动中所表现出来的力量、速度、耐力、灵敏、柔韧等机体能力。身体素质包括速度素质、灵敏素质、柔韧素质、力量素质、耐力素质等。身体素质的发展，对增强人的体质和健康有重要意义。

一个人身体素质的好坏，与遗传有关，但与后天营养和体育锻炼关系更为密切。通过正确方法和适当锻炼，可以提升身体素质。青春期是孩子提升身体素质的关键期。

一、初中生体质健康现状与原因分析

（一）初中生体质健康现状

我国每5年进行一次全国学生体质与健康调研。教育部2021年9月3日发布的第八次全国学生体质与健康调研结果显示，我国学生体质健康状况总体较好，小学生体质健康状况相对较好，初中生和高中生体质健康状况相对较差。初中生体质健康状况主要存在以下问题。

1.体型偏胖

全国学生中，超重和肥胖人数占比超过19.9%，其中男生比女生多。

2. 肺活量下降

与之前的调研相比，全国学生肺活量平均值有所下降。

3. 运动能力下降

全国学生中，50 米跑、立定跳远、坐位体前屈等测试项目平均成绩有所下降。

（二）初中生身体素质下降的主要原因

1. 不良生活习惯

交通代步工具和现代科技正在吞噬孩子们上下学自由奔跑的空间，严重影响了他们的体力活动，锻炼空间和时间都大为减少。

2. 课业负担过重

课业负担影响着初中生的身体锻炼，长时间上课、大量作业等，严重挤占了他们体育锻炼的时间。校园运动场地狭小、运动器材缺乏、校外运动场地不足等，也给他们锻炼或活动带来局限。

3. 家长认识不足

家长对孩子每日充足体育锻炼和睡眠的重要性认识不足。一些家长成才观存在偏差，如唯分数论的片面成才观，使他们忽视体育锻炼、体力劳动和线下游戏活动，剥夺孩子锻炼身体的自由时间，给孩子施加过多的课业压力，制造焦虑情绪。

除此之外，我国初中生还存在缺乏体育锻炼理论知识、科学锻炼方法，运动项目单一、运动缺乏趣味、不愿进行较大负荷体育锻炼等问题。这些都容易导致其身体素质下降。

（三）提高身体素质对孩子发展的积极作用

1. 强身健体

运动不仅能增强骨骼，还能强健心血管系统功能。健康的心肺可以降低平静时的血压，从而降低身体和大脑内的血管压力。运动带来了更多的一氧化氮，一氧化氮能扩张血管，增加血容量；血流的增加可以减少大脑动脉的硬化。提高身体素质，能让青少年更加朝气蓬勃、意气风发，散发青春光彩。

2. 增知益智

运动能释放一连串影响神经系统的化学物质和生长因子，而这些物质能扭转血清素的缺乏，并起到维护大脑基本结构的作用。运动期间的肌肉收缩所释放出的一些生长因子，还能促进神经元连接和神经新生。运动能增加体内血清素、去甲肾上腺素，提高多巴胺的水平——这些都是传递思维和情感的重要神经递质。运动使大脑的神经递质和其他化学物质之间达到平衡。运动还能提高大脑记录和处理新信息的能力。肌肉运动产生的蛋白质经血液运送到大脑，在大脑的思考机制中发挥关键性作用。身体素质好，对记忆力、注意力、课堂行为等都有积极影响。

3. 促进心理健康

运动具有对抗性、竞争性、群体参与性等特点。青少年在参加体育锻炼时，伴随着相应的情绪体验、意志努力，可感受到收获的快乐和受挫的痛苦。运动本身就具有改善负面情绪和促进正向情绪的心理效应。一些针对青少年体育锻炼积极影响的研究发现，青少年体育锻炼、心理健康与社会适应能力之间存在纵向因果关系，体育锻炼可以显著促进其社会适应能力的发展。体育锻炼为青少年提供了一个与同伴交流的平台，增加了他们的社会互动，获得了愉悦的情绪体验，有利于形成积极的生活态度，培养紧密的人际关系，从而提升社会适应能力。

4. 磨炼意志

良好的身体素质，能增强青少年的自信心。青少年在运动过程中，能不断控制和调节自己的心态，树立奋斗目标，克服消极情绪，提高解决问题的思维能力，提高遇到特殊情况时战略战术的自我筹划能力、情绪自控能力、灵活应急能力等，通过努力不断克服困难，更好地磨炼自己的意志。

二、青少年时期身体各项素质处于最快发育期

在身体各项素质的最快发育期，青少年会表现出"强劲的发展势头"。如果能抓住这些快速发展期，积极参与体育运动锻炼，可促进青少年的身体素质水平快速大幅提高。

1. 身体形态最快发育期

从整体来看，女孩身体的形态特征发展最快时期在 12—15 岁，男孩身体形态发展的快速发展期比女孩晚两年；在性成熟时，身高和体重的最快发育期男孩比女孩晚一到两年。

2. 力量素质最快发育期

力量素质，是身体某些肌肉收缩时产生的力量。男孩力量素质的突增期在12—15 岁，在 16—18 岁可以到达发展顶点。女孩力量素质的突增期在 10—12岁。速度力量的最大发展时期，男孩在 14—18 岁，女孩在 12—16 岁。

3. 耐力素质最快发育期

耐力素质，是指人体长时间进行肌肉活动和抵抗疲劳的能力。一个人的耐力素质发展的最佳时期，男孩一般在 10—20 岁，女孩大多在 9—18 岁。男孩女孩有氧能力发展的关键期是性成熟时期。而无氧能力发展，男孩女孩在 12—13 岁发展甚微，16—20 岁（生理成熟时期）才有实质性的发展提高。

4. 速度素质最快发育期

速度素质，是人体在单位时间内移动的距离或对外界刺激反应快慢的一种能力。青少年在不同运动中的速度素质发展是从 7 岁开始的，最快的发展阶段在 14—17 岁，其中男孩到 18 岁以后还会有进一步发展。肌肉反应速度的最显著发展是在 7—11 岁，对复杂运动顺序反应速度的发展在 11—16 岁，对运动频率反应速度的发展在 10—13 岁，且 18 岁之前还会继续提高。

5. 灵敏素质最快发育期

灵敏素质，是指迅速改变体位、转换动作和随机应变的能力，即身体协调能力和反应速度。在 12—18 岁，人体负责"运动控制能力"的神经系统的发展领先于植物功能系统，因此，大多数专家认为，协调能力发展的最快发育期是在这个阶段。这个时期是发展青少年灵敏素质的最佳时期。

6. 柔韧素质最快发育期

柔韧素质，指人体活动时各关节肌肉和韧带的弹性和伸展度。柔韧素质的训练最好从儿童时期开始。一个人身体的柔韧性，约在 11 岁时开始慢慢下降。

三、提升初中生身体素质的家庭指导策略与方法

家长应营造良好的家庭氛围，正确引导孩子养成良好的生活习惯和生活方式，支持孩子的体育锻炼或活动。

（一）提升孩子对体育锻炼的兴趣

兴趣是最好的老师，孩子一旦对体育锻炼产生兴趣，就会主动加强体育锻炼。家庭教育中，可以以兴趣为出发点，家长只要进行适当的引导，就可以让孩子关注到体育运动，对体育锻炼感兴趣。家长可以从以下路径提升孩子的运动兴趣。

1. 和孩子一起观看体育比赛（竞技体育的乐趣和精神滋养）

和孩子一起观看体育比赛，是非常好的亲子时光。当孩子看到高水平职业运动员的表现时，会提高对这项运动的认知，感受到这项运动的竞技魅力和激动人心之处。

竞技体育的魅力在于它能够带来极致的体育精神、激烈的竞争和紧张的氛围。竞技体育需要身体素质和技术的支持，还需要考虑对手的弱点和自己的优势，制定出适合自己的战术策略，以最大化地发挥自己的优势并击败对手。这种策略性的比拼令人充满期待和悬念，这种富有挑战性的趣味活动是青少年所喜爱的。

2. 教孩子几种球类运动（协同体育的乐趣和能量滋养）

球类运动具有趣味性，有跑步、跳跃等很多动作，不仅可以训练孩子的四肢力量和肌肉灵活度，还可以训练孩子手脚控制方向的能力和预测运动方向的能力，提高手眼协调性，增强孩子的快速反应能力。孩子通过球类运动，不仅能增强运动技能、提高身体素质，还能在这样的协同体育运动中培养规则意识、团结合作精神、集体荣誉感、责任担当精神。他们在球类运动中互相扶持，共同面对挑战，共同追求进步和成长，可以很直观地体验到任何事情的成功都离不开艰苦的努力和团队的合作。

3. 鼓励孩子多与同伴玩耍运动（游戏体育的乐趣和情感滋养）

观察孩子的强项和弱项，让孩子尝试多种不同的运动方式，直到他找到适

合自己的运动。鼓励孩子多与同伴玩耍运动，在游戏体育中获得乐趣和情感滋养。孩子会在与同伴的游戏体育中学习认识社会和认识自己，通过模仿各种社会角色来学会处理人际关系、遵守社会规范、适应社会生活。特别是在一些集体游戏中，他们需要互相帮助、互相配合。游戏体育趣味性强，能培养孩子活泼愉快、开朗合群的个性和团结互助、勇敢顽强、机智果断等心理品质。

（二）培养孩子的家庭运动习惯

如何有效、合理、科学地培养孩子良好的家庭运动习惯呢？

1.制订锻炼计划

对于初中生，家长可以和孩子一起制订锻炼计划，也可以指导孩子自己制订适宜的锻炼计划。

制订锻炼计划时，要注意每天定时、定量，可以按照"FIT"原则。"F"指运动频率（Frequency），初中生每周至少需要运动 4 次，每次持续运动 40 分钟以上。"I"指最佳运动强度（Intensity），一般可以采用目标心率（指运动时能给个体带来最大好处的心跳次数）的方法来确定最佳运动强度。目标心率的计算公式如下：目标心率（每 10 秒）＝（220－孩子年龄）×70%÷6。可以运动 20 分钟左右后测心率，如果心率超过目标心率或者累得喘不过气来，则说明运动强度过大。"T"指运动时间（Time），为了使身体运动带来更多好处，每次至少要将心率保持在目标心率，并持续运动约 30 分钟。

2.逐步适应锻炼

执行锻炼计划时，要循序渐进、逐步适应。刚开始锻炼时，不宜一口气锻炼很长时间或很大强度，要等身体适应现行锻炼计划后，再逐渐增加运动量和运动强度，逐步调整锻炼计划。

3.坚持落实计划

可以鼓励孩子与要好的伙伴共同制订和实施计划，彼此督促；或者家长每天坚持运动，给孩子树立榜样；或者全家一起运动，相互鼓励和督促，让孩子享受一起运动的快乐；或者在实行锻炼计划前与孩子约定好，要对他进行督促，采取相应的奖惩措施……这样孩子更易坚持，更易养成每日运动的好习惯。

（三）备战中考体育的家庭助力

教育部《第八次全国学生体质与健康调研报告》显示，近年来随着中考体育考试分值提高，中学生尤其是初三学生体育活动时间显著增加。在校体育锻炼1小时比例，初三学生为42.7%，高于高一学生的30.6%。体质健康达标优良率，初三学生为29.2%，高于高一学生的22.6%。中考体育的强化，增加了中学生体育活动时间，在一定程度上提高了初中生的身体素质。

初中生各项身体素质测试有相应的测评手段，以确保测评科学、有效。力量素质的主要测评手段是实心球、引体向上、仰卧起坐等，耐力素质的主要测评手段是定距离计时跑、定时计距离跑等，速度素质的主要测评手段是50米跑、60米跑等，灵敏素质的主要测评手段是折返跑、六边形跳等，柔韧素质的主要测评手段是立位体前屈、坐位体前屈等。

全国各地体育中考项目的设置，都体现对初中生各项身体素质的测评；各地不同点是体育中考分值权重占比不同。以2024年杭州市中考体育考试项目设置为例，共设跳跃类、力量（技能）类、耐力类3个类别6个项目，分别为：跳跃类是立定跳远、1分钟跳绳；力量（技能）类是掷2千克实心球、引体向上（男生）、1分钟仰卧起坐（女生）；耐力类是1000米跑（男生）、800米跑（女生）、100米游泳。中考体育考试每一类别二选一，总分为30分。各项目评分如表1、表2所示。

表 1　男生体育中考项目评分表

分数	跳跃类项目		力量（技能）类项目		耐力类项目	
	立定跳远（米）	跳绳（1 分钟）（次）	掷实心球（2 千克）（米）	引体向上（次）	1000 米跑（分秒）	游泳（100 米）（分秒）
10	2.46	185	10.00	10	3′40″	2′20″
9.5	2.42	180	9.80		3′45″	2′25″
9	2.38	175	9.60	9	3′50″	2′30″
8.5	2.34	170	9.40		3′55″	2′35″
8	2.30	165	9.20	8	4′00″	2′40″
7.5	2.26	160	9.00		4′03″	2′45″
7	2.22	155	8.80	7	4′06″	2′50″
6.5	2.18	150	8.60		4′09″	2′55″
6	2.14	145	8.40	6	4′12″	3′00″
5.5	2.10	140	8.20		4′15″	3′05″
5	2.06	135	8.00	5	4′18″	3′10″
4.5	2.02	130	7.80		4′21″	3′15″
4	1.98	125	7.60	4	4′24″	3′20″
3.5	1.94	120	7.40		4′27″	3′25″
3	1.90	115	7.20	3	4′30″	3′30″
2.5	1.86	110	7.00		4′33″	3′35″
2	1.82	105	6.80	2	4′36″	3′40″
1.5	1.78	100	6.60		4′39″	3′45″
1	1.70	95	6.40	1	4′45″	3′50″

注：考试成绩未达上限，均按下限评分。

表2　女生体育中考项目评分表

分数	跳跃类项目		力量（技能）类项目		耐力类项目	
	立定跳远（米）	跳绳（1分钟）（次）	掷实心球（2千克）（米）	仰卧起坐（1分钟）（次）	800米跑（分秒）	游泳（100米）（分秒）
10	2.00	185	6.70	50	3' 25"	2' 30"
9.5	1.97	180	6.50	48	3' 30"	2' 35"
9	1.94	175	6.30	46	3' 35"	2' 40"
8.5	1.91	170	6.10	44	3' 40"	2' 45"
8	1.88	165	5.90	42	3' 45"	2' 50"
7.5	1.84	160	5.70	40	3' 50"	2' 55"
7	1.80	155	5.50	38	3' 55"	3' 00"
6.5	1.76	150	5.30	36	4' 00"	3' 05"
6	1.72	145	5.20	34	4' 05"	3' 10"
5.5	1.68	140	5.10	32	4' 10"	3' 15"
5	1.64	135	5.00	30	4' 15"	3' 20"
4.5	1.60	130	4.90	28	4' 20"	3' 25"
4	1.56	125	4.80	26	4' 25"	3' 30"
3.5	1.52	120	4.70	24	4' 30"	3' 35"
3	1.48	115	4.60	22	4' 35"	3' 40"
2.5	1.44	110	4.50	20	4' 40"	3' 45"
2	1.4	105	4.40	18	4' 45"	3' 50"
1.5	1.35	100	4.30	16	4' 50"	3' 55"
1	1.30	95	4.20	14	5' 00"	4' 00"

注：考试成绩未达上限，均按下限评分。

家长在孩子备战体育中考过程中，可以做以下助力。

1. 运动环境和运动器材的选择

要选择适宜运动健身的环境，如避免在炎热环境中锻炼，要及时散热；在寒冷环境中锻炼时要注意保温；空气湿度以40%—60%为宜；避免在空气污染的环境中锻炼身体。根据身体各项素质要求，选择相对应的运动器材；也可根据自己的运动需求或运动兴趣进行选择。

2. 力量素质的实践助力

力量素质是人体进行各种运动的基础素质，所有的运动都需要通过肌肉伸缩而产生的力量牵引身体里的骨骼来进行。发展力量素质，有助于其他身体素质的发展，可以直接提高我们的运动水平。

家长可以从以下几个维度引导初中生进行力量素质的训练。

（1）锻炼颈部力量

可以通过拉颈、倒立等运动来锻炼颈部力量。

（2）锻炼臂部力量

可以通过俯卧撑、平板撑、手臂负重等运动来锻炼臂部力量。

（3）锻炼腿部力量

可以通过连续纵跳、跳绳、下蹲起立、"跳山羊"、仰卧走步等运动来锻炼腿部力量。

（4）在游戏中提升力量素质

可以通过抛球、持哑铃接力等小游戏，提升上肢力量素质。

可以通过摸高、"开火车"等小游戏，提升下肢力量素质。

在游戏中提升身体素质，增加了趣味性，能助力初中生坚持锻炼。

3. 耐力素质的有效训练

（1）有氧耐力训练

有氧耐力素质的培养，可以通过走路、跑步、水中运动等方式进行。

陆上有氧耐力训练，可以通过长距离走、竞走追逐、沙地走、长跑、变速跑、重复跑、法特莱克跑等完成。

水中有氧耐力训练，可以通过水中行走、定时/定距游泳等方式完成。

（2）无氧耐力训练

陆上无氧耐力训练，可以通过高抬腿跑、间歇接力跑等来完成。

水中无氧耐力训练，可以通过水中游泳接力、水中追逐游泳等来完成。

（3）混合耐力训练

混合耐力素质，是有氧与无氧混合的耐力素质。常见的提高方法有反复跑、间歇跑、持续接力跑等。

4. 速度素质的实践加速

速度素质表现在快速躲闪、快速移动、快速协调等多方面。

（1）反应速度训练（提高对刺激快速反应的能力）

快速反应动作训练，可以通过反应起跳、躲闪摸肩等运动来完成。反应速度训练游戏有"叫号追逐""抢占先机""袋鼠跳""老鹰抓小鸡"等。

（2）动作速度训练（提高快速完成动作的能力）

可以通过模仿挥拍、快速举哑铃等运动来提高手臂动作速度。通过原地踏步、原地快跑、开合跳、上下台阶与跑台阶、快速踢腿等运动来增强腿部动作速度。通过转体跳、对墙俯撑击掌、夹球举腿、球上爬行等来提升全身动作速度。

（3）位移速度训练（提高快速通过某一距离的能力）

可以通过摆臂、举臂（如直臂上举、向前平举臂、侧平举臂、斜上举臂、斜下举臂等）来加快手臂位移速度。通过大步走、跨跳移动、脚回环等来加快腿部位移速度。通过短距离快跑、障碍跑、拖人跑等来提升全身配合的位移速度。

5. 灵敏素质的有效提升

灵敏素质主要指孩子在运动中能够熟练、灵活、准确、协调地完成动作的能力。灵敏素质是人体综合素质的体现，人体综合素质越高，身体灵敏度就越高。身体的力量、耐力、柔韧性、节奏感、协调性等素质的高低，极大影响着灵敏素质；体型、体重、年龄、性别、运动经验、气温、情绪等都是影响身体灵敏素质的因素。

（1）灵敏素质训练

灵敏素质训练，基础训练方法有团身跳、正踢腿转体、反应跑、模仿跑、抛接球、踢球/颠球等；游戏训练方法有"甜甜圈""捉蛇尾""接果子""你喊我做""你追我跑"等。

（2）提升其他能力来增强灵敏素质

可以通过背对背挽臂跳、"模仿秀"、"蚂蚁举重"等来提升协调能力；通过站立互推、抛接球、屈膝单腿立、站立搬腿平衡、俯卧搬腿平衡等来提升平衡能力，从而提升灵敏素质。

6. 柔韧素质的再度提高

柔韧素质，主要取决于韧带、肌肉等组织的弹性和伸展能力，主要表现为身体的柔软性。想要提升全身的柔韧素质，就要逐步增强身体各个部位的柔韧素质。

可以通过前拉颈、后拉颈、侧拉颈等活动来提升颈部柔韧素质。通过向内拉肩、背向压肩、向后拉肩、直臂绕肩、俯卧上仰、伸臂后仰、坐姿拉背、站立伸背、体前屈、仰卧团身、弓箭步压髋、仰卧髋臀拉伸等，提升肩部、胸部、背部、腰部、臀部、髋部等各部位躯体的柔韧素质。通过背后拉臂、撑地压腕、弓箭步拉伸大腿、坐立后仰、体侧屈压腿、扶墙拉小腿、踝关节向内拉伸、跪撑后坐等，来提升四肢的柔韧素质。

（四）家庭对初中生运动者的营养供给

提高初中生的身体素质，家长要提供保证孩子生长发育所必需的营养，让初中生科学、健康地饮食和摄入营养。

1. 碳水化合物——给肌肉和神经系统的营养物质

碳水化合物是生命细胞结构的主要成分及主要供能物质，有调节细胞活动的重要功能，可以给肌肉和神经系统供给营养物质、维持人的体温等。我们主食中的粗粮虽然吃起来口感粗糙，但是内含大量人体所需的蛋白质、植物纤维、氨基酸和胡萝卜素等营养素，以及维生素和一些微量元素，能为初中生身体健康生长发育提供充足营养。

运动中，人体的血糖消耗速度会加快。随着运动的持续进行，体内血糖含量会不断下降，脑部血糖浓度也会下降，因此初中生有必要摄入适量的糖类。糖类主要以淀粉、纤维素等形式存在于米面制品、蔬菜和水果中。

2. 蛋白质——身体的基石

蛋白质是人体组织细胞的主要原料，是生命物质的基础。人体很多组织，如肌肉、神经、血液、皮肤等的主要成分是蛋白质。人体在运动时，蛋白质能提供一部分运动能量。人体的抗体（免疫细胞和免疫蛋白）的主要成分也是蛋白质，因此，初中生多吃蛋白质含量高的食物，能增强身体抵抗力。

3. 矿物质和微量元素——补充出汗的流失

人体所需矿物质主要有两大类：常量元素和微量元素。常量元素在人体重量中占比约 0.01% 以上，包括钙、磷、钠、氯、镁、钾、硫等。微量元素有铁、锌、碘、镍、钼、氟、铜、钴、铬、锰、硅、锡、钒等。人体所需的不同矿物质源于不同食物，如奶类、大豆、葵花子、绿叶蔬菜等富含钙，动物肝脏、瘦肉、坚果、豆类、燕麦、菠菜等富含铁，动物肝脏、鸡蛋、海鲜、奶类、芝麻等富含锌，坚果、深色绿叶蔬菜、香蕉等富含镁，鱼、蛋、瘦肉、虾等富含磷，动物肝肾、牛奶、芹菜、西蓝花等富含硒，虾、蟹、花生、橄榄等富含铜。

初中生要全面摄入各类营养物质，均衡饮食，有助于进一步提高身体素质。

参考文献

[1] 任丹丹. 初中体育教学对身体素质及体能提升的教学策略 [J]. 田径. 2023（9）：48.

[2] 郭波. 初中体育加强学生体能训练的策略 [J]. 新教育. 2023（25）：77-78.

[3] 瑞迪，哈格曼. 运动改造大脑 [M]. 浦溶，译. 杭州：浙江人民出版社，2013.

[4] 边玉芳. 读懂孩子：心理学家实用教子宝典（12—18岁）[M]. 北京：北京师范大学出版社，2014.

[5] 赖斯，多金. 青春期——发展、关系和文化（第11版）[M]. 陆洋，林磊，陈菲，译. 上海：上海人民出版社，2009.

[6] 牛雪松. 青少年身体素质训练技巧一点通 [M]. 长春：吉林出版集团股份有限公司，2022.

[7] 马国川，张蓝心. 家庭教育蓝皮书：2024中国家庭养育环境报告 [M]. 北京：中国出版集团，中译出版社，2024.

（执笔：俞尤棠　杭州市富阳区教育发展研究中心）

第 4 课

如何帮助孩子
做好时间管理

课程简介

教学对象

初一学生家长

教学目标

1. 了解时间管理的基本理论。

2. 培养孩子科学的时间管理意识。

3. 掌握帮助孩子做好时间管理的策略与方法。

教学时长

60 分钟

课程框架

（三）创设健康积极的生活环境

    1.加强闲暇教育，合理安排可控时间

    2.积极反馈，建立科学的激励机制

（四）规律作息，合理安排时间

    1.养成规律的生活作息

    2.充分利用碎片化时间

    3.丰富孩子的时间安排

参考文献

课程内容

⧘ [实例导入]

初一新生小瑞一开学就感受到了来自学业的压力。作业量比小学多了许多，小瑞放学后就抓紧写作业，仍感觉时间不够用。他开始焦虑，是不是自己的时间安排有问题？

小晴从小都由妈妈一手安排学习生活，她只要准时上课、写作业、上兴趣班就行，生活既规律又充实。但升上初一住校后，没有了妈妈的管束，小晴忽然感觉有更多时间玩了。每次到晚自习快结束，她才飞速地赶完作业。晚上宿舍熄灯后，她还和室友聊天到很晚。因此经常白天上课没精神，成绩也下降不少。

上述实例中的两位初中生遇到的问题在现实中并不少见。初一新生沿用小学的学习作息习惯，习惯了由家长替自己安排时间，但随着学习生活的变化，原有的时间管理习惯已不能适应初中的新环境，因而引发一系列的问题。显然此时的孩子需要家长在如何科学管理时间方面给予更多的指导。

一、时间管理概述

（一）时间管理的定义及理论

1.时间管理的相关概念

（1）时间管理

时间管理的概念呈现多样性。有学者认为，时间管理就是指在同样的时间消耗下，为提高时间的利用率和有效性而进行的一系列控制工作。也有学者认为，时间管理是个体在时间价值和意义认识的基础上，在活动和时间关系的监控和评价中所表现出来的心理和行为特征。

（2）时间管理倾向

"时间管理倾向"这一概念由我国学者黄希庭提出，指个体在时间价值感、时间监控观、时间效能感上所表现出来的心理和行为特征，是一种人格倾向。

目前许多国内心理学领域的相关研究将"时间管理倾向"等同于"时间管理"。

2. 时间管理倾向理论

黄希庭等学者提出了时间管理倾向的三维理论模型，该模型把时间管理倾向划分为时间价值感、时间监控观和时间效能感三个维度。

（1）时间价值感

时间价值感，指个体对时间的功能和价值的稳定的态度和观念，是个体时间管理的基础，它通常是充满情感的，对个体驾驭时间具有动力或导向作用。

（2）时间监控观

时间监控观，指个体利用和运筹时间的能力和观念，它体现在一系列外显的活动中，例如在计划安排、目标设置、时间分配、结果检查等一系列监控活动中所表现出的能力及主观评估。

（3）时间效能感

时间效能感，指个体对自己驾驭时间的信念和预期，反映了个体对时间管理的信心以及对时间管理行为能力的估计，它是影响时间管理能力的一个重要的因素。

（二）进行时间管理教育的必要性

1. 小学生到初中生的角色转变的需要

从客观环境而言，进入初中后，学习科目的增加对学生的时间利用提出了更高的要求。从心理发展的规律性看，初一学生的身心发展比起小学生相对成熟，但也保留了小学生的特点。他们虽然自主意识更加强烈，不愿让大人管，但在学习和生活中遇到具体困难时，还是希望得到家长和老师的帮助。因此，从少年时期起，可以将孩子的时间管理技能训练与理论讲解结合起来，进行系统的练习。

2. 对学业和心理健康具有积极意义

研究发现，初中生的时间管理倾向可以直接影响其自尊水平和学业倦怠程度。学业高分组的中学生，在时间管理倾向各维度上的得分均显著高于学业低分组。

不仅如此，时间管理倾向与自我价值感、主观幸福感都有显著的正相关，时间管理倾向各维度还与积极情绪之间存在显著正相关。时间管理倾向水平越好，心理健康水平越高。通过训练提高初中生的时间管理倾向，能显著地提高初中生的心理健康水平。

二、家长存在的问题及原因分析

（一）存在的问题

1. 对孩子时间的"代管"

初一的课程学习无论是在数量还是深度上，都比小学有很大的提升，同时孩子还面临着建立新的同学关系等各种挑战，以致会出现很多不适应。但比起高中生，他们自主支配的时间相对多一些，这也导致了很多家长容易在孩子刚上初中时过多地干涉其时间安排，看到孩子手忙脚乱时，便恨不得自己上手代劳。

闫春萍的研究显示，父母在教养过程中，往往会给初一的孩子较多的干涉保护；而且本科以上文化程度的父母对子女的时间代管最多，他们希望子女能按照自己的意愿完成目标。这种手把手的管理反而使孩子丧失了时间管理的主动性，久而久之，时间管理的能力较之其他孩子相对较差。

2. 对孩子的时间管理问题放任不管

与前述家长恰好相反，还有一些家长在孩子的时间管理问题上完全放任不管。他们有的觉得孩子还小，长大点自然而然就会自己管理的，顺其自然就好；有的觉得小学管得很多了，现在已经初中了，是时候放手让孩子自己管理了，就不再对孩子的时间管理进行指导；有的则是由于工作劳累了一天，下班回到家后，只想放松娱乐，手机不离手，没给孩子做出良好的榜样。这些家长都表现为对孩子的时间管理不重视、放任不管。

其实初一的孩子还是普遍缺乏学习的自觉性和自律性。有研究显示，初中生在同时需要处理多件事情的时候缺乏一定的规划，在时间分配的能力上有所欠缺，娱乐时间占比相当大，约为各类学习活动时间总和的 3 倍。如果没有家长或老师的适当引导，并不是每个孩子都会随着年龄增长自然而然就能学会时间管理。孩子的年龄越大，时间管理的意识和习惯培养的难度越大。

（二）原因分析

1.家长教育焦虑的影响

随着社会经济的发展，家长对子女教育的重视达到了前所未有的程度，然而过度重视带来过度教育焦虑。朱新卓、骆婧雅的调查显示，家长存在教育焦虑的比重过半；初一家长在学业辅导、学业监管、家校沟通上的焦虑都显著高于其他组别；尤其是来自城市，高学历、高收入，有优势职业地位的家长，会通过密集地让子女参与教育培训以提高孩子的学业竞争力。这就衍生出家长对孩子时间的"代管"，孩子完全没有自主安排管理自己的课余时间的机会，自主时间管理的能力也无从培养。

就现实层面而言，孩子刚入初中，在学业、人际等各方面的压力陡然增大，尤其新初一的孩子往往需要一段适应期，各方面难免手忙脚乱。家长也是应接不暇，更加焦虑，生怕孩子落后在初一起跑线上，觉得让孩子安排自己的事情，只会更耽误时间，干脆直接上手替孩子做安排。

2.缺乏主动进行时间管理教育的意识和能力

很多家长总是认为孩子小，需要家长多管理，而且相信随着孩子年龄的增长，自然就会学会怎样管理时间。其实，时间管理能力是需要有意识地训练的，而且通过训练能得到极大提升。家长没有这样的意识，就容易错过培养孩子时间管理能力的关键时期，使他失去进行自主时间管理的锻炼机会。

还有一类家长知道孩子在时间管理上存在问题，需要教育引导，但却不知道怎样对孩子进行科学的指导。家长自身就不擅长时间管理，也没有专人指导其提升相关能力。知识和技能的欠缺，导致家长无法有效地指导孩子。

三、初中生时间管理的家庭指导策略与方法

美国作家罗伯特·帕利亚里尼在其著作《另外 8 小时》中，提出了关于时间管理的"三八理论"，即将时间分为工作 8 小时、睡眠 8 小时和自由支配 8 小时，并强调第三个 8 小时对个人发展有决定性作用。对于初中生而言亦是如此，这里所说的时间管理，主要就是管理他们能自主安排的时间，包括放学后、周末以及寒暑假等。在本课中，我们将基于时间管理倾向的概念和结构，

来谈谈如何科学地进行时间管理。

（一）加强家长的正向示范和积极影响

1. 减轻教育焦虑，交还主动权

家长要有逐渐放手的意识，孩子的事终究要自己面对和处理，在时间管理上也一样。但放手应是逐步的，因为在时间管理上不存在突然开窍，需要循序渐进地积累、训练。从初一开始，家长就可以有意识地培养孩子的自主时间管理能力了。

无论是住校还是走读的孩子，家长都可在初一开学前或开学初就跟孩子讨论一下关于如何安排学习生活的议题，并把这方面的内容作为一个日常聊天的常规话题，每周都关注、讨论一下，逐步引导孩子树立时间需要规划和管理的意识，鼓励孩子把自己的计划安排写下来，落在纸上并执行。切忌直接告诉孩子要怎样做，而是要让孩子自己安排，家长只要引导和鼓励就好。一周实践结束后，再和孩子复盘一下这一周的时间安排情况，看看有什么困难，再想办法解决。

在这个过程中，家长需注意以下事项。

（1）要有耐心

家长与孩子讨论的时候一定要有耐心，即使孩子说得不合理，也不要急着纠正，要允许孩子慢慢来，逐渐培养其时间观念。

（2）要多鼓励

如果孩子一开始说不知道，家长可以鼓励孩子试一试。初一的孩子不是真的完全没有时间管理能力，只是他还不习惯自己定时间，需要家长多给予鼓励，让他大胆尝试。

2. 以身作则，给予正向的示范

家长是孩子的榜样，家长如果自己有较强的时间管理能力，就是对孩子最好的教育。有的家长陪着孩子写作业或练习其他技能时，美其名曰陪伴，但其实心思还是在手机上，一直捧着手机或工作或娱乐，甚至都没有抬头看看孩子，这样容易给孩子造成一个错觉，似乎做事情就是可以一心多用的。其实，时间管理强调的是安排好时间，在某段时间内能专注完成一件事，而一心多用会极大地降低时间效率。

所以，家长要以身作则，在孩子面前树立一个有目标、有计划、有执行力的家长形象，并要有意识地将自己的时间管理计划外化，以便于孩子学习效仿。比如，以某天下班回到家的情境为例，可以这样做：把需要做的事写在小便签上，然后再注明做每件事的具体时间，将便签贴在显眼的地方，让孩子看到，并严格遵照执行。久而久之，孩子也就能学会这样的时间管理方法了。

（二）指导孩子提升时间管理能力

根据时间管理倾向的定义，我们可以从时间价值感、时间监控观以及时间效能感三个方面予以指导。

1. 强化时间价值感，提升时间管理的内驱力

时间价值感影响着个体分配使用时间的方式。大部分初中生对时间的重要性都有明确的认识，但很多孩子还停留在道理我懂，可是做不到的阶段，需要强化其对时间价值感的教育，最好能让孩子有切身的体会，并融入情感。家长可以尝试如下做法。

（1）体会时间

家长可以带着孩子去拜访刚刚参加完中考的哥哥姐姐们，请他们讲讲自己初中三年是如何度过的，尤其可以着重谈一谈对于时间安排方面觉得特别骄傲或特别后悔的地方；也可以对比自己充实的一天与浪费时间的一天在时间安排上有何不同，让孩子通过对比体会时间的价值。

（2）增强危机意识

找个合适的时间，和孩子一起讨论初中三年有什么想要达成的目标，有什么想要做的事情。然后试着预估一下需要花费多少时间来完成这些目标和梦想。做完这样的分析，孩子就会有一定的危机意识，感觉时间其实真的挺紧迫的，不能肆意浪费。

（3）结合生命教育

家长可以选择生命主题的纪录片与孩子一起观看。看看因疾病或意外等生命垂危的人们的生活，让孩子感受时间和生命的珍贵，珍惜每一分钟。

中学生
家庭教育指导标准化课程

2.增强时间监控观，提高时间管理的实际能力

（1）勾勒梦想

可以让孩子思考三年后想要变成怎样的高中生，甚至可以想得更长远一点，六年后想变成怎样的人。也可以让孩子列出自己想要实现的梦想，通过极限提问，促进其思考，如："假如有一天，你发现留给你的时间不足了，你会真正后悔的事情是什么？"还可以让孩子详细描述这个梦想，看看实现这个梦想需要什么，但自己现在还不具备的，可以做些什么，规划行动时要具体。

（2）区分想做的事和必须做的事

梦想是自己想做的事，而校园生活中有许多孩子必须做的事，包括上课、做作业等学习活动以及生活自理活动等。这些事不一定出于自觉，而是外界要求的，往往没有那么大的吸引力，而且很容易被忽略。要让孩子对两者加以区分，提醒孩子为必须做的事留出时间，而想做的事在时间紧迫性上不如必须做的事，可以安排更长远的规划。

（3）运用四象限法，区分事情的轻重缓急

根据美国管理学家科维提出的时间管理理论"四象限法"，把事情分为"重要且紧急""重要但不紧急""紧急但不重要""不紧急且不重要"四类（见图1）。引导孩子将重点放在"重要但不紧急"的目标事项上。

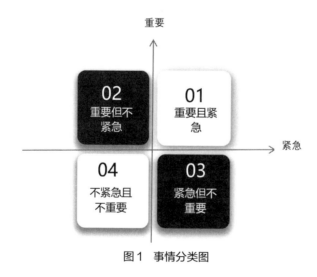

图1 事情分类图

（4）小步子原则

将梦想或目标分解成可以落实的任务，分解到每年、每月，甚至每天。用以上的方法和思路，和孩子一起制订年度计划、每月计划、每周计划等。在制订计划的时候，要预留一定的弹性时间，以应对突发的紧急情况。同时，家长还要注意以下事项。

①需要结合孩子的兴趣、特点、能力或天赋等确定目标，家长要先提醒孩子他具备的优势。

②对于孩子的梦想千万不要泼冷水，要鼓励他，支持他，重点在启发孩子如何行动。

③目标一定要非常具体，可以参考SMART原则。SMART原则是一种目标管理方法，S、M、A、R、T分别对应5个英文单词的首字母，即Specific（具体的，指目标要明确，清晰），Measurable（可衡量的，指目标是否达成要有能量化或者行为化的指标），Attainable（可实现的，指在付出努力的情况下目标是可以实现的，避免设立过高或过低的目标），Relevant（相关的，指与其他目标是相关联的，这样的目标才会更有意义），Time-boun（有时限的，指完成目标要有时间期限）。SMART原则可以帮助个人设定明确、可衡量的目标。

④及时调整目标。目标不是一成不变的，在执行中如果发现有问题，一定要及时调整。

3. 提升时间效能感，增强时间管理的信心和掌控力

（1）提升时间预估能力

可以通过填写"每日生活记录表"（见表1），训练孩子对时间的预估能力。

表1 每日生活记录表

时间	事项	预估时间	实际时间

（2）减少拖延行为

一旦确定了目标和步骤，就要立刻行动。家长可以告诉孩子：其实很多事情都是可以边做边完善的，不一定要等准备很充分才行动，一定要训练孩子对不完美的忍受力和即刻行动的能力。

（3）减少干扰，提升专注力

中学生能集中注意力的时间平均为 30 分钟，初一的孩子特别容易分心。家长可以指导孩子采取以下方法，提升专注力。

①创设安静环境

协助孩子创造一个安静舒适的环境，尽量减少干扰物，如书桌上除了学习必需品外，不要放其他物件；做事前做好准备工作，如上厕所、喝水等。

②借助管理工具

可以借助一些辅助的时间管理工具，如"番茄钟"。先列出要完成的任务，并估算需要几个番茄钟，设置番茄钟 25 分钟（或者其他时长），孩子开始专注完成某项任务，直到闹钟响起；这时候孩子要停止任务，休息 5 分钟；休息完开始下一个番茄钟，继续完成清单上的任务；如此循环，直到完成所有任务。

③减少同伴干扰

对于住校的初一孩子，还需要注意减少同伴群体的干扰。尤其在自习课上，如果身边的同学边写作业边打闹或聊天，孩子很可能会受到干扰。这种时候，可以让孩子先看一下自己的计划安排，坚定内心要抓紧时间的信念，然后专注于手头的事情。

通过上面这 3 个小方法，孩子会体会到自己对时间的掌控力，对自己管理时间的能力也会越来越有信心。

（三）创设健康积极的生活环境

1. 加强闲暇教育，合理安排可控时间

中国父母往往会将闲暇与工作和学习放在对立的位置上，其实闲暇教育有很多好处，甚至可以毫不夸张地说，科学地玩能促进更好地学。闲暇教育能使学生个性得以充分自由发展，提高其生活质量。在家庭教育方面，家长可以采取以下做法。

（1）转变对闲暇时间的认知

家长和孩子都应转变对闲暇时间的认识，不再将其看作只是放松娱乐的时间，更应该看作是增长见识、锻炼体魄、发展兴趣的珍贵时间，要好好加以利用。

（2）用心选择闲暇活动

家长要用心选择积极向上的闲暇活动，给孩子树立榜样。如，户外活动、体育锻炼、料理家务等。可以邀请孩子一起参与家长的闲暇活动，但如若孩子对此不感兴趣，家长也不要强迫其参与。

（3）发展孩子的兴趣爱好

支持和鼓励孩子在闲暇时间做自己想做的事，发展兴趣爱好。家长可以作为伙伴、助手或是观众，参与孩子的活动。

2. 积极反馈，建立科学的激励机制

（1）积极鼓励

孩子在时间管理方面表现好的时候，家长千万不要吝啬表扬，要及时表达对孩子的肯定，给予精神上的鼓励。

（2）用好"留白"时间

家长切忌将孩子的时间都塞满，需要给孩子留下一些个人时间，让他自由地做自己想做的事。这是孩子通过有效的时间管理"赚"来的，不仅能提升他的时间效能感，也会使其更有时间管理动力。

（3）尽量少用或不用物质奖励

家长应注意不要过度通过物质化手段强化结果。比如，很多家长喜欢用零花钱奖励孩子，如果孩子达到了目标，就给他零花钱，或者给他买东西。用这样的物质手段奖励孩子，长此以往，会导致孩子行为动机以外驱力为主导，内驱力逐渐减弱或消失，不利于个人的长远发展。

（四）规律作息，合理安排时间

1. 养成规律的生活作息

走读生的作息在家长监督下基本上还算规律，只要注意在周末和节假日生活同样保持规律。但住校生就不同了，没有家长的监管，初一刚住校的孩子容

易作息不规律，不好好吃饭、晚上开卧谈会、不按时就寝等现象不少见。为了孩子的身心健康，对于住校生而言，培养其自律性，养成规律的作息显得尤为重要。家长可以采取以下措施。

（1）加强家校沟通

如果孩子从初一开始住校了，家长一定要多与老师沟通，通过老师留意和关注孩子的在校生活情况；一旦发现问题，要及时帮助孩子调整。

（2）保持生物钟的恒定

当孩子在节假日回家的时候，作息时间也要尽量与学校保持一致，不要轻易打破生物钟。

2. 充分利用碎片化时间

指导孩子巧妙利用碎片化时间。比如各种排队等候时，可以记一个单词、复习一个知识点等，这些都是很好的利用时间的小技巧。

3. 丰富孩子的时间安排

初中生的生活不只有学习，还有同伴关系的经营、生活能力的培养等，这些同样重要，需要将这些内容也纳入时间安排中。

参考文献

[1] 李来宏.时间管理知识全集[M].北京：金城出版社，2007.

[2] 黄希庭，张志杰.论个人的时间管理倾向[J].心理科学，2001（5）：516-518.

[3] 张安鸽，张野，孙蒙.初中生时间管理倾向对学习倦怠的影响：自尊的中介作用[J].心理月刊，2022（3）：59-61.

[4] 阮昆良，邓凌.学业成绩高、低分中学生时间管理倾向特点的研究[J].西南师范大学学报（人文社会科学版），2004（1）：35-38.

[5] 张志杰，黄希庭，凤四海，等.青少年时间管理倾向相关因素的研究[J].心理科学，2001（6）：649-653.

[6] 张向花.时间管理倾向的运动与心理干预对初中生心理健康的影响[D].南昌：江西师范大学，2008.

[7] 闫春萍.城市初中生自主时间管理与父母教养方式的关系研究[D].成都：四川师范大学，2015.

[8]孙洪钢.初中生时间管理的现状研究——以青岛 W 中学为例 [D].曲阜:曲阜师范大学，2017.

[9]朱新卓，骆婧雅.“双减”背景下初中生家长教育焦虑的现状、特征及纾解之道——基于我国 8 省市初中生家庭教育状况的实证调查 [J].中国电化教育，2023（4）:49-56.

[10]熊辉.儿童时间管理训练手册 [M].北京:中国妇女出版社，2022.

（执笔:任宁　浙江外国语学院）

第 5 课

如何提升孩子的
学习内驱力

课程简介

教学对象

初二学生家长

教学目标

1. 了解学习内驱力对孩子学业成绩的重要性。

2. 认识到孩子学习内驱力下降、厌学的原因。

3. 掌握提升孩子学习内驱力的家庭指导策略。

教学时长

90 分钟

课程框架

三、提升孩子学习内驱力的家庭指导策略

（一）充分发展孩子的自主性

    1. 尊重孩子的独立人格

    2. 让孩子自主选择与决策

    3. 家长要有边界感

    4. 放手但提供必要的指导

（二）提升孩子学习的信心

    1. 帮助孩子掌握学习策略

    2. 给予孩子积极关注

（三）建立良好的亲子关系

    1. 无条件完整地接纳孩子

    2. 向孩子传递温暖

    3. 用真诚的态度对待孩子

    4. 以同理心共情孩子

参考文献

课程内容

各 [实例导入]

浩浩是一名初二的男生。自从上了初中，他对数学、科学等理科学习感到越来越吃力。数学课基本听不懂，他就在课上睡觉，回家也不做作业，有一次考试还交了白卷。原来成绩还不错的语文和英语也退步了，有时会考不及格。他学习态度越来越消极，越来越厌学，还迷上了手机游戏，一玩起来怎么也停不下来。面对浩浩的这种状态，父母常常情绪失控，从而引发亲子冲突。父亲爱孩子的方式就是尽量满足其物质需要，如给他买手机，买限量版的运动鞋等；但面对儿子不爱学习、成绩下降，父亲的教育方式简单粗暴，非打即骂。母亲非常焦虑，担心孩子这样下去以后连职高都考不上。她一方面在家督促浩浩要努力学习，另一方面看到他学习不在状态时就开始责骂、否定。浩浩对学习越来越没有兴趣，甚至向父母提出不想去上学的请求。

初二以后随着学科增加和学习难度增大，不少学生在学习上会感到越来越吃力，一方面表现为成绩波动很大，另一方面出现了明显的成绩分化现象，学生的成绩开始拉开差距。一些学习成绩上不去的初中生，在几经努力而无果的情况下，很容易丧失学习信心，从而恐学、畏学、厌学。此时，初中生的内在学习动力在重振信心、克服困难、调动内在积极性等方面能起到很大的作用，即提升初中生学习内驱力变得尤为重要。

一、学习内驱力概述

（一）学习内驱力的内涵与表现

1. 学习内驱力与外驱力

学生的学习动机可以分为内部动机和外部动机。我们通常所讲的学习内驱力对应的是学习的内部动机，学习外驱力对应的是学习的外部动机。

学习内驱力，是指与生俱来的一种对学习活动过程本身有兴趣、不断挑战自我与追求自我提升、无须外在推动力的内在倾向。比如，我学习是因为我觉得只有在学习时才能真正感到开心与愉快。

学习外驱力，是指人们不是出于对事情本身的兴趣、自我需求，而是为了获得某种结果去从事一项活动的倾向。如，孩子争取好成绩是为了避免父母惩罚。外驱力是我们做一件事情的外部因素，旨在获得某种可以感受和触摸到的回报，如金钱、地位、奖赏等。

内驱力是一种自我激励，是坚持不懈地用一种积极的方式更好地改变生活的能力，它要求相信自己，保持激励，并鼓励自己在遭受挫折的情况下继续前进，所以被认为是学习的最佳动力。

当然，外驱力在某种条件下也可以转化为内驱力。如，一名初中生一开始是在父母的严格要求和管控下学习的"好学生"，其学习行为很可能是为避免父母的责骂，其行为是被动的；但随着时间延长，尤其是该学生在学习中获得成就感以后，他会越来越认同父母制定的规则对自己学习成绩的重要性，也会越来越认同父母的价值观，其学习外驱力也会转化为内驱力。

2. 缺乏学习内驱力的表现

孩子缺乏学习内驱力，通常有如下表现：对学习缺乏兴趣，难以对学习保持长久的热情；没有明确的学习目标和学习计划；既对学校制定的各种奖励措施没有兴趣，也对各种惩罚措施没有压力和紧迫感；缺乏适宜的学习方法，对学习消极应付，厌倦学习、逃避学习，上课不听讲、不做笔记，课后不复习、作业拖拉，考试挂科，上学迟到、旷课、早退，甚至不愿去上学；对未来感到茫然和不知所措，没有成就感，没有抱负和理想，无求知欲和上进心，得过且过，如有家长说：我家孩子干什么都没有动力，他仿佛压根不知道自己想要干什么。

（二）提升学习内驱力的重要性

1. 学习内驱力与学习成绩显著相关

骆北刚等人对某地区初中生的英语学业成绩进行了研究，探讨学习动机、学习策略、学业成绩三个变量之间的关系。研究结果表明，学习动机中的内部动机与学业成绩显著相关，内部动机越强其学业成绩越好，而外部动机与学业成绩的相关性不明显，无统计意义。因此，培养初中生的内部学习动机对提高学业成绩有着十分重要的作用。

2.学习内驱力随着年级升高而下降

浙江省教育质量监测大数据分析表明：中小学生学习动力随年级增高而下降，县城学生下降比城市严重，女生下降比男生严重，外驱胜于内驱。

高亚兵等人对浙江省杭州、温州、绍兴、金华、丽水等地 1152 名初中生家长的家庭教育指导需求进行调查表明，初一学生家长将"如何提升孩子的学习内驱力"这一选项排在需求的第二位，而初二、初三学生家长均将这一选项排到了需求的第一位。

（三）提升学习内驱力的理论依据

1.自我决定理论

美国心理学家爱德华·德西和理查德·瑞恩在 1985 年提出的自我决定理论（SDT）可以成为提升孩子学习内驱力的理论依据。

自我决定理论认为每个个体与生俱来地有三种基本需要，即自主需要、胜任需要和归属需要，如果孩子在学习上的这三种基本需要能得到满足，则会形成学习内驱力，反之，孩子学习内驱力的形成会受阻。

自主需要，是指个体有按自己的意志去选择，并认可自己的选择，体验到可以主宰自己行为的需要，如"学习这个事要由我来定"。内部动机只有在非常特殊的条件下才能产生，这个条件就是个体必须有自我决定理论所说的"自主感"，即出于"自由选择"，而不是被迫从事一项活动。

胜任需要，是指个体要体验到有能力完成一定难度的活动或任务，获得内在的成功感。当个体完成一项艰巨的任务或成功地掌握一项新技能时，会产生很强的成就感并感到愉悦。这些正面的感受会激发更多的内驱力让个体尝试再做一次，或者尝试更进一步掌握更多技能。

归属需要，是指个体与所属群体间的一种内在联系，是个体对特殊群体及其从属关系的划定、认同和维系的心理表现。归属需要被满足而获得的归属感，包括个体被团体认可与接纳时的体验，这种感觉源于被看见、被接纳、被包容和被重视。当孩子感到被家长重视和理解时，他会有更强烈的动机去变得更好，并且不再感到孤单。这种内在的联系和外在的接纳，使得孩子在受伤或疲惫时能找到一个安全的依靠，可以倾诉烦恼，并在需要时得到支持和安慰。

2. 家庭教养方式与孩子学习内驱力密切相关

研究表明，父母的不同教养方式对孩子的身心成长起着不同的作用。

积极教养方式给予孩子生理与心理上的关心、温暖、理解与信任，这些行为能够使孩子感受到爱与尊重，为其提供强大的心理支持，减少负面情绪和问题行为的出现，为孩子的身心健康发展和学业成绩的提高提供良好的条件。

消极教养方式主要指对孩子的控制，对孩子要求的拒绝、行为的否认，对孩子生活与学习的干涉和过度保护。这些行为容易使孩子产生抑郁、焦虑的情绪，性格变得较为孤僻，对人际关系较为敏感，与父母的关系常常处于紧张状态。

二、初中生学习内驱力下降的原因分析

（一）学习因素的影响

1. 学习内容深化与学科知识系统化

进入初中以后，学习课程门类逐渐增加，内容也逐步加深。语文、数学、英语这些小学曾学习过的课程，由直观的、感性的、零碎的知识点变成更为完整、系统的知识体系，并更加突出能力要求；同时，物理、化学、历史、地理、生物等课程的相继开设，使初中生学业负担大大增加。老师的教学也越来越注重知识的体系化和学生思维能力的培养。

2. 学习成绩分化日趋明显

学习量的增加和内容的不断加深，加上初中生的心理波动和生理变化，使得他们的学习成绩波动较大，同时出现明显的分化。小学阶段的学习成绩和初中成绩相关性不大。根据有关专家研究，小学学习尖子进入初中以后继续保持领先的情况大大减少；相反，有些小学时被认为成绩不好的学生后来居上成为学习冒尖者。而初中阶段的学习成绩却与高中的学习成绩呈明显相关性。到了初二，对学生抽象逻辑思维要求越来越高，智力在学习中的作用也表现得越来越突出，往往出现比较明显的学习"分化点"。

另外，学习成绩与付出的时间并不成正比。优秀的学生由于能够合理地安排时间，采用方法得当，学习往往显得轻松自在，学有余力，事半功倍；学习较差的学生疲于应付，事倍功半，学得越来越吃力，学习变成了沉重的负担。

3.需要学生学习自觉性和主动性更强

初中生需要一定的学习自觉性和主动性才能较好地完成学业，但是在这方面，初中生之间存在显著差异。许多孩子的自觉性和主动性还不能持久保持，无法自制，从而导致学习成绩下降。随着年龄的增长、心理的变化，电脑游戏、武侠小说、通俗言情小说及有些不健康的读物都会对孩子产生极大的诱惑，成为影响其自主学习的因素。

（二）家庭因素的影响

1.家长的控制阻碍了孩子自主性的发展

孩子学习的自主性既是个体与生俱来的能力，也是孩子的基本心理需求之一。青春期的孩子进入"第二心理断乳期"，随着生理上越来越接近成人，心理上也有了"成人感"，要求家长把自己当作成人看待，强烈地表现出想要自己做主的愿望。孩子经历了两次断乳期后，慢慢地从与家长共生到分离到独立状态。但是，不少家长由于对孩子不放心、不相信，内心想要掌控孩子，就容易采取控制的教养方式。

（1）家长控制孩子的类型

家长对孩子们的控制包括心理控制和行为控制。

①心理控制

所谓心理控制，是指那些侵扰儿童思想和情感的侵入式的教养行为。它有以下四种表现。

第一种，通过引发孩子的内疚感来迫使孩子达到自己的要求。当家长对孩子说："我为你做了那么多，你的成绩却不好，你对得起我吗？"这就是家长对孩子的心理控制。

第二种，通过引发儿童的焦虑来使儿童服从。当妈妈对孩子说："你爸整天骂我、打我，我都默默忍受，我不离婚，那是为了你。"这也是家长对孩子的心理控制方式。

第三种，爱的撤回。家长对孩子的态度是基于孩子的表现，即只有当孩子听家长的话，达到既定的标准或完成既定的任务时，家长才会对孩子表现出应有的爱、关心和照顾。

第四种，限制孩子表达自己的观点。孩子必须认同父母的观点，不能有自己的观点。

②行为控制

所谓行为控制，指父母使用监视和打骂等管理孩子行为的教养方式。如，曾有研究者对某市 4 所优质中小学 5—8 年级 422 名学生进行调查，其中有 33 个家庭专门安装了摄像头监督孩子写作业。90%的孩子表示，被摄像头"盯着"做作业，让自己感觉"没自由""很压抑""就是不相信我能好好做作业"。再如，家长打骂孩子，不仅让孩子学会了攻击，而且因为在家里受了气没法宣泄，很容易到学校欺负比他弱小的同学，成为校园欺凌者。

（2）家长的控制对孩子的影响

家长的控制容易导致孩子出现以下问题：抑郁、焦虑等情绪问题；学习生活等适应不良；对学习没有掌控感，学习变得被动；放弃自律和自我规划，没有从内心认同学习的价值，学习动机靠外驱为主。

2. 家长的否定降低了孩子的胜任力

胜任力并不是真正把事情做好的能力，而是一种认为自己能把事情处理好的信心。尤其当考试成绩下降时，孩子很容易会怀疑自己是不是学不好，此时如果家长责骂或贬低孩子，就会让孩子更加确信自己学不好，从而降低学习信心，导致厌学。如，有的孩子考试成绩不理想，当父母责骂时，他会说"我又不是班里考得最差的，班上还有谁谁谁比我考得还差"。孩子这样说的时候，其实是不想承认自己是学不好的，希望得到家长的谅解和肯定。但这个时候不少家长会说："你怎么就只跟成绩差的同学比，为什么不跟成绩好的同学比？你怎么那么不上进呢？"家长这样说的潜台词就是孩子在学习上不行，这也是在否定孩子。

3. 家长有条件的爱使孩子丧失归属感

家长有条件的爱表现为"学习成绩好我就爱你，成绩不好我就讨厌你、不爱你"。有条件的爱使孩子在学习成绩下降时，得不到来自家长的理解接纳、情感关爱、精神支持，感到孤立无援，产生厌学、厌世等情绪。

三、提升孩子学习内驱力的家庭指导策略

要提升孩子的学习内驱力，家长要认识到初中学习的特点，接受孩子学习成绩的波动，在学习上帮助孩子尽快适应初中阶段的学习，减少控制孩子、否定孩子与有条件地爱孩子的教养行为，从以下几方面入手，满足孩子的学习自主需要、胜任需要、归属需要，提升孩子的学习内驱力。

（一）充分发展孩子的自主性

1. 尊重孩子的独立人格

父母是孩子生命的缔造者，但并不意味着孩子是父母生命的附属品或实现父母自身理想的工具。孩子年龄小的时候，需要父母提供必要的物质生活条件，因此，父母养成了悉心照顾孩子饮食起居，教他做这做那，要他"听话"，试图"掌控"孩子人生的习惯。但是实际上，孩子从出生开始，与父母要经历从共生到分离，然后到独立的过程。初中阶段，孩子正值青春期，父母要学会转型，从教养、保护为主转变为引导、支持为主，亲子关系由以父母为中心的单向沟通向平等与民主的双向交流过渡。这样，孩子才能在父母的帮助下对自己的人生有一种真正的掌控感，从而成为一个独立的个体。

2. 让孩子自主选择与决策

家长应尊重孩子的兴趣，而不去逼迫孩子做选择；对于孩子不感兴趣的科目，家长要耐心地引导，不能替孩子做主。一旦孩子感受到学习是被强迫的，会从内心抗拒学习。家长要相信孩子，给孩子自己做主、自我决定的机会。如"这事由你定"。当然，为了帮助孩子做出明智的决定，家长可将孩子的主观愿望、感受考虑在内，补充孩子欠缺的信息，给孩子提供不同的视角和多重选择，并让孩子了解不同选择会引发的不同结果，以便孩子能够做出最好的选择。

3. 家长要有边界感

家长要和孩子分清责任和义务，区分"你的事"和"我的事"。学习是孩子的事，家长不要揽在自己身上，否则就是越界。比如，当孩子作业拖拉磨蹭的时候，家长如果老是催，孩子就会厌烦，结果越催越慢。孩子觉得自己长大了，不想父母插手自己的事。如果父母插手，孩子会认为"谁急就是谁的事"。平时喜欢"好为人师"的家长在孩子面前要适当地"示弱"、不唠叨。

4. 放手但提供必要的指导

只有当家长对孩子的学习放手，将"我要孩子学习"改变为"孩子自己想要学习"，不去催促、控制或强迫孩子学习时，孩子才会拥有"我要学"的内驱力。但是，放手不等于放弃，必要时家长要给孩子提供指导与帮助，并且把握好这个度。一方面家长要向孩子表明，解决学习问题的主体是孩子自己，要引导孩子尽早建立学习的主体意识；另一方面，当孩子遇到学习困难时，家长要及时提供帮助与指导。

（二）提升孩子学习的信心

1. 帮助孩子掌握学习策略

（1）让孩子养成并保持良好的学习习惯

课前预习新课的习惯；课堂四十分钟听课的习惯，带着问题、开动脑筋听，举手发言，做好笔记；做作业前复习的习惯；写作业认真书写与检查的习惯。

（2）合理安排时间，有计划地学习

时间是个常量，需要合理安排；学习是艰苦的劳动，也是有规律可循的。家长需要引导孩子处理好玩与学、主与次的关系。

①处理好玩和学的关系

学习是初中生的主要任务，主要的时间和精力自然应该花在学习上。但是，学习又不是初中生生活的全部，初中生精力充沛、兴趣广泛，适当和有益的活动（包括"玩"）也是他们生活的重要组成部分。家长要指导孩子学会劳逸结合，学习时专心致志、静得下心来；活动时生龙活虎、放得开来。学习和玩不仅是不矛盾的，而且可以是相得益彰的。

②处理好主和次的关系

初中阶段学习知识的密度和广度大大扩展，这就需要孩子能够处理好各种知识内容之间的主次关系。学科之间有差异，基础学科、工具学科是初中学习的重中之重，直接影响其他学科的学习，一定要学得扎实。学科内容本身也有主次，概念、原理及其形成是主，知识的灵活运用是主，自己学习的薄弱环节是主，在学习的过程中应该在这方面花更多的时间和精力。

（3）引导孩子形成适合自己的有效的各科学习方法

初中阶段的学习，学科逐渐细化，各门学科都有自己明显的特点和规律。理科类数、理、化学习重抽象逻辑思维，要善于融会贯通；文科类语、史等重知识积累，要善于联系实际。只有把握各学科的特点，因"科"制宜，才能有的放矢地学好各门功课。

2. 给予孩子积极关注

当孩子学习成绩下降的时候，家长切勿因焦虑而一味地责骂孩子，而是要肯定、鼓励孩子，提升孩子的学习信心。所谓积极关注，是指不关注孩子学习上不好的地方，而是关注孩子在学习上表现好的地方。这样的做法能让孩子认为自己不是那么糟糕的，自己还有希望，从而树立信心，体验到胜任感。如，当孩子考试成绩不理想时，家长除了通过倾听、共情稳定孩子的情绪以外，还要找一找这次考试中，孩子哪一门科目考得相对不错，或者即使考得不理想的科目，哪些地方做得还是不错的，即正向重构，让孩子看到自己还有不少做得好的地方，从而振奋起学习的信心。当孩子成绩考得好的时候，家长可以问："你是怎么考得这么好的？"这不仅向孩子传递了相信，更是引导孩子及时总结成功的经验。

（三）建立良好的亲子关系

1. 无条件完整地接纳孩子

家长要把孩子作为有思想感情、内心体验、独特性与自主性的人去对待。亲子沟通时，要耐心倾听孩子所讲的话，不要急于争辩或反驳；要能无条件完整地接纳孩子，接纳并不是同意，而是允许孩子发表他自己的观点。

2. 向孩子传递温暖

家长在与孩子沟通时，要向孩子传达情感，让其感受到温暖，包括非言语性温暖和言语性温暖。

非言语性温暖主要是指身体语言，如语调是柔和的而不是生硬且冷酷无情的，面部表情是松弛的、微笑的，目光是注视着对方的，体态姿势是放松而前倾的，手势是开放的，甚至会有肢体接触，如握手、拥抱；通过这些非言语性温暖表达对孩子的理解支持。

言语性温暖是指家长要避免说出伤人的语言，尤其是在消极情绪下，如果不够理性，往往会说一些气话，所以一定要学会情绪管理。

3. 用真诚的态度对待孩子

真诚即真实、坦诚。在亲子沟通中，家长要真实地展现自我，诚恳地对待孩子，而不要为了维护自己的面子而不懂装懂，或将自己的意愿强加于孩子，令孩子望而生畏，不敢讲真话。在沟通中，家长要坦诚，不立所谓的"人设"，即对自己有接纳的态度，明白自己的长处和短处，不要一听到孩子反对自己的话，马上去反驳、辩解，这样是难以沟通的。正确的做法是试着去理解孩子的感受，与孩子平等地交流意见。

4. 以同理心共情孩子

亲子沟通时，家长要能设身处地地体验孩子的精神世界，其核心是理解。家长共情的时候，一是要放下自己的参照标准，先站在孩子的角度来看待和感受事物，不要只是站在自己的角度；二是在倾听孩子叙述时，要分清孩子讲的哪些是事实，哪些是他的情绪，哪些是他的期待，对从孩子的话里知觉和体会到的东西要做一番梳理和理解。共情能够迅速拉近家长和孩子的距离，容易产生彼此之间的亲近感。实际上，在学习内驱力提升中，孩子自主、胜任、归属需要的满足并不是割裂的，通常情况下需要一起考虑。

参考文献

[1] 黎强. 基于自我决定理论谈如何唤醒孩子的学习内驱力 [J]. 中小学心理健康教育，2022（32）：72-74.

[2] 邵板兰，张冬梅. 自我决定理论视角下中小学生内在学习动机发展及其培养 [J]. 教育论坛，2021（33）：160-161.

[3] 骆北刚，马艺文. 新疆哈萨克族初中生英语学习动机、学习策略与学业成绩的关系研究 [J]. 兰州教育学院学报，2018（9）：157-163.

[4] 邵海英. 父母教养方式对中学生问题行为的影响 [J]. 中国健康心理学杂志，2014（3）：439-441.

（执笔：高亚兵　浙江外国语学院）

第 6 课
——
如何帮助孩子
克服考试焦虑

课程简介

教学对象

初中生家长

教学目标

1. 了解考试焦虑的典型表现与原因。

2. 分析认知误区，解除现实中的困惑。

3. 掌握缓解孩子考试焦虑的家庭指导策略。

教学时长

90 分钟

课程框架

课程内容

[实例导入]

小达是一名初二的学生。据老师反映，他上课无精打采，心不在焉，作业质量也一般。家长发现小达在家总是很烦躁，有些坐立不安。模拟考试成绩不理想，小达晚自修特意请假回家，躺在床上哭了好久。但过了几天，他好像就没事了，也没更加努力。随着期末考临近，小达的状态显得混乱不安，看上去很着急，但就是静不下心学习，脾气也变得暴躁，说也说不得，一说他就会跟家长吵。家长为此很苦恼，非常担心孩子但又不知该怎么办。

像上述实例的情况在初中生群体中较为常见，这是孩子出现了考试焦虑的情绪。每一场大考对于初中生而言，都不是一个简单的任务，它考验的不仅仅是知识的掌握，还有从容的心态和坚强的意志。当陷入考试焦虑时，有些孩子经过自我调整或者外界帮助，会慢慢把焦虑转化为行动，也有一些孩子始终陷在焦虑情绪之中，进而影响学业和身心健康。

一、考试焦虑概述

（一）考试焦虑的概念与分类

1. 考试焦虑的概念

郑日昌和陈永胜在《考试焦虑的诊断与治疗》一书中，最早将考试焦虑定义为一种心理状态，认为考试焦虑是在一定的应试情境激发下，受个体评价能力、人格特征及其身心因素所制约的，以担忧为基本特征，以防御或逃避为行为方式，通过不同的情绪反应所表现出来的一种心理状态。杨明均和曾英等将考试焦虑定义为一种比较复杂的情绪现象，它是指当学生意识到考试情景对自己具有某种潜在威胁时所产生的一种紧张的内心体验，是学生对考试的一种特殊的心理反应。熊江玲认为考试焦虑是在一定的应试情境下激发的，在家庭、学校的压力以及考生自身的生理心理等主客观因素的共同作用下形成的，以对考试结果担忧为特征，以防御或逃避为行为方式的负性情绪反应。通常考试焦虑者往往具有自我怀疑、无能感以及自我非难等特征。本课所讲的考试焦虑，是指因考试压力过大而引发的一系列异常生理及心理现象。

2.考试焦虑的分类

考试焦虑根据程度的不同，可以分为轻度焦虑、中度焦虑和重度焦虑。根据产生的时间不同，还可分为三类：考试来临前的一段时间内持续存在的焦虑，考试过程中产生的焦虑，考试结束后对考试结果产生的焦虑。

（1）轻度焦虑

轻度焦虑是学生在考试前产生的一种程度相对较轻的紧张与担忧，一般不会影响饮食、睡眠与学习的效率。考试临近，程度加深；考试结束，感觉自然消退。

（2）中度焦虑

中度焦虑是程度较重的情绪反应，学生往往越临近考试就越焦虑，还会产生躯体、认知、情绪的反应，例如拉肚子、吃不下、睡不着等，这些都会让学生考前学习效率下滑，考中注意力分散，影响临场发挥。中度考试焦虑一般在考试结束后会逐渐消失，睡眠、饮食也能恢复正常，但因为其持续时间长，对身心健康影响大，所以需要学生和家长进行调节。

（3）重度焦虑

重度焦虑是指学生在考试前很长一段时间内，明显地感到忧虑、苦恼甚至恐惧。他们精神处于高度紧张状态，容易出现失眠、食欲不振、情绪极端等现象。他们可能会过分看轻自己，觉得自己很没用，希望逃避考试。在考试过程中，他们往往会出现心跳加快、呼吸急促、头昏脑胀等生理反应，且难以自我调节。因此，他们的考试结果总是很不如意。

由此可见，轻度焦虑一般不用过于关注，中度、重度焦虑属于过度焦虑，要及时识别并加以干预。本课中提到的考试焦虑主要指考前与考试过程中的中度、重度焦虑。

（二）考试焦虑对青少年的影响

1.影响学业成绩

曹鹏飞等人研究了考试焦虑与学业成绩之间的关系发现，考试焦虑可以显著地负向预测数学成绩、英语成绩、地理成绩、生物成绩、物理成绩和总成绩。

2. 影响身心健康

实证研究显示，青少年的考试焦虑会引发失眠、食欲不振、头痛、胃痛等身体不适症状。此外，长期的考试焦虑还可能增加青少年患心血管疾病、消化系统疾病等风险。也有多项研究表明，考试焦虑会导致青少年出现明显的心理压力和情绪困扰，进而引发恐惧、烦躁、自卑等负面情绪，严重时甚至可能导致青少年出现心理问题，如抑郁症、焦虑症等。

3. 影响自我评价与社会适应

考试焦虑使青少年的认知通道变得狭窄，常常怀疑自己的能力，对自己失去信心。因为过分关注学习与成绩，他们容易忽视生活的其他方面，例如减少社交活动，不能与同学、老师、家长友好相处，容易导致人际关系紧张，进而影响社会适应能力。焦虑情绪还可能导致青少年变得孤僻、不善于与他人交流，进一步影响他们的社交能力和人际关系。

由此可见，考试焦虑会极大影响孩子的学业成绩、身心健康、社会适应，家长和老师要高度重视，帮助孩子克服考试焦虑。

二、考试焦虑的原因与家长的困境

（一）考试焦虑的原因分析

1. 个体内部因素

现实中，一些孩子更容易感到紧张和焦虑，对考试的心理压力比一般人大。心理学研究表明，不同气质的人考试焦虑有所区别。多血质的孩子思维灵活、反应快、性格比较开朗；黏液质的孩子行为与思维相对迟缓和深入，遇事比较从容，他们对考试的焦虑程度就比较低；胆汁质的孩子脾气急，遇事常不经大脑思考；抑郁质的孩子内心敏感，特别在意评价，他们面对考试就很容易产生过度焦虑。心理学研究还发现，性格内向的人比性格外向的人更容易产生考试焦虑，因为他们自信心不足，过分关注别人的评价和考试的结果。

每一个孩子的学习生活中都离不开考试，但考试对于不同孩子的意义是不同的。有的孩子把考试当作学习的一个过程，考得好自然开心，考得不好也没关系，只要找到问题，下次努力就好了。在这种认知模式下，不容易产生考试焦虑。但是，有的孩子就特别在意考试的结果，他们希望通过考试成绩证明自己的优秀，把考试成绩的好差作为评价自己的唯一指标，如果考不好就觉得自己很无能，未来没有前途。在这种认知模式下，考试与孩子的前途、理想以及未来幸福等紧密联系在一起，其焦虑程度必然会加重，形成一种强烈的心理压力。

学习能力差的孩子可能在学习新知识时感到困难，无法有效掌握考试所需的内容。这种情况下，面对考试时，他更容易感到紧张和不安，担心自己的表现不佳，进而产生考试焦虑。同时，如果孩子在解题技巧、时间管理或应试策略等方面存在不足，他在考试时可能会感到无所适从，无法有效应对考试压力。这种无助感和挫败感也会进一步加剧他的焦虑情绪。

2. 外部环境因素

当前教育环境下，我们经常听到"内卷"这样的词语。家长对孩子学业普遍存在较高的期望值，对考试结果看得过重，也常给孩子的作业加量、学习"加餐"。如果家长缺乏对孩子的情感支持和关爱，只关注结果而忽视过程，就会给孩子带来额外的心理压力，让孩子觉得"考不好难以向家长交差"，进而导致考试焦虑的加剧。此外，家庭提供的学习环境和资源如果不足，孩子就可能感到无助和困惑，也会加重他的考试焦虑。如果家庭中存在冲突、紧张的关系或不良的家庭氛围，孩子可能面临额外的压力和焦虑，影响他的学习和考试表现。

尽管近年来，教育主管部门一直在改革中考，完善综合素质评定，提出了五育并举、全面发展的理念和政策，但因为中考的存在，学校目前仍然存在考试频率高、考试评价重、考试氛围浓等问题。在学校里，成绩好坏是评价一个孩子的重要指标。它一方面引发了孩子之间的学业竞争，部分孩子担心自己落后，失去竞争力；另一方面引发了孩子之间的评价竞争，部分孩子担心自己被负向评价。这些都会使孩子在考试前后产生较高的焦虑水平。

目前我国正处于高度竞争化的时代，就业市场空间有限，社会各界普遍追求高学历和优秀成绩。为了使孩子未来能在社会上有立足之地，家庭与孩子本人都希望可以升入重点高中与重点大学，就读重点学科，但有限的优质学校资源和优质教师资源都让这种竞争加剧，加上社交媒体的推波助澜和信息传播的全方位覆盖，让孩子进一步产生比较心理，放大自身的不足，引发焦虑情绪。

（二）家长应对孩子考试焦虑的困境

1. 无法准确识别孩子的焦虑状况

对于初中生而言，考试焦虑非常普遍，但家长未必能及时发现孩子陷入了考试焦虑。初中生普遍进入青春期，身体发育更加成熟，而心理发展处于半成熟、半幼稚的过渡阶段，很不稳定。他们的自我意识不断发展，逆反情况普遍，所以这个阶段的孩子与父母的关系可能并不融洽。家长时常会提到，孩子喜欢一个人关在自己的房间，不大能沟通，情绪也很不稳定，尤其不能谈学习与成绩，也就不容易发现孩子真实的身心状态。实际上，无论是成绩优秀的孩子还是成绩不佳的孩子，甚至有些厌学的孩子，都会出现考试焦虑。当家长发现自己的孩子在考前心神不宁、坐立不安、烦躁易怒、睡不好、吃不香，总是愁眉苦脸时，家长就可以考虑孩子可能是陷入考试焦虑了。

2. 错误应对孩子的考试焦虑

除了识别孩子的焦虑状况，家长还面临着如何指导和调整孩子的考试焦虑问题。家长很容易错误应对。有些家长常用批评和指责的方式对待孩子的考试焦虑，认为他不够努力或不够聪明，这样的做法可能会进一步降低孩子的自尊心，加剧其焦虑感和孤立感。有些家长常用讲道理的方法指导孩子不要焦虑和紧张，他们会这样对孩子说："不要紧张，正常学习，考完就行。""别想那么多。"这样的做法并不会让孩子缓解焦虑情绪，反而会使其更烦躁、更焦虑。有些家长常用忽视或轻描淡写来弱化孩子的考试焦虑，认为孩子只是需要更努力学习或花费更多时间，顺其自然就好了。如果孩子考试焦虑程度较深，这种做法可能让孩子感到无助和孤立，无法得到有效的支持和理解。有些家长常用刻意回避的方法，不提及任何有关考试的话题。然而，家长的每一次刻意避开，都好像在说："我看见了，但我害怕，我不敢触碰。"家庭中焦虑的氛围更浓了。还有家长常用假装不在意来让孩子宽心："你好好考，结果什么样都没关系。"但孩子往往心里很明白，考试对自己、对家长都很重要，不可能无所谓，这么说要么是口是心非，要么是对孩子早已失去信心，孩子反倒会觉得家长很虚伪或者不信任他。

三、缓解考试焦虑的家庭指导策略

家长要指导孩子缓解考试焦虑，首先要提高认识，理解孩子面对众多考试出现焦虑情绪是不可避免的，他需要家长的理解和帮助，这对他很重要。其次，家长要明白孩子会遇到哪些考试焦虑的问题，然后针对孩子的实际情况，对症下药，真正帮助孩子缓解压力。最后，家长遇到问题也不必过于担忧，要懂得情绪是一种信号，它在提醒我们还有尚未满足的需要。情绪有很多作用，消极情绪也同样如此，如果我们压抑或者转移负面情绪，可能就错失了解决问题的真正机会。同理，焦虑实际上是在提醒危险与重要节点即将来临，我们需要采取行动来躲避危险，把握机会。所以当考试焦虑来临，它实际上是一种自我保护机制，会促使我们去努力找到问题并解决困难。

（一）家长要学会识别孩子是否陷入考试焦虑

家长因为专业的局限，可能无法用科学的量表去评定孩子的情况，但可以通过观察以及做小测试的方法进行判断。

以下是一个相对专业和简单的自测工具，家长可以与孩子一起测一下，看看是否存在考试焦虑，处于哪种程度。

[自测]考试焦虑程度

请孩子核对近期状态，根据以下四句话选择最符合的选项。

①最近我总会感觉到烦躁，有时暴躁不安，有时又说不出话来。

②最近我总是难以控制地想，考试考砸了怎么办。

③最近我总保持不了注意力，无论听课、写作业，总会在一段时间后走神。

④最近我经常做考试的梦。

A.非常符合　　B.比较符合　　C.不太符合　　D.很不符合

(计分规则：A记3分，B记2分，C记1分，D不计分；将4个分数相加，总分2—4分表示轻度焦虑，5—8分表示中度焦虑，9—12分表示高度焦虑。)

家长还可以通过考后交流的方法来反推孩子的考试焦虑情况。当孩子考试结果出来，家长可以用积极接纳的态度与孩子深入交流，尤其是孩子对成绩不佳的原因分析，往往可以从中判断其迎考状态与应考能力。如果发现孩子失利的原因符合考试焦虑的表现，就可以为下一次的预防与应对做好准备。

（二）家长要学会使用正确的指导方法

1. 改变认知，降低过高期望值

家长要有边界意识，成绩好坏固然需要关心，但这并不代表孩子的学业表现与家长是全方位绑定的，家长和孩子有各自的生活和责任。读书、考试本来就是孩子自己的事情，家长越是催促、批评、替代，孩子往往越反感。而且，很多时候家长的焦虑会传递一种信号——孩子不够好，考试没底气，以致影响了孩子的心态。所以，家长要保持从容不迫的心态，引导孩子对考试保持一份平常心。此外，家长也要克服以成绩论胜负的片面教育观，多关注孩子的学习过程，根据孩子的实际情况协商学习目标，不要制订不切实际的学习计划。

2. 认真倾听，缓解孩子焦虑情绪

家长可以与孩子进行开放、坦诚的沟通，了解其内心感受与焦虑源头，耐心倾听其问题与困扰，尽可能理解他的处境并协助解决问题。在满足孩子的需求时，把握好"度"，既要避免过度关注，什么都围绕学习，又要避免不去关注，让孩子觉得父母不关心。所以可以问问孩子，考前他需要怎样的环境和帮助，尽量满足孩子的合理诉求。如果孩子有情绪，允许他发点脾气，哭一哭，都是很正常的。有时候孩子只是需要一点空间，需要一点释放，需要有人倾听。

3. 指导孩子，尝试降低焦虑五步法

因为焦虑是对未来还没有发生的重要事情的担忧与恐惧，所以不确定感是情绪的源头。要缓解焦虑，家长可以指导孩子尝试采取以下做法。

[自测]降低焦虑五步法

①明确孩子在焦虑什么。让孩子在一张白纸上写下近期所有可能导致焦虑、不舒服的事件与原因，并一一对照，找出焦虑源。

②让孩子写下自己焦虑的事情最坏、最好、最可能的结果是什么。

③计算每种担心出现的可能性有多大，准确到百分比。

④请孩子思考：为了避免最坏的情况，该怎么做。要求：计划有具体的场景、时间、操作方法等。

⑤行动。

一位初二学生根据这五个问题写了这样的内容：①我焦虑自己在考试前无法达到最佳状态，最后发挥失利，考出最差的一次成绩。②最坏的结果是考得很差，被父母、老师批评，被同学嘲笑，自己也很失望；最好结果是超常发挥，获得各种赞誉；最可能的结果是正常发挥。③最坏的结果可能性5%，最好的结果可能性10%，最可能的结果可能性85%。④为了避免最坏结果，我计划做一个迎考两周学习计划与心态调整计划：在学校里能更加静心，每天至少问5个问题；在家里更加自律，梳理错题，并每周找老师谈心，舒缓情绪。

焦虑往往是因为不清晰未来会发生什么，当这名初二学生写出前面的四个问题，他的焦虑就变得具象化和清晰化，焦虑感反而明显下降，他也意识到自己担忧和焦虑的情况概率并不高。后续，这位初二学生努力让自己的情绪放松下来，并严格按两周计划执行。随着行动的进行，他的焦虑情绪得到明显缓解，最终在考试中取得佳绩。

4. 帮助孩子，掌握考前放松法

在梳理焦虑情绪的基础上，家长可以帮助孩子掌握考前放松的技巧与方法，让孩子在遇到情绪问题时能及时调整状态。以下是几种比较常见并行之有效的考前放松法。

（1）积极心理暗示

当面对负面情绪和困难时，可以指导孩子用正面的积极的话来鼓励自己、暗示自己：我能行！我一定可以的！大家都一样！

（2）腹式呼吸

吸气时鼓起肚子，感觉气息胀满胸部；呼气时排瘪肚子，感觉气息排空胸部。自然地吸和呼，注意力可以主要放在呼气上。在呼气与吸气之间，可以稍微停顿，呼吸频率保持在4—6次/分钟，慢一些，投入一些。

（3）身体放松训练

身体和心理是保持高度联系的，当身体放松了，心理自然也会放松下来，所以孩子可以通过控制肌肉的紧张与放松状态，调节心理的焦虑和紧张。放松动作的要领是先使身体某部位肌肉紧张，保持紧张状态 10 秒钟左右，然后慢慢放松。例如，孩子可以紧紧握拳 10 秒，然后再松开拳头，体会松弛下来的感觉，几次后就可以迅速地降低焦虑情绪。

（4）美食、运动与倾诉

让孩子吃一些甜食或者香蕉，它们可以有效舒缓情绪。带着孩子到室外走一走、跑跑步、做一做伸展运动等，可以放松神经；还可以与孩子聊天，让孩子把自己的紧张、焦虑讲给家长听，释放压力，调整内心。

（三）家长要学会做外界压力的过滤器

当前，学校和社会给孩子的压力巨大，尤其需要家长学会自我成长，保持良好心态，一方面主动适应学校与社会，另一方面做好学校、社会压力的过滤器，帮助孩子增强心理韧性。

家长需要关注自己的身心健康，养成良好的生活习惯，让自己保持充沛的能量和积极的心态。学会管理自己的情绪，找到有效的情绪释放方式，如做运动、听音乐、和朋友聊天等，以减轻压力和焦虑感。接受自己的不完美之处，不要给自己过高的期望和压力。学会积极思考和培养乐观的态度，对生活抱有感恩之心，这将有助于保持淡定和积极应对困难。

家长可以与学校老师保持良好的沟通，及时发现孩子在学校遇到的困难，了解他的学习状况和需求，与老师探讨孩子的考试焦虑问题，并共同制定适合孩子的应对策略。家长可以与老师分享家庭背景、孩子的个性特点和家庭期望。这样，老师可以更好地了解孩子的情况，因而能够有针对性地帮助孩子应对考试焦虑。老师在校提供及时的学习反馈和指导，帮助孩子调整学习策略和方法；家长在家创造和谐、积极的学习环境，营造轻松和支持性氛围；家校合力帮助孩子应对考试焦虑。

当学校和社会的压力过大时，家庭就应成为第一道保护伞，给孩子力量而不是加剧焦虑。例如，当学校反馈孩子的学业不佳、状态不良、考试成绩不好时，家长如果继续批评、指责孩子，无异于是把孩子推开，会加剧孩子的压力与焦虑，也会恶化亲子关系。现在社会已经非常内卷，孩子对未来充满迷茫，家长如果进一步强化社会的竞争压力，就会把孩子往更糟糕的地方再推一把。家长正确的做法应该是缓解学校和社会带给孩子的压力，提供情感支持，真正促进孩子的健康成长与发展。

最后，家长也要相信专业的力量。如果孩子的压力和焦虑感过于严重，影响到日常生活和心理健康，家长可以寻求学校提供心理健康教育和咨询服务，或者求助专业的医疗机构，帮助孩子更好地理解和应对考试焦虑。

参考文献

[1]郑日昌，陈永胜.学校心理咨询[M].北京：人民教育出版社，2010.

[2]郑日昌，陈永胜.考试焦虑的诊断与治疗[M].哈尔滨：黑龙江科学技术出版社，1990.

[3]高亚兵.青春期儿童家长指导手册（电子书）[M].杭州：浙江教育出版社，2022.

[4]朱祥生.大学生考试焦虑的类型与原因分析[J].科技信息（学术版），2007（6）：40-41.

[5]曹鹏飞，韩琴.初中生的考试焦虑状况及其与学业成绩的关系研究——以山西省大同市三所中学为例[J].教育测量与评价（理论版），2011（5）：53-56.

[6]冯达.初中生考试焦虑及学习动机研究例谈[J].基础教育研究，2018（15）：74-78.

[7]李文婷.学生考试焦虑研究综述[J].西安社会科学，2010（1）：169-171.

[8]刘亚林，程乐森，王茹，等.初二学生的家庭教养方式与考试焦虑的关系[J].中国健康心理学杂志，2016，24（10）：1580-1584.

[9]李艳平.中学生考试焦虑与心理健康、学业成绩的相关研究[D].上海：上海师范大学，2003.

[10]杨明均，曾英.谈谈学生的考试焦虑[J].四川教育学院学报，2001（1）：17-19.

[11]熊江玲.考试焦虑研究述评[J].湖南社会科学，2004（5）：193-194.

（执笔：陈琦　杭州市西湖区教育发展研究院）

第 7 课
如何帮助
学习困难的孩子

课程简介

教学对象

初中生家长

教学目标

1. 认识初中生学习困难的常见表现。

2. 了解学习困难对孩子发展的影响并消除误解。

3. 掌握应对孩子学习困难的家庭指导策略。

教学时长

90 分钟

课程框架

【实例导入】

一、学习困难儿童概述

（一）学习困难儿童的特征

　　1. 学习方法低效

　　2. 学习情感消极

　　3. 行为习惯不佳

（二）学习困难对儿童发展的影响

　　1. 学习困难会损伤自我概念

　　2. 学习困难会影响情绪健康

　　3. 学习困难会妨碍人际交往

二、家长对待学习困难儿童的常见误区

（一）认识偏差

　　1. 孩子成绩没达到预期就是学习困难

　　2. 忽视学习困难给孩子带来的心理伤害

（二）情感偏差

　　1. 孩子成绩不佳，家长情绪一点就爆

　　2. 过分关注成绩，爱成绩胜于爱孩子

（三）行为偏差

　　1. "不打不成器"——简单粗暴惩戒

　　2. "别人家的孩子"——不当横向比较

　　3. "满满的时间表"——高压填鸭教育

三、应对孩子学习困难的家庭指导策略

（一）帮助孩子正确认识自我

　　1. 引导孩子正视学业现状

　　2. 引导孩子发现自身闪光点

（二）关注与接纳孩子的学业情绪

    1. 控制自身情绪，承托孩子的消极情绪

    2. 多与孩子沟通，了解孩子的心理需求

    3. 夫妻关系和睦，营造融洽的家庭氛围

（三）培养孩子良好的学习习惯

    1. 创造良好的学习环境

    2. 培养良好的注意习惯

    3. 培养优良的预习与复习习惯

（四）寻求专业帮助

    1. 与班主任沟通了解情况

    2. 向学校心理教师求助

    3. 找专业心理医生诊疗

参考文献

课程内容

[**实例导入**]

　　小勇是一名腼腆的初中生。从小学起，他数学就学得勉勉强强；升入初二后，数学难度陡然增加，他的成绩更是一落千丈。因此，他上课不敢举手回答问题，也不敢正视老师，甚至在同学面前不敢大声说话。每逢考试，他就格外焦虑；到了考场，他的大脑便一片空白，很多题目全靠瞎蒙。

　　由于数学成绩落后，妈妈跟小勇的亲子关系日趋紧张。妈妈觉得是小勇对数学不够上心，成绩才会上不去，因此母子之间争吵不断。在最近一次争吵后，小勇拒绝吃饭并把自己关在房间里不出门。半夜，小勇发信息给妈妈，控诉自己不喜欢数学都是妈妈"逼"的。

　　"学习困难"是家长十分关注的话题。2021年夏，上海复旦大学附属儿科医院开设"学习困难"门诊，引爆了家长圈。进入初中后，随着学习科目增多，学业压力增加，加之受青春期心理发展的影响，初中生学习困难现象时有发生。那么，到底什么是"学习困难"？学习困难的孩子有何表现与特点？家长又应该如何帮助孩子呢？

一、学习困难儿童概述

　　学习困难儿童在智力水平上与普通人相似，但在知识、能力、品格等综合素质上偏离普通孩子，学业成就上远落后于同龄人。这类孩子往往找不到适合自己的学习方法，达不到教学大纲的要求，通常也缺乏学习动机。初中阶段，学习困难儿童占总体的比例在10%—20%之间。学习困难不仅直接影响孩子的学业表现，也损害其心理健康、人际关系等。

（一）学习困难儿童的特征

1.学习方法低效

　　学习困难最主要的表现就是难以掌握合适的学习方法。学习困难儿童主要采用死记硬背的方法来应对所有学科。在学习中出现知识点理解不清晰、概念混淆、记忆不牢的问题，进而导致解题思路混乱、计算错误等。学者周东研究发现，接近70%的学习困难儿童在学习时不带任何目的，也不做任何规划，上课时犹如脚踏西瓜皮——滑到哪儿算哪儿。学习困难儿童在注意力、记忆力、感知能力、知觉—运动协调能力上均存在缺陷。学者陈洪波等用脑电技术对阅读困难儿童进行研究，发现该类儿童的额叶、颞叶、枕叶、顶叶、顶枕交界区、小脑、丘脑、脑干等脑区存在局部脑代谢异常。

2. 学习情感消极

在初中阶段，孩子的身体和心理正处于急剧变化的阶段，他们的内心更为敏感。如果学习失利，他们便容易对学习产生抵触情绪。学习困难儿童往往认为学习是一件困难且枯燥的事，是父母和老师强塞给他们的任务，认为是父母和老师给自己带来这本不该承受的痛苦与羞辱。一谈到学习，他们会目光回避，或低头沉默不语，或扭转头面带不屑。他们常常无法悦纳自己，认为自己是"愚笨的""没有价值的"。面对习题时，他们认为自己肯定是解不出来的，不加尝试就放弃。部分学习困难儿童甚至扬言"读书无用，不如躺平"。

3. 行为习惯不佳

课堂参与不佳和无法自主完成作业是学习困难儿童的主要行为表现。他们很少参与课堂提问环节，课上发呆，甚至看"闲书"。根据周东的相关研究，70%以上的学习困难儿童无法独立完成作业，甚至抄袭他人作业；60%左右的学习困难儿童课余不温习，在测验中作弊等；另有30%左右的学习困难儿童则放弃学业，直接"摆烂"。部分学习困难儿童还会出现攻击行为、挑衅行为和破坏性行为等；还有学习困难儿童表现出不适应行为和不成熟行为，如懒散、多动、敏感、自卑、乱发脾气、厌倦学校等。

（二）学习困难对儿童发展的影响

1. 学习困难会损伤自我概念

初中生对他人的评价分外敏感。成绩落后引发的负面评价会明显损伤他们的自我概念，学业失败感会逐渐转变成一种普遍的价值缺失感，导致他们对自身能力产生消极评价，如一事无成、不聪明、笨等；引发自我拒绝，认为自己毫无价值，甚至不值得被爱等。

2.学习困难会影响情绪健康

学习困难会消极影响初中生的情绪状态。处于青春期的初中生本就容易情绪波动，学习困难的学生更容易因为周围人的负面评价而感到愤怒，甚至出口成"脏"。自卑、敏感的学习困难学生则更容易受到孤独感和无能感的侵扰。学习困难还会增加他们患焦虑症、抑郁症等心理疾病的风险。

3.学习困难会妨碍人际交往

俞国良等人的研究表明，学习困难儿童在好友数量和友谊质量上都明显低于普通孩子，同伴关系不良，在同伴中地位低下。相较普通儿童，学习困难儿童更频繁地被提名为不受欢迎者，同伴接受性明显低下。这种人际拒绝会导致一部分学习困难儿童出现校园适应不良、攻击行为、违纪等问题，进一步损害其本就脆弱的人际关系。那些敏感、内向的学习困难儿童则出现胆小、害怕、不愿与人交往等退缩行为。

二、家长对待学习困难儿童的常见误区

（一）认识偏差

1.孩子成绩没达到预期就是学习困难

初中生的学业成绩是家长关注的重中之重。一些家长会不顾实际情况给孩子设定过高学业目标，如果孩子达不到，家长就会觉得孩子学习困难，甚至寄希望于通过吃药"治疗"，促使"学渣"变"学霸"。

［案例］怀疑孩子学习困难的焦虑妈妈

一位妈妈曾带自家初二的孩子去"学习困难"门诊就诊。妈妈一进门就诉苦："他现在成绩下滑得厉害，跟小学真是没法比，再也考不到满分，学习肯定是困难了。"妈妈还反映：对妈妈布置的作业，孩子不像小学时那样布置了就做，而是有了自己的主张，甚至跟妈妈顶嘴。门诊医生经过深入问询发现，孩子学习成绩处于班级中等水平，且性格外向、话多、上课积极发言，是一个再正常不过的青春期孩子，老师也挺喜欢他，只有妈妈觉得孩子有问题。

青春期孩子独立意识迅速发展，面对父母的学习催促，他们容易产生逆反心理。这是孩子自我意识觉醒的表现之一，也是孩子的心理需求和家长的养育

模式不匹配造成的一种"亲子互动困难",而非孩子"学习困难"。

2.忽视学习困难给孩子带来的心理伤害

很多家长误以为学习困难的孩子仅仅在学习方面需要帮助,但其实学习困难同样会引发他们在心理健康、同伴关系、学校适应等方面的不利处境。学习困难的孩子常常需要心理疏导、家庭支持、学业补救等多方位支持。

[案例]孤独无助的学习困难学生

一位读初二的学习困难学生在访谈中说:"我成绩不好,原来跟我玩得好的朋友不怎么找我玩了,我感到很孤独,不知道跟谁倾诉。老师也不喜欢我,上课从来不叫我回答问题。我一定是烂透了。爸妈经常因为我考砸了而争吵。有一次深夜,我听到爸爸妈妈在谈离婚,是我把一切都搞砸了。一想到他们要离婚,我干什么都没法集中精力。我只想逃跑,谁也别找到我才好!"

学习困难会让孩子变得敏感、自卑,也会影响其朋友数量、友谊质量等。因此,干预孩子的学习困难不仅要着眼于提升其学习技能,更要关注他们在心理健康、人际交往、情绪行为等领域的发展。

(二)情感偏差

1.孩子成绩不佳,家长情绪一点就爆

为人父母都期待自家孩子能成绩优良、出人头地。当面对孩子糟糕的成绩时,家长心里难免恼火。当学习困难儿童再犯一些其他错误时,家长很容易情绪失控,认为孩子就是故意作对,容易陷入训斥、批评孩子的误区。家长带着愤怒和埋怨的态度跟孩子沟通,很容易引发孩子的反感,造成亲子之间的对立与矛盾。对立情绪横亘在亲子之间,很容易引发双方的矛盾升级,问题没解决,双方还都攒了一肚子气,甚至因此大打出手。

2.过分关注成绩,爱成绩胜于爱孩子

面对迟迟提不上去的成绩,部分家长难免"关心则乱"——只见分数,不见孩子,跟孩子的对话只剩下了"分数""成绩"。孩子一到家,家长就开始唠叨:今天学得怎么样?考试了吗?分数怎么样?三句不离学习的亲子沟通令孩子感到窒息。家长只关注成绩,而不关心孩子的兴趣、爱好、交友等,向孩子

传递的是家长"只爱成绩不爱我"的冷漠信号。

"要孩子还是要成绩"是经常摆在青春期孩子父母面前的一道难题，但这并不是一道二择一的选择题，这个问题的核心是家长怎么看待孩子的学习。青春期的家长要关注成绩，更要关心孩子的兴趣爱好，共情孩子的喜怒哀乐。只有如此，后续干预和引导孩子的学习才能水到渠成。

（三）行为偏差

1. "不打不成器"——简单粗暴惩戒

很多家长对学习困难的孩子有一种潜在的愤怒。自己起早摸黑赚钱，孩子却学得稀里糊涂的。每思及此，家长就气不打一处来，甚至寄希望于"打一顿"让孩子清醒。虽然现代的家长大多数已不再使用"棍棒法"惩戒孩子，但会采用更为隐蔽的心理惩戒，如大声呵斥、言语威胁等，比如警告孩子如果再学不好就别回家了。这些做法只是家长宣泄了心中对孩子的不满，并不能帮助孩子进步。青春期孩子最需要的是尊重和倾听，粗暴惩戒不仅很难威慑孩子，甚至可能引发孩子的逆反心理。

2. "别人家的孩子"——不当横向比较

"别人家的孩子"是学习困难儿童的"第一魔咒"。看到邻居家的"学霸"，家长难免心生羡慕，甚至越看越欢喜，再想想自己家的"后进生"，更是恨铁不成钢。一些家长会在和孩子的谈话中，有意无意地透露出对"别人家的孩子"的羡慕和青睐之情。还有一些家长甚至采用激将法，拿孩子的伙伴做标杆，想要刺激孩子"比学赶超"。这个年纪的孩子最在乎同伴关系，友谊也相对脆弱。家长拿孩子的好朋友作比较对象，很容易造成友谊的变质，破坏孩子之间原本单纯美好的关系。

[案例]烦恼的初中生

有位初中生跟心理咨询师抱怨道："不管我跟谁交朋友，我妈妈都会在我耳边叨叨那人比我好，作业做得比我快，上学起得比我早，数学分数比我高，等等。妈妈眼里只有别人，我都怀疑自己是不是她亲生的。她甚至当面拿我跟那些朋友比，还数落我。我一点面子也没了，也没法跟他们做朋友了。"

3."满满的时间表"——高压填鸭教育

很多家长看到孩子成绩怎么也上不去，就拼命给孩子报补习班、请家庭教师等。看着孩子满满的学习时间表，家长会误以为自己对孩子已经尽到了最大努力，甚至将补习班的数量作为衡量自己"爱孩子"的指标。然而盲目补习会压得孩子透不过气，结果适得其反。家长在给孩子报班前，既要评估补习班、兴趣班对孩子学习提升的效用，也要思考孩子对补习的接受程度。"只有学习，没有娱乐"会让孩子倍感压力，只感受到学习带来的痛苦，进而丧失学习兴趣和热情。孩子即使到了补习班，心也难以专注于学习。

三、应对孩子学习困难的家庭指导策略

（一）帮助孩子正确认识自我

1.引导孩子正视学业现状

"当局者迷，旁观者清。"家长作为孩子学习的重要旁观者，要冷静客观，就事论事，可以按照以下三个步骤，来帮助孩子分析学习中遇到的具体困难，找准自己的学习优势和劣势。

（1）写一写

家长可以让孩子写一写最喜欢的科目和最讨厌的科目，也可以协助孩子分析某门课中最喜欢的知识点和最头疼的知识点，以此寻找孩子学习中潜在的优势和目前的困难，更深入地了解孩子的学习情况。

（2）聊一聊

家长可以跟任课教师聊一聊，通过向教师了解情况，确认孩子在学业上的优劣势学科与知识掌握程度，以及近段时间孩子在学习上的主要困难。家长也可以鼓励孩子与任课教师直接对话，让孩子借助外部反馈，更好地了解自己的学习特点。

（3）辨一辨

家长可以跟孩子一起拿出作业本和考卷，共同分析错题、主要失分点在哪里，是前面的基础题，还是后面的难度题，看看哪些知识点已经牢固掌握，哪些还有待巩固，哪些还完全不会。

2.引导孩子发现自身闪光点

自我价值感是追求成功的内驱力。个体只有感觉自己有价值，才能悦纳自我，茁壮成长。家长要着力帮助学习困难儿童改变消极自我概念，从发现孩子的"闪光点"做起，可以尝试以下两点。

（1）从多元角度去评价孩子

尽管学习困难儿童学业成绩不出色，但他可能平时做事踏实认真，那么家长可以夸"一丝不苟的样子最可贵。我家宝贝很靠谱，妈妈把事情交给你最放心了"。有的孩子热情开朗，跟谁都能熟络地攀谈几句，那就可以夸他"心地善良，情商高，怪不得大家都愿意跟你做朋友"。家长学会从多元角度去评价孩子，能够强化他的优势，给予孩子自信。家长的积极反馈可以帮助孩子建立积极的自我概念，帮助他悦纳自我。

（2）做孩子成长的观察者

初中生已经有了辨别能力，对家长的胡乱吹捧，他们只会觉得敷衍与虚伪。家长要沉下心来，仔细观察与分析孩子的变化与进步，进而有理有据地给予孩子肯定和鼓励。比如，孩子以前到家都是先看电视、打游戏，在大人反复催促下才磨磨蹭蹭地进房间写作业。但近段时间，看20分钟电视后，孩子就能在提醒下去写作业，家长便可以表扬孩子的时间意识："这几天，你劳逸结合的节奏把握得更好了。我看到你休息了20分钟左右，就开始写作业了。爸爸很高兴看到你的进步，你能自己安排好事情了，真让人欣慰！"

（二）关注与接纳孩子的学业情绪

1.控制自身情绪，承托孩子的消极情绪

学习是一个不断遇到困难、解决困难的过程。孩子在学习过程中可能遇到各种各样的挫折。作为具有支持性的家长，需要做到以下两点。

（1）理性看待孩子的学业落后，避免一味指责孩子

没有一个孩子想成为差生。家长要引导孩子勇于面对自己的不足，寻找原因加以改进。面对孩子学习态度不端正，家长应挖掘其背后的原因，帮助孩子从内心接纳学习这件事情，而非不分青红皂白地批评与指责。当孩子意识到，自己的错误和缺点可以被包容，并且拥有改正的机会，绝大多数孩子都会愿意

再次尝试。

（2）积极疏导孩子的情绪问题，帮助孩子调整心态

只有在愉快的心情下，孩子才能高效学习。家长应帮助孩子将因情绪问题导致的学习困难遏制在萌芽状态。当孩子因为成绩落后而情绪低落时，家长要及时安慰与鼓励，可以跟孩子分享自己遇到困难时的感受，帮助孩子明白困难并不可怕，要有面对和尝试的勇气。青春期的孩子还可能因为交友、外貌等问题产生情绪问题进而影响学习，家长要及时陪伴，与孩子谈心，给予他人际交往策略上的支持，引导他理性看待外貌等。

2. 多与孩子沟通，了解孩子的心理需求

初中阶段的孩子与家长的关系日渐疏远。此时，家长更要与孩子平等地沟通与对话，了解他的想法，尤其是对待老师、对待学习的看法。家长要多倾听、少评论、不指责。青春期的孩子渴望自由与独立，家长的了解和倾听就是对他认可的重要表现。家长要走进孩子的心里，可以尝试跟孩子聊聊以下话题。

（1）聊聊偶像

了解自家孩子的偶像是谁，偶像有哪些打动他的事情，偶像代表着什么样的精神力量。这可能就是孩子内心精神世界的需求。

（2）聊聊爱好

了解孩子有什么爱好，喜欢哪些活动，喜欢和谁一起做这些活动。

（3）聊聊朋友

孩子的好朋友都有谁，跟这些人相处，孩子是否开心。有没有遇到社交方面的困难，家长可以帮助做点什么。

（4）聊聊校园

和孩子聊一聊校园生活。孩子最喜欢哪位老师，最讨厌哪位老师，为什么？孩子觉得哪门课最有意思，哪门课最无聊。

3. 夫妻关系和睦，营造融洽的家庭氛围

轻松、包容、和谐的家庭环境是孩子专注学习的强心剂。孩子会非常敏锐地察觉到父母间情感出现的裂痕并因此陷入痛苦，进而影响学习。融洽、相

互尊重的家庭关系能给予情绪敏感的初中生心理能量。营造积极融洽的家庭氛围，家长可以尝试以下两点。

（1）重视核心家庭活动

吃饭、看电视、散步等看似平常的事情，其实都是家庭的核心活动。家长可在这些日常活动中沟通与分享，尊重彼此的观点，不唱反调，不贬低。例如，就餐时等待一家人都到齐了再开桌；夫妻之间多相互夹菜，父母恩爱的模样最能触动孩子的幸福感；抽空和孩子一起逛书店、看电影、逛博物馆等。这些美好瞬间不仅能帮助孩子放松，也有助于夫妻之间建立亲密、和谐的关系，营造富有支持性的家庭氛围。

（2）构建和谐的相处模式

父母之间心平气和地沟通遇到的困难，相互鼓励携手解决问题，而非相互指责，尤其不能当着孩子的面贬低对方。父母解决问题的态度和方法是孩子隐形的学习资源，孩子会无形中学得父母的处事模式。

（三）培养孩子良好的学习习惯

1.创造良好的学习环境

整洁有序的学习环境能够让孩子迅速进入学习状态，认真专注的家长则是孩子最好的榜样。创造良好的学习环境可以从以下两点入手。

（1）空间整洁有序

在家学习时，务必将书桌上与学习无关的物品全部清走，将花哨的文具、课外书等清理出书桌，孩子视野中只留当前学习科目的相关书本。空间简洁能够帮助孩子快速进入学习状态。家长也可以在桌面或者房间内挂上一个钟面简洁的时钟，方便孩子及时掌握时间进度。

（2）家长以身作则

家长是孩子的第一任老师，身教重于言传。如果家长督促孩子努力学习，自己却心不在焉地玩手机，孩子感兴趣的恐怕不是科学知识，而是玩手机的窍门了。有空闲时，家长捧一本书，倒一杯清茶，或凝神阅读，或伏案写作，孩子也会潜移默化地喜欢上读书和学习。

2. 培养良好的注意习惯

良好的注意习惯是高质量学习的前提和保障。帮助孩子养成良好注意习惯，家长可从以下三方面着手。

（1）做好准备再学习

有些孩子放学后就急匆匆写作业，一边写作业，一边吃零食，甚至还玩一会手机。一心二用容易导致注意力不集中，学习效率低下，作业质量堪忧。因此，在写作业前，引导孩子先想一想需要做哪些准备工作，准备好了再学习。如果孩子饿了，可以在学习前先吃点东西。

（2）简单放松大脑再学习

在开始做作业前，让孩子深呼吸或者做三五分钟的冥想练习，让大脑有一个良好的启动状态，将无关的杂念摒除，集中于接下来要完成的作业任务。

（3）家长不干扰学习

有的家长看到孩子在写作业，就特别喜欢去纠正坐姿，发号施令，一会儿批评孩子头没抬起来，一会儿又提醒孩子订正某个作业。这样的提醒看似在帮助，实则是干扰学习。只要孩子注意力在学习上，不妨适当忽略孩子抖腿、抓耳挠腮等小动作。如果非要提醒坐姿，家长只需轻轻点一下孩子的背部等，尽量不要说话去打扰孩子。

3. 培养优良的预习与复习习惯

预习和复习都是非常重要的学习习惯，可以帮助孩子更牢固地掌握知识。很多初中学习困难儿童缺乏这种主动学习的能力。家长可以依照以下方法引导孩子学会预习和复习。

（1）课前预习

课前预习不仅能够帮助孩子很快投入老师的讲解中，还能帮助孩子有目标、有重点地去听课。预习的时候，需要跟孩子强调以下两点。

①带着问题进行预习

比如，新课内容讲的是"平方根"这一概念，那么孩子首先要思考在过去的学习中对该内容已经知道些什么，自己想要了解什么。

②对照问题阅读课本

对照自己想要了解的问题，翻阅课本，看看是不是已经对前面的问题做了解答。如果课本中没有涉及，鼓励孩子查找和收集资料。

（2）课后复习

课后复习对知识的消化和归纳起到很大的作用。孩子升入初中后，科目增多，为了巩固强化知识，更需要掌握复习的方法与技巧。建议家长每周引导孩子按照以下步骤进行。

①回忆与整理本周学过的基本概念、规律等。

②找出知识点之间的联系与区别，列出知识网络，写成提纲或画出图表等。

③找出本周知识的重点、难点、疑点和热点。

④思考本周还有哪些知识没有掌握或掌握得不牢。

（四）寻求专业帮助

学习困难不仅会直接影响孩子的学业，还会对其心理健康造成威胁。家长应随时留心观察，注意孩子的情绪变化和行为表现，及时发现其心理健康异常，必要时寻求专业帮助。

[自测]是否需要寻求专业帮助

如果孩子表现出以下情况的一条及以上，家长就应该寻求专业帮助。

①超过2周情绪低落，不愿意与父母、朋友交流。

②连续1周以上拒绝家长的任何要求与请求，不光是在上学和做作业的问题上。

③最近1—2周有表达过有关伤害自己的想法。

④最近1—2周频繁饮酒、服用违禁药物。

⑤频繁攻击他人，出现偷窃行为。

⑥出于任何原因拒绝上学，害怕离开家或离开父母。

如果孩子出现了上述任何一种情况，家长就可以按照以下三个步骤，逐级寻求帮助。

1. 与班主任沟通了解情况

跟班主任和同伴沟通，了解孩子在校及其他校外活动的情况。家长和班主任一起综合判断孩子当下的身心状况，并决定是否进一步寻求帮助。

2. 向学校心理教师求助

寻求学校心理教师的帮助，进一步明确孩子可能的心理问题，尝试让孩子接受学校心理咨询。在心理教师的指导下，家长和学校联合开展家庭和学校的心理介入和干预，并判断是否需要精神科医生介入。

3. 找专业心理医生诊疗

家长在带孩子就医过程中要谨遵医嘱，如有处方类药物，切不可擅自增减药量，更不要因孩子稍有好转就催促孩子学习。

参考文献

[1]陈洪波，王大斌，杨志伟.汉语阅读障碍儿童脑SPECT研究[J].郧阳医学院学报，2003，22（4）：210-212.

[2]姚逸斌.初中生学业压力、学业压力易感性与焦虑、抑郁及自杀意念的关系研究[D].重庆：重庆师范大学，2016.

[3]俞国良.学习不良儿童社会性发展特点的研究[J].心理科学，1997，20（1）：31-35.

[4]俞国良，辛自强，罗晓路.学习不良儿童孤独感、同伴接受性的特点及其与家庭功能的关系[J].心理学报，2000（1）：59-64.

[5]赵微.由"学习困难门诊"登上热搜谈特定学习障碍学生的教育[J].现代特殊教育，2022（19）：34-37.

[6]周东.城镇初中物理学困生学习困难归因分析与转化策略[D].贵阳：贵州师范大学，2023.

[7]房娟.学习困难儿童的教育与转化[M].武汉：华中科技大学出版社，2018.

[8]沈烈敏.学业不良心理学研究[M].上海：上海教育出版社，2008.

[9]徐芬.学业不良儿童的教育与矫治[M].杭州：浙江教育出版社，1997.

[10]赵微.学习困难儿童的发展与教育（第二版）[M].北京：北京大学出版社，2020.

（执笔：倪萍萍　浙江外国语学院）

第 8 课

如何培养孩子的
自律能力

课程简介

教学对象

初中生家长

教学目标

1. 了解孩子自律的重要性。

2. 认识到对孩子自律能力培养存在的问题。

3. 掌握培养孩子自律能力的家庭指导策略。

教学时长

90 分钟

课程框架

三、培养孩子自律能力的指导策略

（一）科学的教养方式

1.培养孩子的责任感和独立性

2.让孩子学会自我反思

3.让孩子学会管理时间

4.指导孩子制订计划

5.让孩子学会自我管理

6.激发孩子的内驱力

（二）家庭层面的努力

1.做孩子的榜样

2.构建自由融洽的家庭氛围

参考文献

课程内容

[实例导入]

小任初一时的学习还比较稳定，没有出现过多违纪现象。但从初二开始，他沉迷于网络游戏，经常旷课，学习成绩逐渐下滑，也不怎么和同学们交流了。班主任找他谈话很多次，学校给予纪律处分，都没能使他有所改观。通过跟他的交流，班主任能感受到他内心是明白道理的，能认识到自身的问题，每次也表达了改正的决心，但都是好一段时间，又开始沉迷网游。到了初三，他甚至出现了两次失联。第一次失联是一天，班主任在学校附近的网吧里找到他；第二次是失联四天，学校发动各方力量寻找，最后通过警方查看身份证使用情况，才找到他是在离学校很远的网吧里打游戏。

从以上实例可以发现，小任内心知道沉迷网络游戏不对，对自身问题有较清醒的认识。但是每次想改正，却又虎头蛇尾，不能坚持。究其原因是小任的自律能力较差，不能很好地控制自己的行为，容易被外界的诱惑所左右，最终导致他误入歧途不能自拔。由此可见，培养孩子的自律能力是十分重要的。

一、自律概述

（一）自律的内涵和表现

1. 自律的内涵

英文中的自律（autonomy）一词源自古希腊语，是 autos（自己的）和 nomos（规律、法律）的合写，其直译为人自身之内的规律、法律，即行为准则在人自身之内，自我为其本身决定规则。中文的"自律"一词出自《左传·哀公十六年》："呜呼哀哉！尼父，无自律。"含义是遵循法纪，自我约束。《现代汉语词典》将"自律"简洁地阐述为"自己约束自己"。综上所述可以总结出自律的内涵，是指在没有人现场监督的情况下，通过自己要求自己，变被动为主动，自觉地遵循法度，拿它来约束自己的一言一行。拥有自律的孩子是不需要外力约束、提醒和督导的，而是靠着内在动力驱动自己的行为。

自律背后的原理和核心是自我控制，即自律是一种自我控制的能力，可以帮助人们抵制诱惑、克服冲动和延迟满足。通过提高自我控制能力，人们可以更好地掌控自己的思想、行为和决策，从而实现个人目标。对处于青少年时期的孩子来说，自律主要反映在平常的学习和生活当中，体现在对以下几个方面的良好控制：时间、生活习惯、学习目标、恒心和毅力、人际关系和情绪以及自我约束。

2. 自律的表现

（1）懂得自爱

自爱就是自己爱护自己，也就是塑造自己的良好形象，珍惜自己的名誉，珍爱自己的生命。人人都想获得自尊，得到别人的尊敬，那么把懂得自爱作为前提条件自然就是必不可少的了。可以说自爱是人的一种美德，懂得自爱才会选择自律，才会得到别人的尊重。那么对于初中生来说，什么样的行为才算自爱？最基本的层面，是按照《中学生日常行为规范》中提到的内容指导自己的日常行为，就做到了很好的自爱。

（2）勇于自省

自省就是通过自我意识来省察自己言行的过程。曾子曰："吾日三省吾身。"孩子应该经常地自我回顾、检查，通过自我分析对自己的思想、心理、言行进行总结；肯定优点长处，找出缺点不足，明确前进目标。"金无足赤，人无完人。"世界上没有十全十美的人，每个人都会有缺点和错误。一个自律的人应该经常检查自己，对自己的言行进行反省，纠正错误，改正缺点，这是严于律己的表现，是不断取得进步的重要方法和途径。有错误或缺点并不可怕，可怕的是无视它，不去改正它。初中生大多数心理状态起伏不定，比较容易浮躁，不太习惯于积极自省。这时可以安排一些活动来启发孩子进行自省。比如让孩子写周记，引导孩子说出自己的心里话，用笔来真实地表达自己的喜、怒、哀、乐，启发孩子认识自我、宣泄自我、反省自我。

（3）善于自控

孩子要想做到自律，重要的是应该在现实生活中学会自控。自我控制能力是个人对自身的心理和行为的主动掌控，是个体在没有外界监督的情况下适当地控制、调节自己的行为，坚持不懈地保证目标实现的一种综合能力。要想提高孩子的自控能力，让孩子给自己定一个目标是很重要的。有了目标就有了方向，知道自己该朝哪个方向努力。一步一步迈向目标的过程，也是慢慢学会自控的过程。这就要求家长能够帮助孩子制定切实可行的目标。比如，要求学习存在困难的孩子首先小考消灭不及格，然后期末消灭不及格；要求出勤有问题的孩子首先一周不迟到，然后一个月不迟到，逐渐消灭迟到现象；要求纪律有问题的孩子从每节课做起，从一天不被老师强调纪律做起。而对于自控，家长只要做到引导、监督即可，可以通过各种形式引导孩子自我控制，然后对孩子的自我控制进行必要的监督。

3. 自律不足的表现

初中阶段是自律形成和发展的关键时期，这一阶段孩子的自律不足主要存在以下一些表现。

（1）时间管理不善

良好的时间管理能力可以帮助孩子保持规律作息，更好地安排学习和生活，提高学习效率和生活质量。然而，不少孩子由于自律不足，在时间管理方面存在较大的问题。他们往往缺乏规划和安排时间的意识，时间利用率较低，常常拖延完成任务，尤其是那些他们不喜欢或者觉得困难的任务。他们可能会找各种借口或者理由来推迟行动，导致学习、生活和娱乐的时间分配不合理。一些孩子甚至经常熬夜学习或者玩游戏，影响身体健康和学业成绩。

（2）目标设置不当

设定切实可行的目标、制订具体的计划并坚持向目标迈进是自律的表现。当孩子自律不足时，往往会过于追求短期满足，害怕应对学习和生活中的挑战和压力，导致难以坚持自己的目标。正因如此，他们在制订计划时往往不切实际。他们可能设定了过高的目标却没有能力达成，导致挫败感；或者设定过于宽松的计划，导致缺乏挑战。这些都会令其无法实现自己的目标。

（3）恒心毅力不够

恒心和毅力在保持自律的持久性上非常重要。缺乏自律的孩子往往在追求目标的过程中缺乏持久的动力，难以坚持完成长期的任务。当面对困难或挑战时容易放弃，因为他们没有足够的恒心和毅力来坚持到底。由于恒心和毅力的不足，他们在日常生活中往往对自己过于宽松，在学习过程中容易受到外界干扰而分心和走神，难以集中精力完成各项任务，或者在解决问题时缺乏深入的思考和分析。

（4）自我约束不足

孩子缺乏自律，会导致不能很好地约束自己。他们可能无法抵挡诱惑，导致过度消费、过度饮食、过度娱乐等。以网络为例，他们往往缺乏正确的网络使用意识和行为规范，容易沉迷于网络游戏、社交媒体等虚拟世界中，从而影响学习和生活。另外，缺乏自律还可能导致孩子过度追求自我、忽视社会责任等。这些问题都会影响他们的自我发展和社会适应能力。

（二）自律的重要性

为什么要自律呢？首先，自律的人都有明确的目标和方向，对时间的利用更高效。自律的人往往在完成任务和目标时有详细的计划，能够更加高效地完成任务，从而有更多精力去了解未知的领域，有更多的机会发现自己的兴趣所在。其次，自律的人有清晰准确的自我认知，善于进行自我反省，会对自己的表现进行检查、反省。如果发现了自己的不足，会立即进行改正，完善自己。在不断地反省与改进的过程中，加深自我的认知。所以，自律的人更明白自己适合做什么，擅长做什么。最后，自律的人是善于自控的人，能够管理好自己。自律的人有明确的人生目标，会对自己想成为什么样的人、想做什么样的事有大体的认识。这个长远的目标会指引他去躲避或克服前进路上的障碍，在遇到诱惑时，具有"延迟满足"的能力，能够明确什么该做、什么不该做，应该先做什么、再做什么。

由此可知，自律使人能够更好地把控自己的人生，是收获长久成功的法宝。青少年的特点是鲜明的：缺乏社会经验，遇事急躁而不沉着，思想方法比较简单，看问题比较片面。因此，自律能力的培养就显得尤为重要，在家庭和学校内实施自律教育的重要性和意义也就不言而喻。《中小学心理健康教育指导纲要（2012 年修订）》提出了同样的要求，指出初中年级的心理健康教育内容主要包括：帮助学生加强自我认识，客观地评价自己，认识青春期的生理特征和心理特征；适应中学阶段的学习环境和学习要求，培养正确的学习观念，发展学习能力，改善学习方法，提高学习效率等。帮助初中生提升自律能力，对增强学习动力、优化学习质量、培养积极心理品质、提高综合素质、实现身心和谐可持续发展具有重要的现实意义。

（三）自律与青少年健康发展的关系

自律与青少年健康发展有着密切的关系，主要影响以下几个方面：身体健康、学习效率、情绪管理、人际关系、自我管控。

1. 身体健康

自律对于青少年的身体健康具有积极影响。有规律的生活作息、均衡的饮食和适量的运动是保持身体健康的关键。自律的孩子通常会养成良好的生活习惯，如定时作息、充足的睡眠、科学的锻炼等，这些有助于促进身体发育和保持良好的体能状态。相反，缺乏自律会导致不良的生活习惯，如熬夜、暴饮暴食、缺乏运动等，进而影响身体健康。

2. 学习效率

自律对青少年的学习效率具有重要影响。具有自律品质的孩子通常能够更好地管理时间和精力，合理安排学习计划，从而取得更好的学习效果。他们能够克服拖延和懒惰，主动投入到学习活动中，提高学习效率和成绩。

3. 情绪管理

自律对青少年的情绪管理具有积极作用。具有自律品质的孩子通常能够更好地控制和管理自己的情绪，避免过度冲动和焦虑以及激烈的情绪波动。他们能够冷静地面对挑战和压力，更好地应对挫折和困难，并采取积极的应对措施。情绪管理能力的提高有助于孩子保持良好的心态和情绪状态，增强应对各方面压力的能力。

4. 人际关系

自律对青少年的人际关系也有重要影响。有自律品质的孩子通常能够更好地控制和管理自己的人际交往行为，与他人建立良好的沟通和合作关系。他们能够尊重他人的观点，遵守承诺和规则，从而在人际交往中展现出诚实和责任感。这些品质有助于他们与同学和老师建立良好的人际关系，增强其在校园和社会环境中的社会适应能力。

5. 自我管控

自律有助于青少年进行良好的自我管控。具有自律品质的孩子通常能够更好地认识自己的优点和不足，并制订和调控个人的发展计划，追求更远大的目标和理想。他们能够积极主动地提升自己的能力和素质，不断学习和成长。另外，自律还能够帮助孩子更好地管控自己的行为，抵制诱惑，避免过度沉迷于网络世界。他们能够意识到网络成瘾的危害，自觉树立正确的网络观念，将主要精力投入到学习、运动和有益的娱乐活动中。这有助于孩子保持身心健康，提高学习效率，更好地融入社会。

二、家长培养孩子自律存在的问题

家长们都知道在孩子的成长过程中，自律能力的培养至关重要。然而，目前家长在这方面还存在一些问题，主要表现在培养孩子的方式和家庭层面问题两个方面。

（一）培养孩子的方式

1. 缺乏长期规划

很多家长没有意识到自律教育的重要性，或者缺乏对青少年发展规律的了解；还有一些家长可能过于忙碌，无暇关注孩子的自律教育问题。由此导致很多家长在孩子的自律能力培养方面缺乏长期规划，没有制定明确的目标和计划。这使得孩子在成长过程中缺乏持续的动力和方向，无法形成稳定的自律习惯。

2. 溺爱或放任

有部分家长由于受到自身教育经历的影响，认为过分严格的管教会压制孩子的天性；还有部分家长缺乏有效的沟通与交流的技巧，在孩子的自律教育上容易存在溺爱或放任的问题。这些家长没有建立明确的规则，让孩子明白什么是可以做的，什么是不可以做的；对孩子的要求过于宽松，不给予必要的管教和引导，甚至放任孩子的不良行为。这都会导致孩子在成长过程中缺乏规则意识和自我约束能力。

3.过分强调成绩

因为初中的孩子要参加中考，所以家长比孩子小学时更关心成绩。但是有些家长过分看重成绩，一切都以成绩为中心。这样一来可能会对孩子的要求过于严格，容易导致孩子产生逆反心理或失去自信；同时也容易让家长忽视除了成绩以外其他方面的教育，比如与自律息息相关的品德教育，导致孩子缺乏正确的价值观以及道德标准，无法自觉遵守社会规则以及道德准则，影响其自律品质的形成。

4.缺乏适当的鼓励与支持

在青少年自律教育中，家长的鼓励和支持非常重要。然而，一些家长可能由于缺乏有效的鼓励与支持的技巧，往往没有给予孩子足够的鼓励和支持，或者过分依赖物质奖励等不恰当的鼓励方式，或者对孩子进行不适当的惩罚。这导致孩子在成长过程中缺乏动力和信心，感到被否定和排斥，从而产生逆反心理，无法持续保持自律的行为。

（二）家庭层面的问题

1.缺乏自我约束

在青少年自律教育中，家长的自我约束不可或缺。但有些家长在教育孩子的过程中，没有意识到自身的行为会对孩子的自律教育产生重要影响，或者缺乏自我约束的能力和意愿。他们往往只强调孩子的自我约束，或者过于依赖外部力量来约束孩子的行为，而忽视了自身的教育和引导作用。这导致孩子的自律内驱力受到负面影响，无法形成良好的自律习惯。

2.缺乏家庭氛围

在青少年自律教育中，家庭氛围不容忽视。有些家长没有意识到家庭氛围对孩子的自律教育能产生重要的影响，采用要么专制要么纵容的方式教养孩子，而没有营造一个轻松自由的沟通环境。另外，有的家庭本身存在一些问题，例如因家庭成员间关系紧张、家庭暴力等因素的影响，无法为孩子提供安全、和谐的家庭环境，更别谈给孩子树立学习的榜样，导致孩子缺乏良好的成长环境，无法形成自律习惯。

三、培养孩子自律能力的指导策略

（一）科学的教养方式

1. 培养孩子的责任感和独立性

责任感和独立性的提升能够帮助孩子学会主动自律。家长应该让孩子参与家务劳动，如打扫房间、洗碗、整理衣物等，培养他的责任感和独立生活能力。家长还应该适度放手，让孩子自己面对问题和挑战。当孩子遇到困难时，不要立即替他解决，而是引导他自己思考、尝试解决问题。这样可以帮助孩子建立自信心，提升解决问题的能力，从而培养他的独立性。另外，家长可以鼓励孩子积极参与学校和社区组织的各类活动，承担一定的职责。比如，让孩子担任班级干部、参与社区服务等，这些经历可以让孩子感受到责任的重要性，并学会如何承担责任。

2. 让孩子学会自我反思

引导孩子多进行自我反思，能更好地调节自律性，有助于自律的持续发展。家长可以多鼓励孩子向老师、长辈和同学等寻求反馈意见，了解自己在自律以及其他方面的表现。通过多渠道的反馈，他可以更全面地认识自己，并找出改进的方向。提醒孩子在寻求反馈时保持开放的心态，积极接受并思考反馈内容，以便更好地改进自己。同时，要培养孩子的批判性思维能力，使他能够对自己的观点和行为进行客观、理性的分析。

3. 让孩子学会管理时间

有些孩子一到周末或者放假，就没有一点时间观念了，晚上睡得很晚，早晨起得也很晚。这时就要求家长帮助孩子制订一个作息时间表，让孩子自己设置好闹钟，按时作息；同时家长也要多加关注，特殊情况下及时提醒孩子。一旦孩子有了时间观念，就能很自律地在规定的时间内做好该做的事情，不会出现拖沓懒散的现象了。

4. 指导孩子制订计划

如果没有合理的计划，孩子会感觉无所适从，不知不觉就沉浸在好玩且充满诱惑的事情上了，例如玩手机、看电视等。制订了详细的学习生活计划，孩子就知道什么时间该干什么事情，会更加自律地按部就班，有目的、有计划地完成各项任务。家长要多跟孩子沟通，给孩子更多的选择权、参与感和仪式感，引领孩子一起制订计划。这样孩子也会更加乐意接受并自觉地按计划执行。当孩子能够按照计划有规律、有纪律、自觉地完成活动时，家长应予以语言表扬或相应奖励，让孩子感受到关爱和支持，也认识到自律的正确性，从而获得增强自律的动力。

5. 让孩子学会自我管理

家长在日常生活中不应该包办代替，而是应该让孩子做自己的主人。鼓励孩子自己的事情自己做，自己的人生自己做主，千万不要代替孩子完成任务。否则，就会削弱甚至毁坏孩子的自我管理能力。有太多的孩子没有机会进行自我管理的原因，就是被家长全权代办了。很多家长把孩子的所有事情都安排好了，不敢放手，觉得让孩子做决定就会彻底失控，这种行为叫强行管控。孩子是容易犯错误，但是帮孩子把所有事情都安排好，孩子就不犯错误了吗？放手，并不是完全地撒手不管，而是需要家长做出一些基本判断，把可以预见的结果和影响客观地表达给孩子。凡事都交给家长安排的孩子，就失去了发展自我管理能力的机会，也就失去了发展良好自律品质的机会。

6. 激发孩子的内驱力

培养孩子的自律能力，不能仅凭命令。家长要多与孩子沟通、讲道理，激发他的内驱力。首先，家长要了解什么才是孩子真正在乎或需要的事情，当要求孩子在某一方面自律时，尽可能想办法把家长的要求与孩子的需求关联起来，构成因果关系，给孩子的自律提供一个强大的动机，促使其自觉地去完成。其次，家长要观察孩子的一举一动，了解孩子行为的动因，从中找寻到教育契机，帮助孩子养成良好的常规习惯，实现常规习惯"由外向内"的转化，引导孩子形成自律的意识。

（二）家庭层面的努力

1. 做孩子的榜样

常言道："父母是什么样的人，远比父母对孩子做什么更重要。"家长的一言一行都影响着孩子。家长需要以身作则，给孩子做一个好的榜样。在自律这件事上，身教大于言传。设想一下，当家长对孩子说"你就知道玩""你怎么不多读点书"的时候，自己却拿着手机在消遣娱乐，这种言行不一甚至是"说一套做一套"的处事原则，只会让孩子对家长说的话越来越厌恶。所以要培养自律的孩子，先要做一个自律的家长。家长以身作则，以自身良好的阅读习惯感染并引导孩子，以榜样的力量进行家庭教育，才会让孩子心悦诚服。因此家长想让孩子自律，最重要的就是自己成为自律的人，给孩子树立榜样，从而潜移默化地影响孩子。

2. 构建自由融洽的家庭氛围

首先，构建轻松的家庭氛围。不贬抑、不纵容，不用家长的权威来强迫和控制，让孩子有自由的空间自然成长。要给予孩子更多的尊重，与孩子平等沟通、平等交流、平等相处。自由要优于限制，给孩子一些独立的空间，能让其更好地发展自制能力，培养自觉自律。

其次，维护好家庭成员间，尤其是父母间的亲密关系，形成融洽的家庭氛围。父母与孩子在融洽的家庭氛围中交流沟通，可以更好地对孩子在学习和日常生活中的行为进行评价，促进孩子反省自己，不断总结经验，约束自己的行为，提高自律意识。

参考文献

[1] 陈秋伊. 浅析中学生自律能力在英语教育中的重要性 [J]. 现代交际（学术版），2018（1）：85-87.

[2] 崔晓庆，玄忠文. 初中生自律能力培养的心理课程设计——以"增强自律"主题课为例 [J]. 辽宁教育，2023（8）：31-33.

[3] 郭文利，王德丽. 浅谈学生自律的重要性 [J]. 教学与管理（理论版），2007（6）：40-41.

[4] 麦格尼格尔，自控力：和压力做朋友 斯坦福大学最实用的心理学课程 [M]. 王鹏程，译. 北京：北京联合出版公司，2016.

[5] 李红霞. 家校合力提升学生的自律能力 [J]. 教育实践与研究（C），2021（4）：1.

[6] 李钻勤. 在家庭教育中如何培养孩子自律品质 [J]. 中学课程辅导（教师教育），2020（15）：104.

[7]刘清平.自由与自律的概念辨析[J].长白学刊，2023（4）：49-56.

[8]覃春艳.浅谈学生自律能力的培养[J].教育界：基础教育研究（中），2014（11）：26-26.

[9]王序荪.心理的自我控制与培养[J].心理学探新，1985（3）：41-43.

[10]徐春云.浅谈学生自律能力的培养[J].学苑教育，2022（16）：12-14.

[11]徐萍萍.关于自律内涵的道德哲学辨析[J].道德与文明，2014（3）：55-60.

[12]袁春.如何提高学生的自律能力[J].才智，2011（22）：111.

[13]郑富，张鹤潇.自律习惯对中学生的影响及养成[J].现代交际（学术版），2021（2）：4-6.

[14]DUCKWORTH A L，SELIGMAN M E P. Self-discipline outdoes IQ in predicting academic performance of adolescents[J]. Psychological science，2005，16（12）：939-944.

[15]ZIMMERMAN B J，KITSANTAS A. Comparing students' self-discipline and self-regulation measures and their prediction of academic achievement[J]. Contemporary educational psychology，2014，39（2）：145-155.

（执笔：章鹏程　浙江外国语学院）

第 9 课

如何让孩子乐于
投入生活实践

课程简介

教学对象

初中生家长

教学目标

1. 了解孩子参与生活实践的重要性。

2. 认识到孩子参与生活实践存在的问题。

3. 掌握指导孩子参与生活实践的策略。

教学时长

90 分钟

课程框架

[**实例导入**]

一、生活实践概述

（一）生活实践的内涵与基本属性

　　1. 生活实践的内涵

　　2. 生活实践的基本属性

（二）生活实践的价值与意义

　　1. 助力孩子"五育"和谐发展

　　2. 助力孩子个性健康发展

　　3. 助力孩子社会化发展

二、生活实践存在的问题

（一）孩子层面

　　1. 态度方面：不愿意投入生活实践

　　2. 认知方面：不了解生活实践

　　3. 方法方面：不知道如何生活实践

（二）家长层面

　　1. 认知方面：重智育轻实践

　　2. 情感方面：多呵护少边界

　　3. 方法方面：偏简单缺技巧

三、生活实践的指导策略与方法

（一）科学指导，真正懂得生活实践

　　1. 树立科学的生活实践理念

　　2. 掌握正确的生活实践方法

　　3. 进行多元的生活实践评价

（二）回归生活，多元创造生活实践机会

    1. 立足日常生活，做实身边小事

    2. 抓住生活契机，开展体验活动

    3. 满足兴趣爱好，提供个性化实践

（三）多方施策，有效凝聚家校社生活实践合力

    1. 充分发挥家长的示范作用

    2. 主动融入学校的实践活动

    3. 巧妙借助社区的多元资源

参考文献

课程内容

👤 **[实例导入]**

　　马上就要开学了，有一项暑假作业让大维犯了难——完成一项家庭生活实践，用实际行动分担父母的付出。出于对大维的疼爱，爸爸妈妈从小什么都不让他做，对他照顾得面面俱到，就连吃饭，妈妈都会把米饭盛好端到他面前。因此，大维面对这项作业感到既头疼又棘手。他不知道家庭生活实践包含了哪些内容，该从哪儿入手。最后，他用自己的零花钱请爸爸妈妈吃了一顿饭。

　　开学后，当班主任将同学们独立做家务的照片和视频发在班级群里时，大维的爸爸妈妈感到非常惊讶："其他孩子怎么这么能干啊？"他们受到触动，开始有意识地让大维参与到各项家庭事务中来，可大维却非常排斥，总是以"我都上初中了，我要好好学习！""现在做这些有什么用？简直是在浪费时间！"等各种理由拒绝，甚至和爸爸妈妈吵架。这让爸爸妈妈感到很烦恼。

　　生活中像实例里的大维这样的孩子并不在少数，如何让孩子了解并乐于投入生活实践，成为很多父母在家庭教育过程中迫切需要解决的难题。

一、生活实践概述

（一）生活实践的内涵与基本属性

1. 生活实践的内涵

　　教育家陶行知强调"生活即教育"，认为教育与生活密不可分。《义务教育课程方案和课程标准（2022 年版）》中明确倡导课程与劳动、社会实践相结合，推行"做中学""用中学""创中学"，现代教育超越书本知识，让孩子在亲身体验中获取知识、经验和技能。

　　基于此，生活实践是以与孩子息息相关的生活为教育内容，以亲身参与的实践为教育形式，孩子通过具体的行动体验，来获取与生活相联系的知识、经验和技能，从而学会做人、学会做事、学会生活的过程。这一过程来源于真实的生活，形成于真实的实践，最终又更好地促进生活与实践。

2. 生活实践的基本属性

（1）现实生活性

生活实践具有现实生活性。小到个人的衣食住行，大到我们所处的社会生活等，生活实践的内容与我们的现实生活息息相关。

（2）客观物质性

生活实践具有客观物质性。生活实践的对象通常是客观事物和客观世界，所使用的工具通常也是客观的，是通过人与客观世界发生相互作用而引起的。

（3）自觉能动性

生活实践具有自觉能动性。生活实践是人有意识、有目的、有计划地开展的一项活动，充分体现了人的主体性。

（二）生活实践的价值与意义

1. 助力孩子"五育"和谐发展

"五育并举"是教育的重要理念，也是教育的重要任务，生活实践是有效促进孩子德、智、体、美、劳全面发展的重要途径。

（1）德育方面

生活实践有利于孩子树立正确的道德规范和行为规范，从而形成科学的世界观、价值观和人生观。

（2）智育方面

生活实践是积累知识和经验的过程。孩子在生活实践中提高解决实际问题的能力，形成和发展了核心素养。同时，孩子的左右脑能够得到充分的开发，创造性思维等得到发展。

（3）体育方面

在生活实践的过程中，孩子需要充分地调动自己的身体各部位，身体素质得到了有效提升。

（4）美育方面

生活中处处都蕴含着美，生活实践更是创造生活美、欣赏生活美的过程。

（5）劳育方面

通过生活实践能够让孩子充分参与劳动过程，劳动能力获得极大的发展，还能让孩子热爱劳动、尊重劳动，懂得珍惜劳动成果。

2.助力孩子个性健康发展

生活经历、生活体验是构成孩子个性发展的重要组成部分。通过生活实践，孩子能够端正生活态度，学会热爱生活，从而形成健全的人格。同时，孩子独立自主的能力得到提升，学会承担责任，为个人的成长与发展负起应有的责任。在家庭生活实践中，他们深刻认识到自己是家庭不可或缺的一员，主动承担起作为家庭成员的本职任务，为家庭的和谐与幸福贡献自己的力量。社会公益实践活动更是培养了孩子的社会责任感，让其学会为社会福祉和公共利益而努力，展现出更加成熟和担当的一面。

3.助力孩子社会化发展

孩子的成长是从一个自然人发展到社会人的过程，生活实践是促进孩子了解社会、融入社会的重要途径。在生活实践过程中，孩子需要和不同职业、不同性格的人打交道，提升人际交往能力；在此过程中，孩子还会遇到挫折和难题，需要运用各种方法去解决，提升抗挫折和解决问题的能力。在这样的过程中，孩子的社会适应能力不断提高，为将来步入社会奠定良好的基础。

二、生活实践存在的问题

（一）孩子层面

1.态度方面：不愿意投入生活实践

大部分初中生认为自己的主要任务就是学习，只要把成绩搞上去了，其他都不重要，而进行生活实践就是在浪费自己学习的时间。有些初中生则认为生活实践既没有用又很枯燥乏味，当拥有可自由支配的时间时，他们更愿意花在和朋友出去玩、打游戏等休闲娱乐上。

2.认知方面：不了解生活实践

很多初中生对生活实践的认识比较单一，他们简单地将其理解为劳动，认为自己参与了学校安排的值日工作和一些家庭里的打扫、烹饪等活动，就是进行了生活实践，而没有意识到生活实践的丰富内涵和形式，这也就局限了他们在生活实践方面的选择。

3. 方法方面: 不知道如何生活实践

很多初中生由于缺乏相关经历, 当面临生活实践时, 往往束手无策, 不知道从何下手。比如, 很少或从来没有烹饪过的孩子下厨时, 往往手忙脚乱, 不知道有哪些工序, 需要注意什么等。再比如, 面对专题调查类生活实践, 孩子不知道在调查前需要做好哪些准备工作, 如何制订调查计划, 在实施过程中如何对各个环节进行细致的安排, 怎么发现问题进而解决问题, 对调查结果怎么进行分析整理等。

(二) 家长层面

1. 认知方面: 重智育轻实践

受传统观念的影响, 很多家长认为从事脑力活动比从事实践活动更有前途, 认为接受教育就是为了提升孩子的智力发展和学业水平, 从而让孩子将来获得高学历, 从事一份 "体面的" 工作, 对生活实践缺乏充分的认识和积极的参与态度。加之目前社会竞争日益激烈, 升学压力越来越大, 家长们认为孩子将来想发展得好, 就要把精力都投入到学习中, 而把时间花在生活实践上是一种浪费, 甚至会影响到孩子的学习。

2. 情感方面: 多呵护少边界

很多家长尤其是长辈对孩子格外疼爱, 在他们眼中, 生活实践是一种 "苦差事", 所以不忍心让孩子吃苦受累, 什么都舍不得让孩子做, 甚至自己包办代替。这就导致孩子失去了很多参与生活实践的机会, 不具备相关的技能, 甚至连最基本的独立生活技能和自理技能都缺乏。

3. 方法方面: 偏简单缺技巧

在有的家庭中, 父母使用有偿的方式让孩子进行生活实践, 如拖一次地奖励 10 元, 倒一次垃圾奖励 2 元等。这样无形之中改变了孩子投入生活实践的内在动力, 将其变成了一种功利行为。有的家长把生活实践当作一种惩罚措施, 当孩子没有取得理想的学习成绩或 "不听话" 时, 就让孩子洗碗、搬东西等, 以此作为惩戒, 这样会让孩子对生活实践产生排斥、厌恶的情绪。还有的家长贬低生活实践的意义, 将其作为一种威胁手段。比如, 家长带着孩子去菜地里干活，或者到街头发传单等，目的却是教育孩子要好好读书，否则以后只能去做这些体力活。

三、生活实践的指导策略与方法

（一）科学指导，真正懂得生活实践

1. 树立科学的生活实践理念

一方面，家长需要认识到，生活实践的内涵和形式是丰富多彩的，与生活息息相关的方方面面都可以成为生活实践的内容，如整理书包、房间，清洗衣物，进行公益活动宣讲，去图书馆协助整理图书等。

另一方面，家长应摒弃传统观念中认为只有学习才是最重要的，体力活动、实践活动都是无用的想法。家长要意识到，生活实践是与孩子的成长紧密相连的，不但不会影响孩子的学习，相反，它还能够促进孩子全面、和谐地发展。

只有家长真正树立了科学的生活实践理念，才会带给孩子正确的生活实践观，让其意识到生活实践的重要性和意义；才会积极主动地为孩子创造生活实践的机会，从而促进孩子生活实践能力的发展，推动其全面、健康地成长。

2. 掌握正确的生活实践方法

家长要结合家庭实际情况，带领孩子投入生活实践，才能取得令人满意的效果。

（1）多样化、合理化选择

家长可以在生活实践方式上进行多样化、合理化的选择，既有与日常生活相联系的，也有与家庭建设相关的，还可以有公益服务类的；结合孩子的年龄特点和兴趣爱好来选择适合的实践活动，让孩子有更丰富的实践体验。如，可以制订家务分工表，每天或每周安排孩子负责一定的家务劳动，还可以利用废旧物品或低成本材料，与孩子一起动手装饰家庭空间等。

（2）遵循民主协商的原则

在实践过程中，家长要遵循民主协商的原则，给孩子一定的选择权；要舍得放手，让孩子尽情去体验。

（3）提供必要的帮助

孩子如果在实践过程中遇到了困难或者做得不好，家长不要抱着赶紧结束的想法粗暴直接地打断他，而是要多鼓励多肯定；可以和孩子一起想办法，在必要的时候提供帮助，做强而有力的后盾，让孩子有安全感，从而敢于尝试和挑战。

3. 进行多元的生活实践评价

（1）注重过程性评价

在孩子进行生活实践的过程中，及时地进行真诚、正面的鼓励是最简单直接的肯定方式，能让孩子产生愉悦感；即便孩子出现了一些错误或未能达到最终效果，家长依然可以对孩子进行鼓励，重要的不是结果，而是激发其对生活实践的热爱和兴趣。同时，家长也可以鼓励孩子进行实践打卡，以文字、图片、视频等多种方式记录每次生活实践的过程。

（2）多种方式进行总结性评价

在进行总结性评价时，要注意评价方式的多样性。首先，家长可以把孩子投入生活实践的过程进行拍照记录，并分享到班级群、家族群中，鼓励其他学生、家长、亲人积极点赞、发表评论。其次，家长可以和孩子一起把生活实践的成果进行整理并展示。再次，家长可以创造平台和机会，让孩子同别人分享自己在生活实践中的收获、窍门等，也可以帮助孩子录制微课并分享到社交媒体上，这样既能肯定孩子的收获和成就，也能激发孩子进一步的探索和热爱。

（二）回归生活，多元创造生活实践机会

1. 立足日常生活，做实身边小事

日常生活是孩子投入生活实践的主要场域，吃、穿、住、行等都可以进行生活实践。家长应充分利用身边点点滴滴的机会，让孩子自然而然地进行生活实践。比如，在培养厨艺方面，家长可以和孩子商量菜单，制订买菜计划，确定需要购买的菜品和数量；在逛市场时，教孩子辨认不同的食材，掌握如何挑选新鲜的食材；回家后，和孩子一起洗菜、择菜、切菜，做好备菜工作，学习做菜的步骤和方法。一开始不妨先从孩子喜欢吃的菜入手，这样能大大激发他的兴趣。总之，生活处处是教育。家长要从身边的小事入手，从与孩子、家

庭、社区相关的事情做起，让孩子随时都能投入生活实践当中去。

2.抓住生活契机，开展体验活动

（1）职业体验

家长可以充分结合各种契机，推动孩子进行生活实践。比如，让孩子参与跟职业相关的活动，在医院、学校、非营利性组织等场所提供志愿服务，这不仅能让孩子亲身体验职业环境，还能培养其社会责任感和团队合作精神；还可以让孩子与从事目标职业的人士进行面对面的访谈，了解他们的职业经历、工作内容、职业要求以及职业发展路径等，从而了解职业特点，获取宝贵的职业建议；也可以创设机会，让孩子前往企业或机构现场，观察和了解特定职业的工作环境、工作流程等，切身感受每一个职业都凝聚着从业者的辛勤汗水，没有哪一份职业是轻松的，明白无论从事什么职业，没有高低贵贱之分，只要能够自食其力，对社会都有贡献。由此，孩子们在职业体验与实践的过程中，对未来的求学与求职有了新的规划。

（2）节假日体验

各种各样的节日也是生活实践的好机会，既能增加孩子对各种传统节日的了解，也能激励其养成良好的生活实践习惯。比如，在腊八节、端午节、中秋节等节假日，家长带着孩子一起学习腊八粥、粽子、月饼等的做法，吃着自己亲手制作的美食庆祝节日，别有一番风味；在植树节、世界森林日等，带孩子种植树木、农作物，为生态保护贡献一份力量；在国际博物馆日，前往博物馆参观，条件允许的话，可以让孩子申请担任志愿者、讲解员等。

3.满足兴趣爱好，提供个性化实践

每个孩子的兴趣爱好、特长优势各有不同，家长可以结合实际情况，选择契合其个性化需求的生活实践。比如，对创新类实践活动感兴趣的孩子，可以鼓励其进行科技小发明，对生活中的废弃物进行整改利用，制作美观的工艺品美化校园和家庭；对手工感兴趣的孩子，可以让其体验木工、金工的设计与制作；对农作物感兴趣的孩子，可以种植花草，体验给绿植浇水、除草等过程，并细心观察记录。从孩子的兴趣爱好出发，能够极大地激发其进行生活实践的主动性、积极性，让孩子不再把它当成一项不得不完成的任务去做，在生活实

践的过程中体验到乐趣和自我价值。

（三）多方施策，有效凝聚家校社生活实践合力

1. 充分发挥家长的示范作用

（1）成为孩子的榜样

教育家陈鹤琴特别强调："不仅言语行动，你要以身作则。就是你的态度，你的思想，也要以身作则。"家长自己要树立科学的生活实践理念，主动积极地投入各种生活实践中，这样孩子就会在家长的一言一行和家庭氛围中感受到生活实践的重要性和乐趣，这比对孩子口头说"实践很重要"要有效得多。比如，家长每次起床都把床铺整理好，用完东西归位，久而久之，孩子便会养成收拾整理的习惯；每次倒垃圾时家长都注意分类处理，孩子观察到了，就会自觉地树立垃圾分类意识；家长主动带头参加捡垃圾等志愿活动，孩子也会积极参与，养成不随手乱扔垃圾的习惯，并且会尊重环卫工人。

（2）成为陪伴者和支持者

除了成为榜样，家长还可以成为陪伴者和支持者。当孩子觉得一个人洗衣服、整理收纳很无聊枯燥时，家长可以陪着孩子一起行动。在此过程中，发现孩子做得好的地方及时给予鼓励和赞美，激发孩子对生活实践的兴趣和热情。

2. 主动融入学校的实践活动

（1）鼓励孩子积极参与

每个学校都会根据孩子身心发展的特点和学校发展规划组织开展各种各样的实践活动，家长要鼓励孩子积极参与，和学校一起协同育人。比如，有的学校规划了学农场地，各班都会分到一块班级"承包地"，可以按照农作物四季轮替的生长规律，选择自己喜欢的作物进行种植。家长不应包揽农场的所有任务，而应和孩子一起了解各种农作物的种植要求、收获方法，指导孩子进行简单的种植活动，如浇水、拔草、除虫、施肥、采摘等。有的学校会每月设定不同的主题，定期开展家庭生活实践活动，要求孩子完成并提交材料。家长不应为了帮助孩子上交材料进行摆拍，而应为孩子积极创造条件，让孩子真正为家庭出一份力，树立其家庭责任感。

（2）与学校保持密切联系

家长要与学校保持密切的联系，及时交流孩子生活实践发展的现状和问题，共同商量有针对性的解决方法，共同促进孩子生活实践能力的提高。学校可以通过家校联系本、班级微信群、家长开放日等多种线上线下的方式，及时记录并反馈孩子的表现；家长要随时关注孩子的成长动态，有进步及时表扬肯定，与学校形成良好的合作默契。同时，学校可以通过微信公众号、家长会等形式定期发布有关生活实践的相关信息，从生活实践内容、生活实践方法到生活实践评价等，给家长提供细致科学的指导；家长也要密切关注学校发布的信息，积极参加相关讲座、活动，提升自己的教育水平。

3. 巧妙借助社区的多元资源

社区就是一个微型的社会，所拥有的人力、物质等丰富的公益服务资源，这些都可以成为开展生活实践的有效资源，家长可以予以充分利用，让孩子在真实的社会情境中得到锻炼。

（1）充分利用公共场域

家长可以充分利用好社区的公共场域，如图书馆、博物馆、福利院、养老院、公园等，让孩子去图书馆协助整理图书，去福利院、养老院等地慰问弱势群体和特殊群体，为他们做一些力所能及的事情，在帮助他人的过程中感受到自己的能力和价值。

（2）积极参加志愿服务

社区的志愿服务形式种类非常多元，比如整理共享单车、美化社区、打扫卫生、垃圾分类、平安协助、旅游景点志愿导游等，家长可以利用周末或节假日闲暇时间，带领孩子积极报名参加。

参考文献

[1]李新."生活·实践"教育理论的渊源、意蕴及价值[J].河南教育（基教版），2022（11）：16–18.

[2]刘颖."双减"背景下家校协同开展劳动教育的有效策略[J].新课程研究，2022（28）：99–101.

[3]曹飞，杜文平，李峰.北京市初中学生劳动实践活动数据分析及思考[J].教学与管理，2023（12）：21-24.

[4]褚晓彤.大中小学思政课一体化视域下初中生劳动观培育路径研究[D].西宁：青海师范大学，2022.

[5]范秋荣.当前初中生劳动教育存在的问题及对策研究[D].信阳：信阳师范大学，2020.

[6]董瑶瑶，谢志勇，邵越洋，等.高中生劳动教育的现状、育人价值及影响因素——基于东部 S 省大规模数据的实证研究[J].上海教育科研，2022（5）：5-10.

[7]罗娜，董从勋，夏胜先.青少年家庭劳动教育现状、问题及对策——以安徽省淮南市为例[J].淮南职业技术学院学报，2022（3）：108-110.

[8]孙宏艳，耿雅倩.新时代家庭劳动教育的现状及对策——习近平劳动教育重要论述的启示[J].中华家教，2022（6）：46-50.

[9]邹晓军.学生劳动实践活动的策略研究[J].课程与教学，2020（19）：68-69.

[10] 李涛，宋艳丽.疫情期间日常生活劳动教育的探索与实践[J].辽宁教育（管理版），2020（11）：22-25.

[11]习近平.在知识分子、劳动模范、青年代表座谈会上的讲话[N].人民日报，2016-04-30（2）.

[12] 陈秀云，陈一飞.陈鹤琴全集（第一卷）[M].南京：江苏凤凰教育出版社，2018.

（执笔：潘志平　李诗颖　杭州市公益中学）

第 10 课

如何帮助孩子过一个
有意义的寒暑假

课程简介

教学对象

初一学生家长

教学目标

1. 了解孩子的成长规律，建立正确的寒暑假观。

2. 学习指导孩子科学安排寒暑假的策略。

3. 建立和谐家庭教育生态，助力孩子健康成长。

教学时长

90 分钟

课程框架

[实例导入]

一、寒暑假概述

（一）设置寒暑假的意义

    1. 回避极端天气

    2. 师生休养生息

    3. 跟进家庭教育

（二）初中生寒暑假生活现状

二、寒暑假存在的问题与原因分析

（一）存在的问题

    1. 过度关注学业，家庭成为学校附庸

    2. 缺乏管理规则，家长太累想要放松

    3. 缺少自主空间，孩子忽略社会成长

（二）原因分析

    1. 教养方式的影响

    2. 心理健康的影响

    3. 功利思想的影响

三、家长的指导策略

（一）营造和谐家庭氛围

    1. 转变观念，促进全面发展

    2. 优化关系，增强教育效果

    3. 控制网络，引导健康生活

（二）合理规划学习与生活

    1. 分段规划，平衡学习休闲

    2. 科学安排，提升学习效果

    3. 建立机制，确保计划落实

（三）培养孩子全面发展

　　1.培养基础能力，提升学习素养

　　2.促进身心健康，增强综合素质

　　3.拓展社会认知，提升适应能力

参考文献

课程内容

🧑 **[实例导入]**

暑假里，初一男生小齐提出要买一部手机，理由是他的几个好友都有手机，而且遇到难题时便于请教老师和同学。妈妈考虑到小齐长大了，也确实需要社交，就给他买了一部智能手机。因为父母都在企业工作，早出晚归，看到小齐只是偶尔玩一下手机，妈妈就答应他自己保管手机。开学前妈妈发现小齐有好多作业还没做，一下子着急了，就要没收手机，结果爆发了母子大战。

像实例中小齐家的情况，在开学初的家庭教育咨询中经常可以遇见。面对寒暑假，家长常常有两种心态：一种家长觉得面对以后的中考，要让孩子利用寒暑假多学点知识打好基础，甚至期待孩子可以"弯道超车"；还有一种家长觉得寒暑假可以好好放松一下，同意孩子适当地玩手机，结果一发不可收拾，甚至衍生了"开学适应不良综合征"。那么究竟怎么做，才能帮助孩子过一个有意义的寒暑假呢？

一、寒暑假概述

（一）设置寒暑假的意义

为什么要设置寒暑假，主要是基于以下三方面考虑。

1. 回避极端天气

学生的体质跟成年人不一样，还需要保护。每年寒暑假期间，正是我国天气最冷和最热的时候。冬天放寒假，可以防止孩子因低温而冻伤；夏天放暑假，可以防止孩子因过于炎热而中暑。通过寒暑假的设置，可以避免极端天气的不利影响，让孩子们更健康地成长。

2. 师生休养生息

长期紧张的学习状态需要适当地放松来调节，书本知识也需要通过社会实践去转化。学生可以利用寒暑假，多接触社会生活，丰富自己的阅历，多接近大自然，陶冶个人的情操，还可以利用假期补补知识漏洞，预习下学期的新知识；当然，老师也可以利用假期充充电，放松一下。

3. 跟进家庭教育

家庭是儿童生命的摇篮，是人生的第一个课堂，家庭教育是学校教育的补充和延伸。寒暑假为孩子提供了一个促进社会认知、自然认知和自我认知的宝贵机会，是家长与孩子建立亲密关系的大好时机。家长可以基于社会化活动和言传身教，将好家风潜移默化地传递给孩子。

（二）初中生寒暑假生活现状

当下，我国大部分初中生寒暑假都有作业和社会实践等任务，也有部分孩子因为没有家人监管而选择看电视或者玩游戏等。

《2020 年全国未成年人互联网使用情况研究报告》显示，我国未成年网民已经达到 1.83 亿人，互联网普及率高达 94.9%。中国人民大学中国调查与数据中心对 20 个省份、112 所初中、近 2 万名初中生进行追踪调查，结果显示：初中生在暑假自己复习、预习功课的有 45.6%，参加由学校组织的课外辅导/补习班的有 10%，参加不是由学校组织的课外辅导/补习班（与课业有关）的有 24.5%，参加课外兴趣班（与课业无关）的有 10.3%，参加科普、社区实践、夏令营等课外活动的有 6.1%，读课外书的有 38.5%，参加体育运动的有 37.7%，外出旅游的有 35.4%，看电视/上网/玩游戏的则有 67.8%。

二、寒暑假存在的问题与原因分析

（一）存在的问题

1. 过度关注学业，家庭成为学校附庸

当下，许多家长把学校教育当作教育的唯一标准和模板，眼里往往只有孩子的成绩，忽视家庭教育的独特属性和作用，不能按照家庭教育自身的特殊规律来教育孩子，使家庭教育实际上被架空，成为学校教育的附庸。

2. 缺乏管理规则，家长太累想要放松

有很多初一学生对自己的学习缺少规划，主动性不够，有的即使定了规划也没有好好落实，想起什么就做什么。这样的孩子平时家长管得很累，到了寒暑假，家长也想趁机给自己放个风，于是撒手不管。

3. 缺少自主空间，孩子忽略社会成长

初中生的寒暑假往往作业较多，缺少参加社会实践的机会，这种功利化倾向容易使家长忽视孩子的全面发展。再加上寒暑假是亲子相处最长的时段，家长唠叨个不停，很容易引发亲子冲突，影响孩子的身心健康。

（二）原因分析

1. 教养方式的影响

家长的教育理念、行为举止对孩子成长过程有着重要影响。专制型教养方式容易让孩子唯唯诺诺，溺爱型教养方式容易让孩子以自我为中心，忽视型教养方式容易让孩子自暴自弃。受到成长环境的影响，教育对象在不断变化，但很多家长还是用陈旧的教养方式，容易引发亲子间的教育冲突。

2. 心理健康的影响

受"双减"政策影响，各种培训班减少，很多家长随之放松了对孩子的要求；另外，看到有些孩子因为学业压力过大出现心理问题，有些家长也有了危机意识，于是允许孩子在假期里好好放松一下。

3. 功利思想的影响

还有很多家长受到功利思想的影响，处在内卷的漩涡中，希望自己的孩子利用寒暑假"弯道超车"。于是发挥自己的资源优势，用各种形式给孩子补课。孩子不愿意接受家长安排，就会触发亲子冲突，甚至导致孩子出现心理问题。

三、家长的指导策略

（一）营造和谐家庭氛围

1. 转变观念，促进全面发展

寒暑假是孩子放松身心、拓展视野的重要时期，家长应尊重孩子的成长规律，避免过度安排学业任务，将假期变成"第三学期"。通过合理规划假期目标和时间，关注孩子的心理健康，让孩子在假期中既能巩固知识，又能享受快乐时光。家长具体可以采取以下做法。

（1）设定假期目标

与孩子共同设定假期目标，重点关注兴趣发展、自主学习和生活能力培

养，避免单纯聚焦学业。可以利用假期学习一项新技能，1—2 周阅读一本课外书，每周做一次家务等。

（2）制订假期计划表

与孩子一起制订假期计划，明确学习、休息和娱乐时间，确保每天有足够自由活动时间，培养自主管理能力。可以上午和下午各安排 2 小时的学习时间，学习之余，给孩子 1—2 小时的自由活动时间，让孩子自己安排，给孩子自我成长的空间。

（3）关注孩子心理健康

密切关注孩子的情绪变化，及时调整学习计划，减轻心理负担，鼓励孩子遇到困难主动寻求帮助，增强心理韧性。可以每周安排一次家庭会议，与孩子一起讨论假期中的学习和生活情况，鼓励孩子多参加户外活动，通过运动来调节自己的情绪。

2. 优化关系，增强教育效果

亲子关系是家庭教育的基石，良好的亲子关系能够让孩子更愿意倾听家长的教导。通过安排家庭旅行、亲子活动以及家庭互动，增进家庭成员间的感情，还能让孩子开阔眼界，有利于孩子的社会化进程，为后续教育奠定基础。家长具体可以采取以下做法。

（1）安排家庭旅行或亲子活动

与孩子一起讨论并规划一次家庭旅行，让孩子参与决策过程，可以让孩子负责查找旅行路线、景点介绍等信息，培养孩子的自主能力。每周安排一次亲子活动，可以参加社区组织的环保志愿者活动或社区文化节活动，增强亲子互动和孩子的参与感。

（2）增进家庭互动

每周可以安排一次"家庭游戏夜"或"家庭读书会"，也可以每天安排一些简单的互动和闲聊时间，通过互动游戏和阅读分享，增强家庭成员之间的默契和孩子的表达能力，让家庭成为孩子健康成长的港湾。

3. 控制网络，引导健康生活

青春期孩子有同伴交流和问题咨询需要，很多家长会给孩子购买手机等电子产品。但大量的学生个案告诉我们，电子产品是把"双刃剑"，在丰富生活内容带来便捷的同时，也容易让人沉溺网络，影响身心健康。因此，家长可以给孩子买电子产品但要制定使用规则，引导孩子合理使用网络，同时通过户外运动和文化活动替代屏幕时间，培养健康生活习惯。具体操作建议如下。

（1）制定电子产品使用规则

与孩子共同商定每天使用电子产品的具体时间，建议每天不超过1小时。规定在哪些场景下可以使用电子产品，哪些场景下不能使用，避免无节制使用。建议就餐时和睡前尽量不使用手机。

（2）用健康活动替代屏幕时间

建议每周至少安排3次户外运动或活动，每次30分钟以上。每周安排1次参观文化场所，或者安排一个家庭活动日，活动时长在2小时以上，丰富孩子的假期生活，让活动替代屏幕时间。

（3）培养健康生活习惯

帮助孩子制定并遵守规律的作息时间表，建议早上7:00起床，晚上9:00前睡觉，可以适当晚起，给孩子补个觉，但不宜太晚，每天保证9—10小时的睡眠时间；引导孩子参与家庭饮食计划和烹饪过程，学会自己做简单的早餐，培育孩子的独立能力。

（二）合理规划学习与生活

1. 分段规划，平衡学习休闲

七年级是初小衔接的关键期，合理规划寒暑假可以实现学习与兴趣的全面发展，增强身心健康。考虑到孩子刚经历了一学期紧张的学习，假期的学习与生活可以分阶段来安排，避免孩子因长时间的紧张学习而感到疲惫，同时确保孩子能够平稳过渡到新学期的学习状态。家长具体可以采取以下做法。

（1）放松阶段（1—2周）

假期刚开始，让孩子从紧张的学习状态中解脱出来，享受家庭的温暖和陪伴。可以安排一次短途的家庭旅行，让孩子参与旅行计划的制定、景点选择和路线规划，帮助孩子放松身心。

（2）执行阶段

根据孩子的实际情况，合理安排每天的学习和生活，落实学习计划，培养阅读、练字、预习复习、运动和劳动五项习惯，确保孩子能够按时完成任务，保持学习的连贯性。

（3）收心阶段（开学前 1 周）

调整作息时间，预习新课，帮助孩子从假期模式平稳过渡到学习模式，为新学期做好准备。有些孩子假期里会晚睡晚起，利用开学前的这一周，每天提前 15 分钟睡觉和起床，让孩子逐渐适应新学期的作息规律。

2. 科学安排，提升学习效果

七年级的孩子正处于学习习惯和知识体系形成的关键时期，家长应指导孩子对自己的情况进行整体分析，科学安排学习内容，注重补短和拓展，帮助孩子巩固知识、提升能力。计划不要排得太满，要求简单具体，太多了反而难以落到实处。家长具体可以采取以下做法。

（1）补短学习

优先强化薄弱环节。家长要了解孩子的学习情况，找出薄弱科目，有针对性地进行辅导。可以召开一个家庭会议，让孩子自我分析，话题聚焦"我已拥有什么，还缺什么，接下去重点要做什么，打算怎么去做"这四个内容，听孩子分析学习，包括语文、数学、英语、科学、社会、体育等，还要分析自己的习惯、社会情感以及自身的心理状况等，然后针对性地做出安排。如果孩子英语成绩不理想，可以多看几部外国的原版电影，学唱几首英文歌曲，提高英语听说能力；如果数学是薄弱科目，可以安排一些经典习题或数学游戏，帮助孩子提升兴趣和能力。

（2）拓展学习

结合生活实践应用知识。现在中考需要孩子在平时不断拓展学习知识的应用，也就是说要把学习和生活实际联系在一起，比如，科学需要孩子了解电冰箱的工作原理，社会学科就需要孩子关心时事。建议平时让孩子看看新闻，了解国内外发生的大事，以及一些最新的国家政策等。最好能和孩子一起阅读，一起分享，也可以趁假期完成学校推荐的必读书目，现在中考语文的题目很多跟名著相关，可以让孩子利用假期精读名著。

3.建立机制，确保计划落实

七年级的孩子正处于培养自主学习能力的重要阶段。家长可以帮助孩子建立有效的执行机制，确保假期学习计划的高效落实，同时培养孩子的自主管理能力，让孩子在假期中学会自我监督和自我调整。家长具体可以采取以下做法。

（1）采用"任务清单＋检查表"管理每日计划

家长要帮助孩子制定详细的任务清单，明确每天的学习任务和完成时间。可以借鉴"番茄学习法"分段学习提高效率，根据自己的学习习惯确定学习几分钟休息几分钟，然后再依次进行。同时，制订检查表，让孩子每天对照检查表完成任务，检查表可以贴在家里醒目的位置，便于家长和孩子一起关注。任务清单应简洁明了，避免过于复杂，确保孩子能够独立完成。

（2）每日8分钟复盘确保计划落实

计划定好后一定要有考核，从计划到实施到检查再到整改，用家长和孩子认同的方法进行检查。建议采用"二八检查法"：在每晚的8点用8分钟来检查今天计划的执行情况，填写检查清单，把执行好的一项一项填进去；没有做完的，8点10分继续做，确保当日事当日毕。通过复盘，帮助孩子总结经验，调整计划，提升学习效率。

（三）培养孩子全面发展

1.培养基础能力，提升学习素养

七年级是孩子进入初中学习的第一年，家长应通过培养孩子的阅读、练字和预习复习习惯，帮助孩子提升学习能力，为未来的学习打下坚实基础。这些习惯不仅能提升孩子的学业表现，还能培养孩子的自主学习能力和时间管理能力。家长具体可以采取以下做法。

（1）阅读习惯

每天安排固定的阅读时间，营造安静舒适的阅读氛围。为孩子选择适合的经典读物，可以是经典文学作品、科普书籍和名人传记，尤其是名人传记，能帮助孩子培养正确的人生观和价值观。同时，鼓励孩子在阅读后分享感受和想法，可以与孩子一起讨论书中的内容，引导他思考。此外，家长以身作则，共同阅读，营造良好的阅读环境，将对孩子产生积极影响，助力孩子在阅读中收获知识和成长。

（2）练字习惯

良好的练字习惯对孩子的学业发展至关重要，尤其是在中考采用电脑阅卷的背景下，书写规范与否直接影响成绩。建议孩子利用假期练习书法，家长可为孩子挑选适合七年级的练字帖，每天安排 15—20 分钟的练字时间，避免孩子过度疲劳。同时，家长要定期检查孩子的练字成果，给予鼓励和指导，最好能与孩子一起练字，既能营造学习氛围，又能增进亲子互动，共同进步。

（3）预习和复习习惯

假期后半程是培养孩子预习和复习习惯的关键时期。建议每天晚上安排一个小时，引导孩子进行预习和复习。预习可以帮助孩子提前了解新学期的知识点，带着问题进入课堂，提高学习效率；复习则能巩固已学知识，防止遗忘。如果家长有能力，可以教孩子一些实用的预习和复习方法，比如预习时先通读教材，标记重点和疑问；复习时通过做思维导图、总结知识点等方式加深理解。

2. 促进身心健康，增强综合素质

七年级学生正处于身心发展的关键时期，家长应通过培养孩子的运动习惯和劳动习惯，帮助孩子强身健体，培养责任感和独立生活能力。运动不仅能强健体魄、磨炼意志、塑造阳光积极的性格，还可以让孩子远离电子产品的诱惑，增强孩子的心理韧性。家长具体可以采取以下做法。

（1）运动习惯

鼓励孩子选择自己喜欢的运动项目，每天运动 30 分钟。除了跑步、跳绳等常见运动，还可以增加一些多样化的活动，丰富孩子的运动体验。同时，亲子运动也是不错的选择，家长可以和孩子一起参加户外活动，既能锻炼身体，又能增进亲子关系。重要的是，要避免将运动仅仅等同于体育中考，让孩子基于兴趣进行锻炼，享受运动带来的快乐和成就感。

（2）劳动习惯

与孩子一起制订家务清单，可以安排孩子打扫一次房间、洗一次衣服、帮忙做一次晚餐等；也可以家长带着孩子一起做，边做边讲解劳动的技巧和注意事项，让孩子在劳动中学会独立生活，培养责任感，为未来的生活打下坚实的基础。

3. 拓展社会认知，提升适应能力

七年级的孩子需要通过实践活动提升社会情感能力和职业认知，家长应通过组织职业访谈、社会实践和参观文化场所，帮助孩子开阔视野，增强对社会的理解和适应能力。这些活动不仅能丰富孩子的假期生活，还能为孩子的未来职业规划提供参考。家长具体可以采取以下做法。

（1）组织职业访谈

带孩子走进自己工作单位或其他企事业场所，指导孩子开展职业访谈。活动前，可以和孩子一起准备访谈问题，涵盖工作内容、技能要求、职业发展等方面。在访谈中，让孩子主动与工作人员交流，观察工作环境，感受职业氛围。活动后，鼓励孩子分享感受、撰写报告，并结合自身兴趣探讨职业规划。

（2）社会实践

组织孩子参加社区服务、志愿者活动等社会实践，帮助孩子增强社会责任感和环保意识。活动结束后，可以与孩子一起总结活动中的收获和感受，在接触社会的同时，提升孩子的社会情感能力。

（3）参观文化场所

定期带孩子参观博物馆、科技馆或文化场所，可以与孩子一起查阅相关资料，了解参观场所的基本信息和亮点展品，让孩子在参观中学习知识，开阔视野，提升文化素养，为孩子的全面发展奠定坚实基础。

初中孩子的学业压力比较大，寒暑假怎么过不容忽视。作为家长，切不可放任自流，也不可盲目加压。要遵循孩子的年龄段特点，引导孩子平衡好休闲和学习，培养兴趣和爱好，参与社会实践，保持健康的生活方式，促进其全面发展和个性成长。最重要的是根据孩子的能力制订合理的计划，并通过检查和反馈来保障计划的执行。在此过程中，家长要给予孩子足够的支持和鼓励。

参考文献

[1] 夏文娟. 昆明市中学生假期生活状况的调查研究 [D]. 昆明：云南师范大学，2012.

[2] 孙铭泽. 中学生假期社会实践的探索 [J]. 中国校外教育，2015（9）：59.

[3] 李雯婧. 中学生假期生活安排状况分析及建议 [J]. 时代教育，2014（8）：27-28.

（执笔：尹建强　杭州市西湖区教育发展研究院）

第 11 课

如何对孩子开展
青春期性心理教育

课程简介

教学对象

初中生家长

教学目标

1. 了解青春期孩子性心理发展的特点和表现。

2. 掌握指导孩子适应性心理发展的策略与方法。

3. 理解青春期孩子性心理及其情感需求，进行科学适切的引导。

教学时长

90 分钟

课程框架

（三）青春期性吸引和异性交往的指导方法

    1.一般异性交往指导：建立良好关系，获取异性友谊

    2.出现爱慕之情指导：采取理性方式，妥善处理情感

参考文献

课程内容

R [**实例导入**]

场景一：男生小朱的父母非常着急，因为他们发现儿子在偷偷浏览色情网站。第一次发现的时候，父母严厉批评了小朱，告诉他很多道理，小朱也保证不再犯。但是没过几天，小朱又上网去看了。父母不知道该怎么教育他。

场景二：阿帆最近有点心神不宁，她喜欢上了班里的篮球高手阿翔，上课时常常不由自主地看他，下课也很关注他。她想向他表白，又怕被老师、父母知道了受批评，而且她也担心自己成绩下降。她不知道怎么处理才好。

性心理从广义上说，是人在性方面的心理现象，如性意识、性欲望、性观念、性情感以及性梦等性心理活动的总和。孩子进入青春期，生理上的发育会带来性意识的觉醒，继而推动性心理的发展。这些发展和变化是自然而然发生的，也是每个人都会经历的。性心理发展是全人发展的重要组成部分，对孩子的学业、人际关系和人格发展都会产生影响。性心理顺利发展，能够促使孩子更好地了解自己和同伴，与异性建立良好的交往关系，在性意识和性行为上保持适应的状态，促进其身心健康成长；反之则会带来消极影响。

家长如何更好地引导孩子了解性心理产生的原因，理解孩子在性心理发展过程中的表现特点，指导孩子处理自己的感受并懂得合理应对，这是帮助孩子适应和安全度过青春期的重要任务。

一、青春期性心理发展的特点和表现

性心理的发展并不像性生理变化那样让人一目了然，但是会给孩子带来行为的变化，表现出一些行为特征。

（一）青春期性心理发育行为特征

1. 性好奇

伴随着第二性征的出现，青少年对性会产生强烈的好奇，希望从性的角度认识自己和异性，渴望明白自己某些生理要求产生的原因和满足方式。因此，他们就会通过各种途径去探索和获取与性相关的知识。比如，阅读介绍性知识的书籍；观看相关的视频，对影视片里男女间的亲密动作感到新奇和兴奋；偷偷观赏裸体的艺术作品，并把视线聚焦于性器官等关键部位；观察自己生殖器官的变化等。

性好奇是青少年发育过程中自然合理的心理需求。满足这种需求，有助于他们破除性神秘感，掌握科学的性知识，促进人格发展和心理健康，而且对其一生都会产生深远的影响。然而，有些孩子会因为性好奇而产生困惑，比如，内心产生焦虑"为什么我现在会这么'黄'"；有些孩子通过不合理的方式去满足性好奇，比如偷偷浏览色情网站，在教室内传播与性相关的信息，甚至采用不合适的方式去偷看异性等。

2. 性冲动

性冲动是在性激素刺激和内外界刺激的共同作用下，人产生的对性行为的渴望和冲动，常常伴有生殖器官的充血以及心理上的激动和愉快，是生理和心理的综合反应。

青少年在与异性较密切地接触或者看到影视片中男欢女爱的场面时，容易产生性冲动，这是不足为怪的。但是有些孩子对自己产生性冲动的情况迷惑不解，认为自己不道德，感到羞耻，或者当性冲动来临的时候不知道如何处理，内心产生害怕的感觉。

3. 性自慰

青春期孩子内心出现了性要求和性冲动，会情不自禁地用手或其他物品摩擦、刺激生殖器以引起性快感。这种自我获得性满足和快感的行为，即"性自慰"，常被俗称为"手淫"。性自慰是青少年满足性冲动、释放性压力较为常见的行为，80%以上的男性都有过性自慰的经历，女性虽然较少，但也有一定数量。

性学家马斯特斯和约翰逊通过大量实验证明，性自慰并不会造成生理功能损伤，纠正了"自慰有害"的错误说法。近几十年来，更多科学家检验了自慰和身心健康的关系，发现自慰和身体虚弱、躯体疾病、神经衰弱或精神分裂等并无关联，适当频率的自慰对身体健康没有什么害处。青少年有无自慰和婚后的性功能等也没有任何关系。性自慰不是病态和"恶习"，也不涉及道德问题，所以不必在自慰后产生后悔、恐惧和紧张的心理压力。我国医学科学家吴阶平教授谈到自慰时说："不以好奇去开始，不以发生而懊恼，已成习惯要有克服的决心，克服之后就不必再担心，这样便不会有任何不良后果。"

4. 性幻想

性幻想也叫"白日梦"，是指人在觉醒状态时，通过幻想方式获得性快感的现象。青少年性幻想的内容往往与异性交往有关，比如，虚构出自己与异性在一起约会及亲昵的情节，男生幻想"英雄救美"，女生幻想"一见钟情"等。进入角色后，青少年可能还会产生情绪反应：或欣喜若狂，或郁郁不乐。另外，有的青少年会与小说或影视作品的剧情产生共鸣，或者通过写情感类小说，置身于性幻想之中。有的家长发现孩子莫名其妙地分心出神，以为是孩子早恋造成的，事实上，孩子可能是陷入了性幻想。

青春期产生性幻想，对于大多数孩子没有影响，但是有的孩子会认为自己幻想的内容肮脏下流而自责，因此竭力控制性幻想，从而影响了学习和生活。事实上，性幻想是一种性情感的表达，是青少年为了缓解性压力而产生的自我想象。只要不沉迷其中，不把幻想与现实混淆，性幻想就是无害的。

（二）青春期性吸引和异性交往的特点与问题

伴随着性成熟，青春期孩子在心理上对异性会产生一种独特而异常的感受：感到被异性吸引，也总试图去吸引和接近异性，对异性存在强烈的依恋，这种感受就是"性吸引"，是青春期性心理典型的行为表现。因为有了相互之间的关注和吸引，孩子在心理上就会产生与异性交往的需要。

1. 青春期性吸引的基本特点

青春期孩子产生性吸引的情境可能非常纯粹简单，或许是某一次"触电"（比如不小心碰到了异性同学），或许是一个眼神、一句问候，或者在班级群里帮忙说了一句公道话，等等，都可能成为吸引孩子的契机。

异性青春期孩子之间的吸引具有纯洁性，甚至可能都没有想到要谈恋爱；产生性吸引的对象可能是同年龄的异性小伙伴，也可能是异性教师及长辈，或者是银幕偶像。

初中生被异性吸引（喜欢人）和吸引人（被人喜欢）的内心体验非常丰富，比如，体会强烈、感到疯狂、无法保持理性，内心欢呼雀跃、开了心花，想和自己喜欢的人坐在一起，想要了解对方的一切信息，等等。

初中生假如心里有被吸引的异性同学，可能会通过一些行为表现出来。比如，遇到了会羞涩、低头；送礼物，找对方聊天；故意找对方碴儿；有些大胆的孩子看见自己喜欢的异性，会主动要联系方式；有的孩子选择表白：递情书、在网络平台上留言、托人捎话；也可能什么都不做，只是默默关注；等等。

有些少男少女的性吸引会变成一种朦胧的"爱"。这种"爱"并不能被简单定义为"爱情"，或许称为"爱慕""喜欢""好感"更加合适。青春期的"爱"是真挚而美好的，但往往又是非理性的——因为他们对自己和对方的判断并不全面，会无限放大对方的某一个迷人点，却对其缺点和其他特点视若无睹。所以这种"爱"绝大部分是会随着孩子心智的逐渐成熟而"破灭"。

2.青春期性吸引和异性交往中的问题

青春期孩子对异性产生爱慕之情时，或者在与异性交往过程中，容易产生各种困扰和焦虑。例如，有的孩子不知所措，"我喜欢一个异性同学，怎么办""有人跟我表白，不知道怎么办""怎么拒绝自己不喜欢的人""分手了，很难受，怎么办"；有的孩子感到迷惑，"为什么我朝三暮四，喜欢人只有几天热度"；还有孩子有对自身在异性眼中价值的焦虑，"为什么别人有异性同学写纸条给他，我却没有？是不是我不够讨人喜欢"；等等。

由于性吸引和异性交往，青春期孩子的学习和生活也容易受到影响。比如，心理冲突干扰学习和情绪，表白和拒绝方式不合理导致矛盾冲突，单独交往脱离集体，交往行为引来同学传播"花边流言"，被拒绝之后不合理应对，分手之后不能调整心理状态，等等。

二、家长开展青春期性心理教育存在的问题

（一）忽视孩子的性心理发展

长期以来，很多家长持有"对孩子进行性教育会诱导孩子过早发生性行为"等错误观点，或者认为"孩子长大了自然会懂得性知识"，所以对孩子性

心理发展较为忽视，或不敢涉及孩子性心理方面的教育。

万珊研究发现，当孩子提出性问题时，大部分家长不知道怎么回答；当孩子有困惑时，家长也不知如何帮助孩子。还有部分家长虽然也想对孩子进行性教育，但又羞于启齿，无法与孩子进行正常的交流沟通，偶尔谈论几句后就含糊带过或者中止谈话，这反而可能使孩子对"性"更加好奇或者产生误解。

（二）采用阻止和恐吓的方式

现实中，有些家长用阻止和恐吓的方式对孩子开展性心理教育。例如，当孩子对色情信息好奇时，家长说不出所以然，只简单告诉孩子"这是不对的，你不可以这样做"，或者吓唬孩子"如果你有这样的行为，会变成'流氓'"。如果孩子有性自慰行为，家长就直接制止，或者用"伤元气""对身体有害"的说法使得孩子惶惶不可终日。

（三）控制和反对孩子与异性交往

当青春期的孩子内心有了自己喜欢和欣赏的异性时，绝大部分家长会很紧张；很多家长抱着"避害"观念，担心孩子与异性交往会影响其学习成绩或发生性行为，所以想方设法地控制和反对。

万珊的研究表明，当孩子进入青春期，许多家长尤其是女孩的家长就开始担心早恋的问题，干预孩子与异性朋友的往来。该研究还显示，如果家长不能正确看待、科学引导青少年，过分干预或者反对青少年与异性交往，会引起正处于青春叛逆期孩子的反感，失去孩子的信任，不利于孩子科学地学习性知识与性心理的健康发展。

三、家长开展青春期性心理教育的策略与方法

（一）家长开展青春期性心理教育的策略

1.改"忽视"为"重视"

与对孩子生理发育开展必要的指导一样，家长也要非常重视对孩子进行性心理发展方面的教育。姜俞含提出，家长需要积极学习科学的性知识和良好的性教育方法，主动从孩子的角度出发，引导他拥有正确的性价值观（例如性别平等、自我保护和相互尊重等）和良好的性适应能力。

家长可以借助合适的时机有意识地和子女谈论性心理的相关话题，让孩子了解性好奇、性吸引、性幻想和性行为适应等方面的内容，悦纳自己的性征和性欲，与异性友好相处，学会用合理的方式控制、表达或排解性冲动等。

2. 改"恐吓"为"引导"

恐吓和阻止并不能让孩子对性心理有更好的了解，反而破坏了亲子关系，让孩子对家长封闭了讨论和请教的心门。家长应该对孩子多一些理解、鼓励和引导。

姜俞含通过研究初中生父母教养方式对性心理健康的影响，建议父母在对子女进行青春期性心理教育的过程中，要多采用温和的、孩子容易接受的教育方式，避免与孩子争吵，防止他们在冲动的情况下做出错误的决定。

3. 改"控制"为"交流"

家长要从孩子的实际角度出发，设身处地地替孩子着想；多倾听、多共情，与孩子进行良好的沟通交流；遇到问题与孩子商量讨论，与孩子一起面对和处理，这有利于促进孩子性态度的正常发展。

除此之外，如果家长在性道德、性态度和性价值观方面出现偏差，很容易使孩子也在相关方面出现类似问题。因此，家长在日常生活中，一定要从自身做起，时刻注意自己的言行举止和性心理健康，为孩子树立好的道德榜样。

（二）青春期性心理行为和困惑的指导方法

家长有责任对孩子开展性心理教育，与孩子坦诚讨论性心理方面的问题，帮助孩子了解性心理发育的行为特质，解除困惑、消除焦虑，建立起积极的性心理品质。

1. 性好奇指导

（1）接纳孩子的"性"好奇

家长需要接纳孩子会对"性"产生好奇的心理，并且通过合理的途径满足孩子的好奇心。比如，孩子想了解性知识，家长就告诉他科学的、足够的知识；如果他对性行为感到好奇，家长就跟他坦然讨论关于性行为的问题。

（2）指导孩子科学求知的方式

家长要指导孩子通过专业的途径找寻科学的答案，例如阅读专业的青春期教育书籍，观看科学的视频，咨询青春期教育专家，或者向老师、父母请教。

（3）避免不妥当的表达方式

家长要指导孩子避免用不妥当的方法表达对性的好奇。比如，有些孩子喜欢说脏话、下流话；在同学中传播与"性"相关的书籍、画册、视频、动漫；画一些跟性相关的图画或者写与性相关的文字，然后拿给同学看；模仿性交的动作，或者相互摸身体；等等。如果孩子出现了这些不妥当的行为，家长可以采取以下做法。

首先，家长要让孩子知道青春期产生性好奇的心理是正常的，他可能是对性知识和相关内容感兴趣，想弄明白性产生的原因，才会表现出那样的行为。接着，家长可以告诉孩子，这样做虽然满足了自己好奇的心理，但是用这样的方法来表达性内容是不妥当的。然后，家长可以与孩子讨论和分析"不妥当"的原因。一方面，这样的行为是不文明的，大家会觉得猥琐、反感、恶心，也容易引起其他同学对他"另眼相待"，产生不好的印象。另一方面，性有自然属性，更有社会属性，属于隐私；公开说下流话、传播性信息、模仿性行为是不对的，会干扰到其他人。

孩子另外一种性好奇的不合理表达是看色情网站。假如孩子有这样的行为，家长可以跟孩子说一说"色情信息"这个话题。家长可以明白地告诉孩子：色情网站里的各种内容所传达的信息对人的态度是不尊重的；制作和传播色情内容的人是以营利和博人眼球为目的，而非让青少年了解科学的性知识；不要把色情信息当作"教材"，因为它是不科学的，会影响青少年的身心健康，给其学习生活带来负面影响；想要了解现实中性生活是怎样的，可以跟父母讨论；如果遇到父母也不懂的知识，可以一起通过规范的途径去查询专业的解答。

2. 性冲动指导

性冲动是可以控制的。家长可以引导孩子：人是理智的动物，人的各种行为不应只来自原始的冲动，还必须符合社会的文明习惯与道德规范。在与异性交往的过程中，要明辨是非，让自己的行动服从于社会需要；要懂得自己所做决定的重要性，了解可能带来的结果；还要锻炼自己的意志品质，克制冲动行为，不让自己被欲望的洪水所淹没。

另外，家长还可以指导孩子一些有效控制性冲动的办法。

（1）躲避刺激法

在与异性单独相处时，如果产生了性冲动，最好立即离开当时那种刺激和使人沉醉的环境，以免做出越轨行为。

（2）转移刺激法

把注意力转移到其他的活动上，比如阅读文艺作品，或去打球、跑步，做一些运动，以缓解性冲动。

（3）倾诉法

把自己的体验写进日记里，或者向家人、好友诉说。

（4）升华法

将对异性的关注转化为学习或者让自己发展的动力，将心理冲动和心理感受升华为对远大理想的追求。

3. 性自慰指导

家长对孩子性自慰的态度应该是接纳、关心，并能够进行合理的指导。比如，家长可以告诉孩子自慰是一种隐私行为，不能在公共场合进行，那样会给别人造成困扰；自慰时要注意卫生和安全；等等。家长还可以告诉孩子：自慰是正常的行为，但并不是必需的，有的人自慰，有的人不自慰，都是正常的。另外，过度自慰的快感会带给人逃离现实的感觉，容易产生"一方面追求生理上的快感，另一方面心理上悔恨、紧张、恐惧"这样矛盾的状态，所以家长要引导孩子避免过度自慰。

家长还可以给孩子一些建议，比如睡前不要接受过分的性刺激，不要穿太紧的裤子、盖太暖的被子，洗澡的时候水不要太热，等等。另外，在睡前还可以做几件有助于性自慰调节的事：进行上肢锻炼，比如做引体向上、俯卧撑等；用热水泡脚；喝鲜牛奶，并且马上上床休息。

4. 性幻想指导

（1）给予信任

一般情况下，孩子性幻想时间不会很长，家长要有一定的耐心，相信孩子会度过这个阶段。比如写小说的情况在初一初二比较常见，到初三可能就不写了，因为孩子的性情感需求已经在之前写小说的过程中得到满足，他们就没有兴趣再写了。

（2）心理减压

家长可以跟孩子讨论性幻想产生的原因，告诉他青少年产生性幻想是正常的，让孩子放下心理负担。

（3）艺术探讨

家长还可以与孩子一起谈论性情感，通过探究艺术作品，比如讨论影视作品中的情感内容，满足孩子探索性情感的心理需求。

（三）青春期性吸引和异性交往的指导方法

1. 一般异性交往指导：建立良好关系，获取异性友谊

异性交往是青少年的必修课，异性友谊对孩子有着重要的影响和意义。青春期孩子有异性交往的心理需求，是客观存在的，也是正常的。

智慧的家长会在安全的情况下满足孩子的需求，不会"见风就是雨"。家长可以支持孩子学习与异性交往的技巧，允许和鼓励孩子在日常学习过程中主动与异性同学正常交往，安全、体面地去满足自己内心对异性的价值感，获得纯真而美好的异性友情。比如，家长可以倡导孩子积极参加学校或者班级内组织的各种集体活动，通过活动接触异性，观察异性同学的言谈举止、行为表现，从而了解异性的特点；再比如，孩子举办生日聚会的时候，既邀请同性伙伴，也邀请异性同学一起参加；等等。

此外，家长要引导孩子在与异性交往的时候遵守"公开群体"的交往原则，鼓励孩子多参加小组活动，互尊互爱、互帮互助。同时，家长还可以从两性交往的"相处之道"角度指导孩子，异性交往需注意行为举止的文明与妥当，比如，不过分拘谨、不过分随便、不过分卖弄、不违反习俗，等等。另外，家长需指导孩子为异性交往设立"界限"，确保交往安全，比如，男女有别，注意交往尺度；有礼有节，注意交往分寸；等等。

2. 出现爱慕之情指导：采取理性方式，妥善处理情感

当青春期孩子对异性产生好感，有接触、表白意愿的时候，他的内心已经很混乱，承受着很大的冲击了。家长如果不由分说，就采用高压手段禁止孩子

与异性交往，或者试图"棒打鸳鸯"，往往会适得其反，起不到良好的教育指导效果。

家长应合理教育，借机引导孩子学习如何正常地与异性交往。家长可以跟孩子讨论相关的问题。例如，爱与喜欢的区别是什么？喜欢人和被人喜欢是怎样的感觉？要不要（该不该）表白？怎样用合理的方式表白？假如表白被拒绝，如何积极应对？怎么调整，让自己早日走出不愉快？假如表白被接受，或者彼此爱慕，怎么交往是合适的？如果被同学传"绯闻"，怎么办？自己被异性爱慕却不喜欢对方，怎么合理拒绝？分手了，怎么调适？为什么家长会反对孩子青春期的恋情？等等。家长可以与孩子详细讨论利害关系，看看如何应对和处理对自己是最好的，鼓励孩子理性地做出选择，妥善处理自己的情感。

参考文献

[1] 胡佩诚.性健康十五讲[M].北京：北京大学出版社，2009.

[2] 闵乐夫.青春期性教育教师实用手册[M].重庆：西南师范大学出版社，2010.

[3] 姜俞含.初中生父母教养方式对性心理健康的影响：亲子依恋的中介作用[D].扬州：扬州大学，2023.

[4] 万珊.青少年性心理现状及教育对策研究[D].长沙：长沙理工大学，2011.

[5] 陈兴旺，高国柱.青春期性心理发展现状与影响因素分析[J].网络财富·教育前沿，2009（1）：4-5.

（执笔：缪群　杭州市富阳区富春第三中学）

第 12 课

如何帮助孩子
与同伴友好相处

课程简介

教学对象

初中生家长

教学目标

1. 了解影响孩子同伴交往的因素及其重要性。

2. 认识到初中生同伴交往中存在的问题及原因。

3. 掌握指导孩子与同伴友好相处的策略。

教学时长

90 分钟

课程框架

（三）练习做决定，指导孩子学习冲突解决

    1.鼓励建立界限，学习审慎选择

    2.聚焦行为改进，培养责任担当

    3.及时表达赞赏，增进自我效能感

参考文献

课程内容

[实例导入]

初二女生田田最近遇到了烦心事。有同学告诉她，小丽在背后说她的坏话，还让其他同学不要和她玩。田田觉得自己一直把小丽当朋友，小丽怎么能这样做呢？妈妈发现田田心情低落，便询问原因。田田对妈妈说，自己觉得很孤单。妈妈联系了老师，老师说田田平时在班级里表现挺活跃，但跟同学相处确实有些问题。妈妈有些焦急，怎样才能帮助孩子与同伴友好相处呢？

从童年期开始，孩子已经较多地参加同伴活动。进入初中阶段，孩子与父母在一起的时间变少，而与同伴在一起的时间更多，逐步进入一个更加复杂的世界，需要在父母的支持和指导下，进一步提升与同伴建立关系、维持关系、解决冲突等的能力。与同伴友好相处，有助于孩子形成积极的人格品质。

一、同伴交往概述

（一）同伴交往的内涵

1.同伴交往的概念

同伴交往，指的是年龄相仿、生理和心理发展水平相当的同辈群体成员之间，进行交流沟通、物品交换、共同游戏、合作学习、情感分享、互相帮助等，从而产生相互作用、相互影响、相互理解的过程。与同龄伙伴的交往，是一个人学习社会知识、掌握社会技能、形成社会规则、完善人格的重要途径。

初中阶段，孩子在学校和班级同学的相处时间长、互动频率高，以同学为主的同伴群体发挥了父母、兄弟姐妹、教师等无法替代的重要作用。孩子通过同伴交往，与同伴建立、维持一定的关系，并从中汲取经验，进而形成较为稳定的与人交往的态度，学习更多社会技能。这些经验、态度和技能的获得，对其个性与社会性的发展具有重要影响。

2.同伴交往的类型

同伴交往表现为两种类型：一是同伴接纳，表示个体在同伴群体中的接受度或受欢迎程度；二是友谊，表示朋友之间相互的、一对一的亲密关系。

同伴关系的形成包括建立关系、维持关系、冲突解决三个方面；青少年如果缺乏建立关系、维持关系以及解决冲突的必要技能，就会导致糟糕的同伴关系。

（二）同伴交往的重要意义

1. 有助于产生亲社会行为

朋友的接纳、包容与赞赏，能使孩子产生更多的安全感和信任感，减轻外界造成的压力和焦虑，形成愉快的心境。在积极的情绪下，他们更乐于做出友好的行为。同伴之间友爱互助、正直向上的价值标准对孩子产生潜移默化的积极影响，以群体压力的方式使其表现出更多积极向上、友善正直的行为，即亲社会行为。面对各种情境，同时考虑双方的想法和感受，并且尝试站在对方的角度思考问题，能提高一个人体察他人情感的能力，学会从他人的立场考虑问题。这有助于孩子产生帮助他人和对人友善的动机，促进亲社会行为的自发形成。

2. 有助于自我意识的发展

青少年在同伴交往中形成的经验影响其自我概念的形成和发展。社会心理学研究发现，同龄的伙伴们面临着同样的问题，有着更多的共同语言；青少年能从同伴、集体对自己的反应中发现自己、认识自己，进而完善自己。这一时期的同伴交往会影响其一生的发展。如果孩子被同伴所接受，在社会交往中处于被接纳或重视的地位，对孩子的身心发展是有益的。反之，不良的同伴关系会对其心理健康、学业及适应能力产生不利影响。

3. 有助于形成积极人格特质

积极心理学研究表明，积极的人格特质包括心理弹性、坚韧人格和乐观人格等。这些特质具有帮助个体抵御压力的消极影响，促进良好适应，提升身心健康的重要作用。在社会环境和生活经历中，如果一个人的现实能力和潜在能力得以激发和强化，使其变成一种习惯性的方式时，就能逐渐形成积极的人格特质。通过同伴交往，孩子可以直接从同伴那里获得行为方式，进行思想交流并获得情感体验；在获得同伴的期待和强化后，更易形成新的行为和态度。同伴交往的过程是孩子发展社会技巧，获得安全感、幸福感、归属感和社会支持感的重要来源，对其积极人格品质形成起着重要作用。

父母和同伴作为青少年日常生活中的重要他人，是影响其社会行为发展最直接的微系统因素。良好家庭环境的营造可以帮助青少年应对各种压力和挑战，而积极的同伴交往也有利于青少年人格、社会认知的发展和完善。

二、家庭对孩子同伴交往的影响

（一）积极影响

同伴交往的实质性需求是满足个体的安全感、归属感和自尊感。孩子进入青春期后，同伴关系就成为最为重要的人际关系，他们会花很多时间与朋友交流互动，跟父母的交流逐渐减少。

邹泓研究青少年社会支持系统与同伴接纳、友谊的关系，发现给予青少年社会支持最多的依次为母亲、父亲、同性朋友和教师；青少年与同性朋友间的陪伴与亲密感、冲突、满意度依次高于母亲、父亲和教师。国内外研究均发现，青少年与父母的关系会影响其同伴关系。一般认为，被父母接纳的孩子，会将这种被接纳的认知和态度迁移到同伴交往中。

（二）消极影响

1. 家长忽视造成孩子交往需求弱化

家庭是孩子社会化发展的发源地。但一些家长仅关注孩子的物质生活和学业水平，忽视了孩子的内心感受和发展需要，无视孩子的自主选择权，没有给予孩子同伴交往的空间和自由。一旦这些需求未能得到正向的关注和满足，孩子的内在动力就会逐渐被弱化，发展空间也会相应受到限制。

对青少年而言，随着交往范围的扩大，同伴关系成为生活中的一个重要组成部分。每个人都渴望别人能够认可和喜欢自己，渴望与同学之间和睦相处，害怕被孤立、排挤。一些孩子因为害怕朋友对自己有什么想法，或者害怕同伴或群体不接纳自己，会违背自己内心的想法和感受，顺从群体做些不正当的事情。这种屈从的心理，不仅给自己带来许多不安和苦恼，还会降低其自信心，使其不愿主动与同伴交往，导致被孤立、被欺凌等不良后果。

2. 狭隘理解导致孩子人际关系受挫

钟志农研究发现，因"片面追求升学率"理念的深刻影响，一些家长认为孩子交朋友是浪费时间，担心孩子跟着朋友学坏了；还有部分家长把学习成绩好、家境条件优越作为孩子同伴交往的衡量标准，导致孩子在克服自我中心意识、增进观点采纳能力、建立友谊和化解同伴矛盾的社会化进程中发展受阻。

由于家长的认知误区，忽视孩子的同伴交往，容易引发一系列问题的产生。现实生活中，有的孩子在校园里经常被排斥、受欺负，受到大小群体的起哄与攻击，却往往忍气吞声，不敢告诉老师和家长；还有一些孩子长期处于弱势无助的境地，出现心慌、胸闷、头晕、失眠、噩梦、厌食等明显的抑郁、焦虑症状。个别孩子多次自伤自残，甚至出现自杀意念；很多孩子在学习压力和人际压力之下，无法集中注意力，成绩明显下降。

3. 缺乏指导影响孩子交往能力提升

处于青春期的孩子和同伴的互动，实际上是在丰富人生阅历，学会各种生活技巧，而这些可以促使他们在未来有能力应对社会挑战。但部分家长忽视培养孩子独立思辨的能力，缺乏对孩子的指导，造成孩子的同伴交往范围狭小或关系疏离。

随着时代发展，相对于传统的面对面交往方式，网络交往受到青少年的广泛青睐。但随之而来的是一些个体或群体，通过社交媒体、游戏平台和手机APP等，对未成年人实施欺骗、恐吓或羞辱等侵犯行为，造成持续性伤害。在进行网络交往时，青少年自身也存在转发低俗图文、留言发声消极、攻击谩骂他人等不文明现象，容易引发同伴之间的矛盾冲突。网络欺凌引发的青少年行为问题及心理健康问题屡见不鲜。

无论是网络交往，还是现实交往，家长都要给予孩子正面引导，提升其同伴交往能力。家长应理解孩子需要与同伴友好相处，为其传授社交技能，提供交往机会，成为其进行人际交往、化解同伴矛盾的支持者和指导者。

三、帮助孩子与同伴友好相处的策略

（一）全面理解，鼓励孩子与同伴建立关系

1. 积极关注，支持交往

青春期是促进孩子全面发展的关键期。家长要善于抓住教育契机，运用各种具体、生动的情境，自然而然地进行具有针对性和实用性的指导，帮助孩子结交新朋友，维持与同伴的良好关系，学会解决同伴之间的矛盾冲突等。

日常生活中，如果家长与孩子的交流仅限于监督作业、关心成绩，或者吃、穿、用等物质层面，就容易忽视孩子内心对同伴交往的需求。有些家长就比较重视同孩子精神层面的交流，会通过观察孩子的眼神、表情、动作等，理解其言行背后的成长诉求。他们主动跟孩子分享一些自己与好朋友的故事，让孩子知道友谊与合作相关。家长赞同的交往规则、美好期望和友善行为等也会被孩子理解，孩子与同伴建立关系、处理问题的时候，就会以此为参照。

在与同伴交往中，孩子能逐渐地认识自我、发现自我并建构自我。他们内在发展的需求逐渐上升到归属与爱的需求以及自尊和自我实现的需求，而同伴群体和亲密朋友恰好满足了这一需要。

2. 共情接纳，促进发展

家长要及时体察孩子与同伴相处时的情绪及行为。在孩子讲述校园生活、交友事件的过程中，家长要为孩子做出共情示范。例如，"和同学在一起时，有时很轻松愉快，有时有点小尴尬，也会有担心……的感觉。""我能感受到你当时的那种失望（愤怒、不甘心等），你觉得太不公平了。"家长及时了解孩子的感受，帮助孩子学会在同伴交往过程中体察、接纳自己的负面情绪，厘清情绪和行为背后的认知，进一步发现自己内心的真实需求。

家长应经常和孩子开展讨论，让孩子明白同伴交往过程中产生各种问题是正常的，需要学习如何应对和处理。例如，"同伴向我借钱，我不好意思拒绝，该怎么办？""大家一起聊天时，同伴当面揭短，怎么办？""哪些做法能够帮助自己交到朋友？"听到孩子讲述这些烦恼时，家长应表达出对孩子的信任，鼓励孩子"想一想""试一试"，帮助孩子厘清交朋友的目的，促进其利他和助人等亲社会行为的发展，与同伴建立良好关系。

（二）积极引导，帮助孩子与同伴友好相处

1. 情境讨论，呵护真挚友谊

家长要注重培养孩子的同理心。如果孩子能觉察他人的情绪，会从别人的角度看问题，能想象和体验别人的观点和感受，就为解决分歧或冲突打下了良好基础。例如，当孩子回家说起"同学向我借笔，我没有借给他，因为我也只有一支笔。他说我小气，我俩就吵起来了……"这时，家长可以问问孩子："如果你是路人甲，你会怎么看待这件事？"孩子往往会表示自己也不想和同伴发生冲突，只是因为讨厌同伴"用那种语气"跟自己说话。此时家长可以告诉孩子："我能体会到你当时的委屈甚至愤怒，当小伙伴误会自己，对我们不尊重时心里会不舒服，每个人都希望得到别人的尊重。"

接着，家长与孩子进一步讨论解决分歧的方法。"发生争吵大家都会不开心，有哪些办法能避免这次风波？""当自己遇到类似困难时，你会怎么办呢？"营造平等、互信的家庭氛围，设身处地站在孩子的角度来思考问题，孩子就会产生被接纳、被了解、被尊重等情绪体验。这不仅有助于孩子合理表达、宣泄负面情绪，还能促进孩子从同伴身上"照镜子"，发现同伴的优缺点，从而正视自己的问题，厘清认知偏差，以平和冷静的态度解决问题。

2. 价值引领，赋能健康成长

不同的价值观会让人们做出不同的行为选择。对于初中生来说，学业、友情、亲情、爱的萌动等有价值感的东西很多，即个人的价值感是多元取向的，这实际上就给他们造成了冲突、为难的困境，因而他们必须学会审慎地选择。

家长应抓住教育契机，鼓励孩子与家庭成员一起就生活事件展开充分讨论，比较辨析两难问题。例如，类似"同伴要我抄作业，我知道这是不合适的，但又不好意思拒绝"等问题，家长可以召开"家庭论坛"，组织孩子和其他家庭成员一起商议。在各种观点的碰撞中，家长指导孩子逐渐厘清同伴交往的原则、冲突及其影响，逐渐了解自己和同伴的期望、信念、价值观等，帮助孩子澄清、接纳事实，促进孩子自主选择积极的应对行为，与他人建立起信任的关系，传递交流积极的价值取向。

3. 勇敢说"不"，增强自我认同

许多孩子以为说"不"会损害朋友间的感情，因此屈从于同伴的压力而不敢说出自己真实的想法。美国青少年心理健康行为研究专家杰西指出，减弱同伴压力问题的关键在于提升青少年的自我认同感。家长和教师应教导孩子看重自己的特点，帮助青少年建立自信，提高自我认同感。

面对同伴的排斥、孤立、语言攻击等"不友好"行为时，家长应该让孩子明白，委曲求全并不是解决问题的唯一办法。如果分歧客观存在，恰当的做法是尊重自己内心的意愿，把自己的感受表达出来，以平和的语气，明确拒绝他人的不合理的要求。一个敢于说"不"的孩子，才会远离校园欺凌。如："你这样做，我并不开心。""不，请你停止这样说话！""我妈妈经常问起我们之间的事情。""我父母说认识你家大人，他们都认为你会帮我的。"

当然，如果不想让朋友难堪，也可以采取委婉表达、求助他人、延迟行动等方式。有些时候，可以用父母、教师当"挡箭牌"，如："妈妈已经和我说好了，这个周末要去看望外公外婆。这次就不能跟你们一起参加漫展了，下次我们再约吧！""数学老师可是'火眼金睛'，解题步骤每一次都看得很仔细。我的作业本可不敢借给你哦。"虽然青少年免不了受同伴压力的影响，但是在家长的正确引导下，他们能逐渐地掌握兼顾团体生活和独立个性发展的技巧。比如，主动调控负面情绪，适切表达自己的诉求，接纳自己和他人的不完美，主动与同伴协商，等等。这些良好的行为能满足孩子对爱与归属感的需要，提高其自我价值感，增强自信心。

（三）练习做决定，指导孩子学习冲突解决

1. 鼓励建立界限，学习审慎选择

青春期是孩子们学习"处理关系"的关键期，家长需要教给孩子正确的知识以及获取知识的途径，当遇到冲突或困惑时，家长可以指导初中阶段的孩子运用"五步法"，练习审慎地做决定，帮助孩子形成负责任的价值观。

第一步，指导孩子认清问题，找出各种可能的选择。先让孩子梳理清楚，何时、何地、谁参与其中？有哪些备选的行动方案？可以获取哪些帮助？

第二步，衡量各种选择的利弊。鼓励孩子思考每一种行动可能的结果是什

么？自己的感觉如何？对自己的意义，以及对重要他人意味着什么？

第三步，考虑各种选择的后果后，做出选择。

第四步，珍惜并愿意公开所做的选择。

第五步，根据自己的选择采取行动。

例如，网络交往问题。孩子发现某个群里有人发色情图片、说脏话或攻击他人等情况时，可以用哪些方式进行处理？是不予回应或默默"拉黑"，还是私聊帮助同伴，或求助老师和家长？家长可以鼓励孩子用"五步法"厘清现状，做出审慎选择。

再如，关于异性交往问题，家长可为孩子提供科学知识、法律法规、社会新闻等；鼓励孩子围绕"如果放纵自己，或者盲目追随他人，可能给自己和他人带来哪些影响"等问题，开展微型访谈或专题调查；让孩子认识到有些身体的触碰、性信息的传播会给自己和他人带来压力，甚至会触犯法律，必须主动为异性交往建立界限。

家长可以经常带领孩子走进田野乡村、文坛艺苑，结合名家伟人、经典作品等，进一步讨论同伴与自我、青春与未来之间的关系，以及大千世界赋予生命的意义。

2. 聚焦行为改进，培养责任担当

家长可以经常使用开放的问句，帮助孩子进一步学习合理有效的冲突解决方法。如，了解同伴的想法和感受，了解同伴产生想法和感受的原因，换位思考，提出尽可能多的解决办法和意见，多次商议，达成共识等。例如，"遇到同伴不公平对待时，可以如何表达自己的想法？可以找谁倾诉烦恼？""怎样向同学表达歉意更得体？表情、语言是怎么样的？""这样的行为会给哪些人带来哪些后果？"等等。

这样的认知训练与技能训练相结合，能帮助孩子意识到同伴交往时难免发生分歧或冲突，但可以学会客观地归因，认识到同样的问题有不同的解决方式，从中选择更理智、更适当的解决策略。孩子在安全、有指导的环境里获得练习与强化，在生活情境中将知识转化为解决实际问题的经验，"学以致用"，从而增强对自己和同伴的责任感。

3. 及时表达赞赏，增进自我效能感

有的孩子虽然知道同伴交往很重要，但遇到矛盾冲突时会迟疑不前。此时，孩子需要在他人的鼓励下，尝试用更多方式与同伴交往，勇敢地表达自己的意愿，有智慧地解决同伴之间的矛盾冲突。当交到朋友后，孩子就能发现与同伴建立良好关系并没有自己想象的那么难。因此，家长应给予孩子更多实践社交技能的机会，运用点头、微笑、拍拍肩膀等肢体语言，及时表达对孩子的肯定。尤其对于一些性格内敛、不善言辞的孩子，家长可以根据其实际情况，制订"家庭点赞计划"，罗列出孩子能逐步达成的、具体的"小目标"。

[示例]家庭点赞计划

家庭点赞计划

（ 月 日— 月 日）

主动表达，善于交流

目标一：主动和同伴打招呼。□□□

目标二：经常使用早上好、谢谢、对不起、再见等礼貌用语。□□□

目标三：耐心倾听他人的讲述，不作评判。□□□

目标四：用点头、微笑、拍肩膀等方式，表达对他人的关心。□□□

目标五：客观陈述事实，同时注意观察，用心体察他人的感受。□□□

目标六：遇到不同意见时，心平气和地表达自己的观点。□□□

目标七：适时提出建议，为他人提供多种求助方式。□□□

目标八：创意表达。通过留言、书信、卡片、表情包，邀请老师、家人或更多同伴参与等方式，表达善意。□□□

坚持进步，为你点赞！

家长鼓励孩子通过不断练习和交流，了解同伴的想法，根据对方的反馈调整自己的策略和行为，进而提高与同伴交往的能力，交到更多的好朋友，和同伴们一起应对学习、生活中的各种挑战，体验到更多的自我价值感。

当孩子送同伴一句良言，帮朋友做一件好事，聆听他人的倾诉时，家长都予以积极的回应，帮助孩子认识自己的优势和潜力，乐于结"伴"而行，迈向更加美好的青春旅程。

参考文献

[1] 陈永华，黄文芳，陈珏.教师与学生交往行为的发展[M].北京：教育科学出版社，2011.

[2] 林崇德. 心理学大辞典（上）[M].上海：上海教育出版社，2003.

[3] 邹泓.青少年的同伴关系发展特点、功能及其影响因素[M]. 北京：北京师范大学出版社，2003.

[4] 钟志农.中学生的同伴关系与个体社会化发展[J].江苏教育，2019（6）：31-35.

[5] 任俊，叶浩生.积极人格：人格心理学研究的新取向[J].华中师范大学学报（人文社会科学版），2005（7）：120-126.

[6] 张文新.儿童社会性发展[M].北京：北京师范大学出版社，1999.

[7] 杨晶，余俊宣，寇彧，等.干预初中生的同伴关系以促进其亲社会行为[J].心理发展与教育，2015，31（2）：239-245.

[8] 罗云，陈爱红，王振宏.父母教养方式与中学生学业倦怠的关系：自我概念的中介作用[J].心理发展与教育，2016，32（1）：65-72.

[9] 王振宏，郭德俊，方平.不同同伴关系初中生的自我概念与应对方式[J].心理科学，2004，38（3）：602-605.

[10] 吴旻，刘争光，梁丽婵.亲子关系对儿童青少年心理发展的影响 [J]. 北京师范大学学报（社会科学版），2016（5）：55-63.

[11] 高晓娜，马皓苓.家庭环境、同伴交往与青少年的偏差行为——来自我国初中生群体的微观证据[J].中华家教，2023（4）：68-77.

（执笔：蒋严忻　杭州市富阳区银湖中学）

第 13 课

如何与老师建立
良好的关系

课程简介

教学对象

初中生家长

教学目标

1. 认识与老师建立良好关系的重要性。

2. 了解影响家师关系的因素。

3. 学习与老师建立良好关系的策略。

教学时长

90 分钟

课程框架

（二）共享资源，形成合作常态

    1. 双向理解，构建"同心圆"

    2. 改进方式，家校同频助力

（三）共商协同，科学应对问题

    1. 接纳差异，学会理性分析

    2. 良性互动，增强合作效能

参考文献

课程内容

👤≡ [**实例导入**]

　　新学期的家长会上，王老师向家长们提出三个问题："您认识孩子的班主任或任课老师吗？""您认为老师应该用什么样的语气和家长交流？""如果对老师感觉不满意，您会怎么做？"听到王老师的问题，很多家长都沉默了。

　　很多家长都意识到，家庭和学校是孩子健康成长的两个重要基地。老师是学校和家长之间的桥梁，家长多与老师交流，与老师建立良好的合作关系，让孩子直接感受到双方的积极态度，这有助于家长和老师及时发现孩子的困难，并进行有针对性的教育和帮助。

一、家师关系概述

（一）家师关系的概念

　　家师关系是家校关系的一种重要体现，是指家长与老师相互配合、互相支持，形成的互动与合作关系。拥有良好家师关系的孩子，能获得更多来自家长和老师的支持，其自信程度更高，学业表现更好，社会化程度更高，对未来的规划更清晰。

（二）家师关系的特征

1. 平等性

　　家长和老师的关系是平等的，是合作伙伴的关系。家庭教育和学校教育各有优势与局限性，在教育孩子时，既要相互分工，又要合作互补。家长既承担家庭中教育孩子的责任，也有参与、监督学校教育的义务和权利。家长和老师需要相互尊重、相互理解，协商孩子的教育问题，共同促进其全面发展。

2. 双向性

　　家师合作是一种双向活动，是家庭教育和学校教育的相互配合。家长要主动与老师联系，了解孩子在学校的表现和学习情况，全方位地支持学校教育工作。老师要积极与家长沟通，邀请家长参与学校教育活动，及时反馈孩子的学习情况和表现，对家庭教育做出指导，尽力帮助家长解决教育子女过程中遇到的各种问题。

3. 教育性

家师之间是一种合作关系，需要形成教育合力。孩子是家长和学校教育的共同对象，家庭教育和学校教育应目标一致，功能互补，共同促进孩子在品德、学业及其他各个方面的良好发展。

（三）家师合作的重要意义

1. 有助于提高学业成就

学习是孩子的主要任务，也是学校教育的重心所在。多年来，国内外的研究成果均表明，家校合作有助于提高青少年的学业成就，这也是教育理论界的共识。学习兴趣和学习情绪是一个人学习的动力，也是能够良好表达智力的先决条件。良好的家校沟通与合作，能营造出一种积极的文化氛围，让孩子感受到情感上的帮助与支持。

元英等人的研究表明，家师关系对初中生的学业成就表现有显著影响。其中家长主动联系老师、积极参加家长会，可以对孩子的学业成就表现产生积极影响；而老师主动与家长联系、家长害怕与老师联系，会对孩子的学业成就表现产生消极影响。因此，家长应主动与老师沟通，保持良好的关系，共同提升孩子的学业成就。

2. 有助于形成健全人格

人格的形成受到周围环境与人群的影响。家庭与学校作为青少年成长的两个重要基地，毋庸置疑，影响着其人格的形成与发展。学校教育代表的是主流意识，向孩子传递正面的社会道德规范和世界观、人生观、价值观。各种矛盾冲突使孩子感到困惑时，就需要家长和老师保持一致，对孩子进行正确引导，要注意因材施教、因势利导。家庭教育与学校教育密切配合，既是对孩子科学文化、知识技能的教育，也是对孩子身体、心理素质的培育，还有对孩子道德观念、人生观、价值观等方面的影响，对孩子的成长具有发展性的教育价值。

现实生活中，部分家长缺乏教育子女的知识与能力，或者无暇顾及孩子的教育。为了让每一个孩子都能健康成长，老师应发挥积极的作用，既帮助这些家庭的家长解决家庭教育资源缺失的问题，又给这些家庭的孩子更多心灵上的安慰。特别是班主任和任课老师"润物细无声"的关心，对孩子形成健全的人格起到巨大的作用。

因此，家长要尽可能地加强与老师的沟通与合作，在观念上与行动上达成一致。特别是孩子犯了错误或遇到困难时，家长和老师要及时与孩子交流，让孩子感受到家长和老师的关心与支持、理解与帮助，引导他为形成健全的人格而努力。

3. 有助于社会化发展

从初中阶段开始，孩子将面临各种选拔性考试，需要获得各方面的知识和技能以适应复杂的社会环境，应对各种困难和挑战，为将来顺利融入社会、服务于社会做好准备。

家庭是孩子接触社会的第一场所，是其综合能力的培养基地，家长应注重教育引导，预防孩子被各种不利于成长的因素及次文化中的不良价值观所影响，同时为增进健全人格及知识探求做最佳的准备。老师要重视孩子对知识的理解与应用，着重于提高孩子发现和解决问题的能力，发掘各种教育资源，改进教学方式，引导孩子广泛地汲取社会各方面的知识，积极参加社会实践，把学习成果有效地运用到生活中，这些都离不开家长的支持。

由于种种原因，个别孩子会出现学业和道德发展"掉队"情况。如果家庭和学校处于疏离状态，就不能及时发现问题，也无法将问题解决于萌芽状态；或者即使发现了问题，家长和老师都认为这个问题不属于自己的责任范围，从而延误了教育的最佳时期。如果家长与老师的沟通渠道是畅通的、经常的、有效的，孩子出现问题时，就能够得到及时的解决和补救。

郝若平、郝翌钧研究发现，亲师互动对学生情绪的稳定性、社会适应性改善明显，认为学生心理健康的改善是良好亲师互动的必然结果。因此，有效的家师合作，能促进孩子的健康成长、全面发展。

二、影响家师关系的因素及存在的问题

（一）影响家师关系的因素

1. 学校因素

2023 年 1 月，教育部等十三部门联合发布《关于健全学校家庭社会协同育人机制的意见》，明确提出"学校充分发挥协同育人主导作用"。学校应作为家师合作的主导力量，鼓励家长参与家校合作，增加家长与老师联系、参与家校合作的机会和频率，有效促进积极家师关系的建立。

具体而言，学校与家庭建立"伙伴"关系，家校应达成共识，明确学校教育和家庭教育的目标都是为了孩子的健康成长。学校与家庭的联系是有计划、有目标地推进的。学校经常性地组织开展各种形式的家校合作活动，包括组织家长会、学校开放日、全员家访，邀请家长参与课堂教学和课外活动，开展共同决策等多个层次的合作。随着家长与老师联系的频率越高、参与家校合作的程度越深，双方的互动信息就越充分，对家校相关事件的理解也越趋近，这更有助于建立彼此尊重、信任的关系。家师互动积极、相互信任，也意味着家长重视孩子的教育，在对孩子的教育中承担重要责任并愿意参与其中。

2. 老师因素

老师的自身因素也会对家师关系的质量产生影响。与专业能力相比，老师的专业精神和责任心更为重要。老师承担教书育人的工作，教书强调专业能力，而育人更需要心与心的交流。家校合作、家师沟通是为了使家庭教育和学校教育形成合力，为孩子的健康成长建立良好的教育生态，给予孩子更多的人文关怀。与家长建立良好的关系，需要老师发挥专业精神，增强责任心，以身示范，深入细致地了解学生，了解家庭，指导家庭教育，与家长相向而行，滋养学生的心灵，帮助他们树立良好的品德。具有较高职业价值认同感的老师，愿意为教育工作投入更多的时间和精力，其责任感更强，能尊重、平等地对待学生和家长，以学生发展为工作的出发点，主动关怀学生，也更容易赢得家长的信任和尊重。

3.家庭因素

与老师因素相比，家长自身因素对家师关系影响更大。家长作为家师互动中重要的一方，其自身表现对家师关系具有不可忽视的影响。元英等人研究发现，家长受教育程度、父母参与度、父母教养压力等家长自身因素也会对家师关系产生显著影响。

首先，父母受教育程度越高，参与子女教育的程度越高，与老师的沟通越积极，家师关系越好。其次，父母参与孩子生活与学习的程度越高，其与老师的关系越好。家长重视对孩子的教育，也会重视发挥家校协同教育的最佳效果。再次，家长对孩子的发展及相关情况比较了解，对学校和老师的要求也比较清楚，在与老师沟通时更可能相互配合、相互支持，形成积极的家师关系。

（二）家师合作存在的问题

《全国家庭教育状况调查报告（2018）》显示，超过95%的班主任认为与家长沟通困难，造成沟通困难的原因排名前三位的是"家长认为教育孩子主要是学校和老师的责任""家长参与沟通的积极性不高"和"与家长教育理念不一致"，人数比例均超过五成。现实生活中，因理念分歧、边界不清、信息不畅等原因，家师合作还存在一定问题，具体表现在以下三个方面。

1.家长与老师的教育理念不一致

部分家长忽视了自身作为主要教育责任人的职责，将教育职责过多地转交给学校，不愿主动联系老师，也不了解孩子的学习生活。有些家长则仅关注学习成绩，习惯于对孩子讲道理、发指令，一旦发现孩子的学业成绩不理想，就急于指责和抱怨，难以与老师交流合作，无法帮助孩子全面发展。

2.家长过多介入老师的专业领域

有些家长仅站在自己的立场上对班主任和其他老师的工作提要求，对于学校管理和班级事务过度介入；有些家长即使理念陈旧、能力有限，也要参与班级管理，一旦建议不被采纳，就会产生对立情绪。另外，部分家长对孩子的期望值高，自身压力大，便容易产生焦虑、不安等消极情绪，与老师沟通和互动过程中更容易产生冲突，不利于建立和谐的家师关系。

3. 家长和老师互相推诿责任

家长和老师互相推诿责任，会弱化双方的教育成效。部分老师与家长的沟通内容，仅仅是要求家长监督学习、检查作业、参与班级事务等，使家长感觉自己变成了老师的"助教"，被占用大量的时间和精力。还有老师与家长交流时，表现出冷漠、不尊重、不耐烦等情绪，缺少尊重和信任，造成家长参与沟通的积极性不高。特别是当孩子出现问题，家长给老师提意见时，"谁的责任"就很容易成为矛盾的导火索。家长和老师各执一词，互相产生抵触心理，不利于妥善解决问题，更不利于孩子的健康成长。

三、家长与老师建立良好关系的策略

（一）共通理念，明确育人目标

1. 平等对话，家师相向而行

平等是家师之间建立良好关系的基石。家长和老师都应树立协同育人的理念，以孩子健康成长和全面发展为目标，在相互尊重的基础上，进行信息传递、思想交流、分享资源等，进而实现彼此的真诚理解或达成合作共识。家长和老师应以合作伙伴的视角进行平等对话，既要防止老师以权威者、领导者姿态自居而进行单向信息传输，也要避免家长过于强势而简单问责或过于自卑而回避沟通。沟通合作过程中，家长和老师的人格、权利、责任都是平等的，彼此应以相互尊重的态度进行交流、对话，耐心倾听并充分了解对方的教育诉求、教育观念等，从而实现双方理念互通、资源互补，帮助孩子发展积极的情感体验和良好的行为方式。

家师可以共同商议，建立互动交流的"公约"。例如，明确家校群聊、私信联系的主要时间段，紧急情况下的联系方式，以及家校联系群中不得发布拉票、商品推广、重复信息等事宜。这样的"公约"既保障老师的正常工作不被干扰，也能帮助家长及时协调处理各种问题，消除家校信息不畅的误解。

2. 各司其职，缔结育人同盟

家庭与学校各司其职，明确家长和老师各自的职责以及边界。在面对孩子的教育问题上，家庭和学校的教育目标是一致的，从孩子的立场出发，以"学生发展"为逻辑起点，家长和学校、老师之间相互协调，形成教育合力，推动共同发展。

学校作为专业教育机构，在孩子发展中发挥着主渠道、主阵地作用。学校首先要认真履行管理职责，整合校内外资源，建立家庭教育和社会教育协同育人长效机制，充分发挥协同育人的主导作用。学校要加强与家长的日常沟通与交流，落实全员家访、校园开放日、家长接待日等制度，及时反馈孩子在校表现，了解孩子在家情况；还要做好家庭教育指导服务，宣传科学知识，提升家长的家庭教育水平，为孩子的成长搭建支持系统。

家庭是孩子生活的主要场所，家长是孩子的第一任老师，家长应切实履行家庭教育的主体责任，与学校合作，共同促进孩子的全面发展。一方面，家长要充分认识家庭教育的重要性和专业性，增强主人翁责任感和对学校的认同感，改变以往单纯的、被动的配合局面；要认识到家庭教育是孩子教育的重要组成部分，树立科学的家庭教育观念，注重提升家庭教育的能力和水平。另一方面，家长要将家庭教育与学校教育融合起来，主动了解、参与学校教育。例如，家长可以尝试"校访"，积极参与学校组织的家长会、家长学校、学校开放日活动，参与班级的一些教学活动，主动做学校的志愿者，多为学校建设献计献策，主动与老师合作交流、相互配合，更好地促进孩子的健康和谐发展。

家师合作构建良好的育人生态。家校之间应达成共识，家长和老师都应尊重孩子，其教育目的是孩子的全面发展，而非考试分数或表面的错误行为纠正。这就要求家长与老师摒弃短视化、功利性的教育观，杜绝推诿责任、相互指责的行为，立足于孩子的健康成长和素质发展的需求。

家校沟通的关注点不仅仅局限于孩子的学习成绩和纪律表现，还需要对孩子的品行养成、能力发展、生活习惯、人际交往、心理健康等方面予以重视。例如，当孩子考试失利时，家长和老师密切联系。一方面，老师精准地帮助孩子发现学习中的薄弱环节，及时进行学法指导，将"失分点"变成"增长点"；另一方面，家长根据老师的建议，和孩子一起制定新的学习目标，给孩子提供安心学习的家庭氛围，进行周末时间管理训练，运用积极的语言和行为给予孩子鼓励，帮助孩子学习面对生活中的各种挫折与挑战，等等。

因此，家长和老师应充分交流，增强对彼此的观点和立场的认同和理解，并通过真诚的沟通形成情感共鸣，缔结育人同盟，营造家校共育的良好氛围。

（二）共享资源，形成合作常态

1. 双向理解，构建"同心圆"

初中阶段，随着孩子自我意识的发展，亲子之间常常会发生冲突。比如，"老师，我家孩子就是不听话，您帮我好好跟他说说。""老师，他们只会说别人家的孩子好，从来都看不到我多么努力！"这些都是家长、孩子经常向老师求助的话题。每一个人的成长经历不同，所获得的经验不同，处理问题的方式也各不相同。不同的家庭环境中，家长的教育理念及教育行为自然也不尽相同。缺乏科学的知识，难以认识到孩子成长的客观规律，这是造成教育问题的原因之一。家长和老师都应以开放的心态，不断学习和成长，勇于打破既有的认知领域，不断提升育人能力。事实上，孩子的问题背后很多都是家长教育的问题，因此家长要做好学习的准备，在老师的帮助下，掌握家庭教育的知识与方法，实现自我成长，才能科学地教育孩子，促进孩子的发展。

学校可以为家长提供教育学、心理学、社会学等相关知识与技能的培训，家长应主动参加学校组织的专题讲座、读书分享、社会实践和个别交流等活动，多与老师沟通，对孩子的成长有更客观、更全面的认知。例如，当孩子与同学发生冲突了，家长主动联系老师，让孩子陈述事实，同时也要听一听别人的讲述，设身处地想一想别人的感受，交流探讨"如果我是他，会怎么做"。家长以身示范，和孩子一起体验角色互换，相互理解、相互体谅，提升处理亲子关系、师生关系、同伴关系的能力。

2. 改进方式，家校同频助力

对于青春期孩子的各种变化，家长有时会感到很无助，无法用过去的经验对孩子进行教育引导。很多家长会无奈地说："我的孩子对我态度很差，不能好好说话。""我的儿子爱玩游戏，说多了发脾气。""我的女儿好像早恋了。"

初中生因认知水平发展不成熟，缺乏情绪管理技能，容易导致偏激行为，虽然事后他们会感到后悔，但遇到新情况，仍然不知所措，特别需要家长的教育和指导。家长尽管是有一定教育经验的成年人，但也需要获得更多教育资源，进行知识更新和能力提升，帮助孩子适应社会发展的新要求。

家长可以根据自己的经验和特长，主动参与家长与家长、家长与孩子之间的学习交流，不断更新自己的教育理念和教育方式。例如，某班开展"妈妈的爱，请说出来"主题活动，家长们和孩子一起录制小视频，分享家教故事。"我女儿考试很紧张，总担心自己考不过别人。我对她说，十个手指头各有所长，不管你考多少分，都是妈妈的贴心小棉袄……""我儿子比较容易骄傲，在一次家庭乒乓球赛中，为了让儿子知道'山外有山、人外有人'的道理，我故意没让球，给儿子留下了一次深刻的记忆。"通过与其他家长的交流，倾听孩子的心声，家长能更加客观地认识自己和孩子的困惑及其原因，以正向行为替代因情感或情绪产生的"直觉"，或者基于错误的认知推理造成的抱怨、责骂、无视等行为偏误。家庭教育与学校教育同频发力，根据教育规律选择适合孩子的教育方法，形成教育合力，助力孩子健康成长。

（三）共商协同，科学应对问题

1. 接纳差异，学会理性分析

家长和老师作为孩子成长的两大重要教育主体，二者在教育观念、教育内容、教育方式、教育过程、教育环境等方面存在差异。这需要家长以开放、发展的视角，对老师的意见或建议给予充分的考虑、认真的反馈。

家长和老师产生分歧时，家长应从老师的立场出发，理解老师面向全体学生、以集体教育为主的立场。与老师交流时，家长多用询问、商量的语气而非命令或责怪的语气，耐心倾听老师的想法和意见，并通过得体的应答、承诺等方式，积极真诚地接纳老师的合理建议。例如，当孩子回家不开心，告诉家长"被老师批评了"，有的家长先对孩子的心情表示理解，然后引导孩子反思：遇到事情不要只顾着发脾气，埋怨别人，也要从自己身上找找原因；有的家长会主动联系老师，全面了解孩子在学校的情况，和老师商量采取更有效的教育方式。家长不应简单地责骂孩子或者迁怒他人，而应学会从多角度看问题，客观分析老师的行为及动机，在与老师充分交流的基础上，共同正面指导孩子，给予孩子真正的关心和爱护。

当然，家长也要保持理性思考和独立判断，不必盲目信从或绝对服从老师,有不同意见时,可以客观地表达自己的观点,合理地建言献策。如果和老师无法达成一致意见,可以联系学校部门负责人、分管副校长、校长等管理者,及时澄清事实,共商对策,合力解决问题。

2. 良性互动,增强合作效能

"三人行,必有我师。"家长和老师、学校进行交流合作,也是一个知识共享与视域融合的双向学习过程。

一方面,老师作为受过专业教育培训的群体,与家长沟通也是向家长学习的过程。老师可以更全面地了解学生,选择适切的教育方式,提高自身的教育素养,提升职业认同感和价值感。另一方面,家长们的职业经历、专业背景各异,老师与家长沟通不仅可以了解孩子的成长历程和生活经验,还可以从中学习其他领域的专业知识,进而借助了解到的新情况改进自己的教育工作。家长作为不同行业的专家,可以发挥专长,积极参与校本课程开发、教学实践和教学评估等,为学校发展出谋划策、贡献力量。例如,指导学校开展消防安全演练;参与学校劳动课程,教孩子们制作青米团、鲁班锁等;介绍青春期健康生活常识、非遗文化与特色产业、职业发展新趋势等;利用假期组织孩子们参观纪念馆、博物馆、生态公园、家长工作的单位;积极参加学校或社区的志愿者服务、垃圾分类宣传、公益图书交流(捐赠)活动,等等。

总之,相互信任是基础,育人为本是核心,有效协同是关键。家长与老师要建立良好的关系,相互配合、相互支持,全面地了解孩子的需求和变化,为孩子提供生活技能、学习技能、人际交流技能等方面的学习资源,共同促进孩子获得宝贵的成长经验。

参考文献

[1]黄河清.家校合作导论[M].上海:华东师范大学出版社,2008.

[2]元英,陈冠宇,刘文利.亲师关系对初中生学业成就表现的影响——基于中国教育追踪调查的实证研究[J].教育研究与实验,2019(3):61-67.

[3]北京师范大学中国基础教育质量监测协同创新中心，等.全国家庭教育状况调查报告（2018）[R/OL]. http://www.jvb.cn/zcg/xwy/wzxw/201809/w020180927730230778351.pdf.

[4]边玉芳，田微微.对家长教育问题的思考与对策——基于《全国家庭教育状况调查报告（2018）》部分结果解读[J].中国教育，2019（37）：37-41+46.

[5]黄正平.家校社协同育人：基础、核心与关键[J].江苏教育，2023（21）：60-62.

[6]边玉芳，周欣然.家校互动不良的原因分析与对策研究[J].中国教育学刊，2019（11）：39-44.

[7]吕星宇.上海市家校合作推进学校发展的成功之道[J].教育科学研究，2015（1）：43-47.

[8]罗云，陈爱红，王振宏.父母教养方式与中学生学业倦怠的关系：自我概念的中介作用[J].心理发展与教育，2016，32（1）：65-72.

[9]吴旻，刘争光，梁丽婵.亲子关系对儿童青少年心理发展的影响[J].北京师范大学学报（社会科学版），2016（5）：55-63.

[10]冯建军.人格本位的班主任专业化[J].教育科学研究，2015（6）：14-19.

[11]李清臣，岳定权.家校合作基本结构的建构与应用[J].中国教育学刊，2018，（12）：38-42.

[12]张永，贺新向.家校社合作中的角色关系与角色转换——基于跨界者理论的视角[J].教育参考，2022（5）：11-16.

[13]汪敏.家校合作的主体边界与实践范式[J].教育科学研究，2018（12）：66-72.

[14]郝若平，郝翌钧.亲师互动对学生心理健康和学习品质影响的实验研究[J].山西师大学报（社会科学版），2012（5）：128-133.

（执笔：蒋严忻　杭州市富阳区银湖中学）

第 14 课

如何帮助孩子
做好学业规划

课程简介

教学对象

初一年级新生家长

教学目标

1. 了解学业规划的重要性。

2. 树立学业规划助力孩子成长的意识。

3. 掌握指导孩子进行学业规划的策略。

教学时长

60 分钟

课程框架

[实例导入]

一、学业规划概述

（一）学业规划的内涵与特点

　　1. 学业规划的内涵

　　2. 学业规划的任务

（二）学业规划与综合素养的关系

　　1. 学业规划与自我探索

　　2. 学业规划与时间管理

　　3. 学业规划与责任意识

　　4. 学业规划与自主学习

二、家长存在的问题与原因分析

（一）存在的问题

　　1. 跟着"孩子"走：无可奈何

　　2. 跟着"成绩"走：裹挟前行

　　3. 跟着"学校"走：亦步亦趋

　　4. 跟着"感觉"走：顺其自然

（二）原因分析

　　1. 家长对自己的定位不准确

　　2. 家长对孩子的期待不合理

　　3. 家长对孩子的潜能不关注

　　4. 家长对社会的发展不了解

三、孩子学业规划家庭指导策略

（一）正确定位，共同设定目标

　　1. 了解孩子特点

　　2. 设定分层目标

（二）合理期待，排除外界干扰

    1. 丰富家庭生活，发现孩子潜能

    2. 参与校园生活，鼓励孩子尝试

（三）科学规划，倡导多元发展

    1. 制订学习计划

    2. 尝试各种挑战

（四）放眼社会，培养自主能力

    1. 鼓励孩子参与社会活动

    2. 引导孩子进行自我探究

参考文献

课程内容

👤 [**实例导入**]

  初一学生小刘最近有点烦。他在小学里是"学霸"，从小学三年级起，爸爸妈妈就为他量身定制了小升初计划，目标学校是当地知名的民办初中。没想到电脑派位落选，全家遭受很大的打击。在爸爸妈妈看来，小刘也应该成为公办初中的"学霸"。于是，他们又为小刘制定了周密的三年学业规划：每年的暑假和寒假预习新课，每个周末上各科提高班，还有美术班、合唱团，以确保孩子有多重选择，最后殊途同归进入重点高中。但是父母单方面做的学业规划让小刘感到不堪重负。繁重的学习任务、爸爸妈妈的严厉管束、同学间的竞争压力，导致小刘极度焦虑，变得易怒、烦躁，渐渐出现失眠症状。

  从小学步入初中，对孩子来说是个巨大的挑战：学习科目增多，学习难度增大，如何安排好作息时间，做到学习和健康两不误？老师讲课节奏快，学生自主探究多，如何处理好知识的深度与广度的关系，做到厚积薄发？拓展活动多，学习任务重，如何协调成绩与成长的关系，做到学业成长和精神成长双丰收？立足当下，着眼中考，引导孩子探索适合自己的学习方法，制定学业发展规划，对孩子实现人生的阶段性目标意义深远。

一、学业规划概述

（一）学业规划的内涵与特点

1. 学业规划的内涵

  学业规划，是指为了提高求学者的人生发展效率，对与之相关的学业所进行的筹划和安排。具体来讲，是指在求学者完成文化启蒙阶段的学习以后，也就是在决定其职业发展方向的源头上（一般为初中毕业），通过全面认识求学者的自身特点（性格特点、能力特点）和未来社会需要，确定其人生阶段性事业目标，进而确定学业路线，结合求学者的实际情况（经济条件、工作生活现状、家庭情况等）制定学业发展规划，以确保用最小的求学成本（时间、精力、资金等）获得达成阶段性目标所必需的素质和能力的过程。

美国心理学家加德纳认为，一个孩子通常会有某一两个方面的智能特别突出，而各种智能的发展期、高峰期因人而异。学业规划应关注对自我志趣、优势潜能的认识；关注人的可持续性发展，激发孩子内在的生命活力和动力，培养其适应未来社会发展所需要的核心能力和重要品质。

2.学业规划的任务

（1）学习目标的规划与实施

家长与孩子一起制定长期和短期的学习目标，根据孩子的兴趣和特长，选择适合的目标；根据孩子的实际情况，合理安排学习时间和任务，力求孩子的学习计划科学有效。

（2）学习能力的培养与提升

注重培养孩子的学习方法和策略，帮助孩子探索有效的学习方法，提高学习效率。培养孩子的自主学习能力和解决问题的能力，使其具备独立思考和自我管理的能力。

（3）学习状态的评估与调整

关注孩子的学习情况，及时了解孩子的学习成绩和学习态度，发现问题并及时进行调整。鼓励孩子进行自我评估和反思，发现自身的优点和不足，进一步完善学业规划。

（二）学业规划与综合素养的关系

美国学者舒伯认为，个人在其发展历程中，由于外部环境变化和个人特质成长的共同影响，各种角色交互作用最终交织出个人独特的生涯。中学阶段属于学业发展的"探索期"，合理的学业规划有助于孩子构建科学的知识体系，积累丰富的专业知识，锻炼各种技能，培养良好的人生规划意识，提升积极的社会与情感能力。

1.学业规划与自我探索

（1）探索兴趣和潜力

进入初一，丰富多彩的校园活动为孩子提供了展示才华的舞台，比如有艺术天赋的孩子，可以在美术、音乐等领域进行尝试，判断自己在艺术方面的潜力是否能作为学业规划的重要参考因素。如果可以，进行相关的学习；如果还不理想，调整方向，继续挖掘。

（2）探索目标和方法

孩子在初一阶段的探索应为三年后的中考志愿填报积累经验，而目标使得初一的学习更具有方向性。比如，乐于参加公益活动的孩子，在初一进行学业规划时，就要思考如何将自己的兴趣和中考的要求结合起来，努力学习相关的知识和技能，探索实现自己的人生目标的最佳方法。

（3）探索优势和劣势

初一的孩子可塑性强，优势、劣势不断地转化与调整，这有助于孩子全面了解自己。孩子可以通过自我探索找到改进的方向，并采取相应的措施取长补短或扬长避短。

2. 学业规划与时间管理

（1）保持良好的学习状态

根据学习情况，制订每天、每周、每月的学习计划，合理安排学习时间和课外活动、休闲娱乐时间，从而更好地把握学习进度，避免拖延、临时抱佛脚，避免过度学习或浪费时间，保持良好的学习状态。

（2）培养有序的学习习惯

培养按时完成作业、每天复习和预习的学习习惯，让学习变得更加高效和有条理。良好的学习习惯反过来又促使孩子保持对学习的积极性和热情。

（3）增加丰富的知识储备

学校的实践活动丰富，学习拓展较多，孩子可以积极参加，提升知识储备水平，在今后的学业规划时有更多的选择。

3. 学业规划与责任意识

（1）对学习的责任感

在学习过程中难免会遇到挫折和困难，学业规划能帮助孩子树立战胜困难的勇气，学会从失败中吸取经验教训，不断调整学习策略，为未来的学业奠定坚实的基础。

（2）对目标的责任感

面对多科目的学习时，孩子应学会分配时间和精力，平衡各科目的学习进度。通过合理的组织和时间管理，更好地掌控学习进度，提高学习效率，为实现目标不懈努力。

4. 学业规划与自主学习

（1）提升解决问题的主动性

初一的孩子仍受小学学习模式的惯性影响，大多是跟着老师的节奏和在家长的督促下被动地学习。学业规划引导孩子遇到问题或挑战时，主动寻找解决方法，不断探索新的学习方式，学会独立思考和独立决策，从而提升解决问题的主动性。

（2）培养直面挑战的自信力

初一的孩子往往制订计划时雄心勃勃，但执行计划时半途而废。学业规划通过制定一个个孩子有能力实现的小目标，鼓励其在取得小小的成绩后，对自己的学习能力产生信心，从而激发学习动力，拥有直面挑战的勇气。

二、家长存在的问题与原因分析

（一）存在的问题

1. 跟着"孩子"走：无可奈何

有些孩子在小学四五年级就进入了青春期，进入初一后，身份的变化和身体的发育让他们强烈地感到自己已经是大人了。因此，当家长以长者的身份对其学业进行规划时，孩子不愿听从家长的规划，甚至不愿与家长沟通。

2. 跟着"成绩"走：裹挟前行

家长被中考牵制，将学业规划等同于学业辅导。有的家长将孩子的课余时间交给各种培训班，有的家长则自己在家辅导孩子，这样的学业规划反而制约了孩子的全面发展。

3. 跟着"学校"走：亦步亦趋

家长认为学校老师最了解孩子，学业规划是学校的事情，学校怎么要求，家长就怎么做，一切由学校安排。

4. 跟着"感觉"走：顺其自然

家长认为孩子的未来不是规划出来的，而是由孩子的学习成绩决定的。不如顺其自然，孩子发展到什么水平就报什么学校，既不规划也不强求。

（二）原因分析

1. 家长对自己的定位不准确

（1）错误定位

在亲子关系中，不少家长扮演着权威的角色，对孩子居高临下地命令、要求。尤其是关于孩子的学业问题，家长觉得自己有必要也有责任为孩子做学业规划，扮演的是制定者和督促者的角色。

（2）不敢放手

家长心里有很多疑问：孩子有学业规划能力吗？孩子有能力选择合适的发展方向吗？如果不为孩子的学业做规划，导致孩子碌碌无为怎么办？孩子长大了之后责怪家长怎么办？于是，家长想方设法用自己以为合理的学业规划来替代孩子的成长诉求。

2. 家长对孩子的期待不合理

（1）夸父逐日型

从对学业目标的选择来看，众多家长把孩子幻想成神通广大的"夸父"，不遗余力地鼓励孩子追逐"太阳"，以致孩子不堪重负。甚至，当孩子以剧烈的叛逆表明自己很"渴"，家长依然固执地认为，刚进初一的不适应，只不过是孩子前进道路上的一个小小的困难而已，既然有了规划，就应该迎难而上。

（2）青出于蓝型

有的家长自己学历很高，觉得孩子必须"青出于蓝而胜于蓝"；有的家长自己学历不高，执着于"知识改变命运"，要求孩子必须出人头地。于是，学业规划成了家长的执念，而不是孩子的需求。别人家孩子的榜样作用，亲朋好友间的比较等，都成为影响家长为孩子做学业规划的重要因素，不合理的期待最终会阻碍孩子的健康成长。

3. 家长对孩子的潜能不关注

（1）以"成绩"为中心

有的家长认为，成绩是学业规划的基石，兴趣爱好是"奢侈品"，因此严格控制孩子在兴趣爱好上投入的时间，或者以初中学业繁忙为由，停止孩子一切与兴趣爱好相关的探索尝试。有的家长则过度开发孩子的"潜力"，什么都想让孩子试一试、学一学，美其名曰"多条腿走路"，这类孩子往往在学业压力和兴趣培养之间无所适从。

（2）以"监管"为策略

不少家长认为，时间管理是学业规划的关键，因此为孩子做详细而精确的时间规划，并严加监管。一看到孩子放松，家长就焦虑，不断增加短期规划的强度，确保长期规划的顺利。为了避免与父母的冲突，有的孩子边写作业边放松，久而久之，专注力降低，"假勤奋""磨洋工"等状况频出，学习效率低，学习质量差。

4. 家长对社会的发展不了解

瞬息万变的社会为孩子的发展提供了无限的可能性。新兴职业不断产生的同时，不少传统职业正在被人工智能取代。很多家长在为孩子做学业规划时，所秉承的"千军万马过独木桥"的宗旨，已经不能适应当今社会的多元发展需求。比如，很多家长对职高、技校的偏见根深蒂固，殊不知，技术工人队伍是支撑中国制造、中国创造的重要力量，国家正在大力发展职业教育，职业高中"3+2""3+4"等专业深受欢迎，录取分数线节节攀升。家长如果在孩子进入初一时多了解这方面的信息，就能在学业规划时发掘孩子的兴趣和潜力，因势利导。

三、孩子学业规划家庭指导策略

（一）正确定位，共同设定目标

每个孩子都是与众不同的个体，家长应深入了解孩子的特点，指导孩子正确定位，合理规划学业。

1. 了解孩子特点

家庭是孩子真实展示自我的地方。家长可以在轻松的氛围中观察孩子，了解其兴趣点和发展点。比如，有的孩子对新闻事件有着深度的思考，有的孩子对父母的职业有着极大的好奇，而有的孩子对科学探秘有着浓厚的兴趣。家长可根据孩子自然流露出的兴趣爱好，在进行学业规划时有的放矢，鼓励其在感兴趣的领域深入学习。

集体活动中，孩子的各种潜能和创造力得以发挥。家长可以观察孩子在活动中的角色、行为、与他人的关系，了解孩子的优势和不足。在做学业规划时，结合孩子的综合素质，扬长补短。比如，有的孩子有整体策划的能力，但在具体操作时不太注重细节，在做学业规划时，家长应注重孩子的过程意识和步骤意识。

2. 设定分层目标

（1）短期目标

观察孩子的学习习惯，如时间管理、自律性、专注力等方面的特点；全面分析孩子的各科成绩，如强项与弱项，设定短期目标。比如，在保持优势科目成绩的前提下，合理规划时间和精力，提高某一弱势科目的成绩，达到合理的进步目标；根据孩子的兴趣与潜能，鼓励孩子参与某项活动，一周内达到某个等级目标，等等。

（2）中期目标

根据孩子在实现短期目标中出现的问题、遇到的挫折，及时调整目标或方法，确保孩子对目标有不竭的动力、持续的信心。在此基础上，设定中期目标，比如一学年的艺术考级计划、运动达标计划。

（3）长期目标

评估孩子的学习兴趣、优势与不足，结合家庭可能给予孩子的各种资源，与孩子、老师充分交流，考虑未来希望就读的高中类型（如重点高中、国际学校、职业学校等）、兴趣发展方向（如理科、文科、艺术等）及职业倾向，设定高中选科方向、大学专业选择乃至未来职业规划等长期目标。

（二）合理期待，排除外界干扰

因为焦虑，不少家长在给孩子做学业规划时，常常被外界不同的声音干扰：网上流行的学霸时间规划，同事为孩子的远大理想做的长远规划，诸如此类。每个孩子的特点不同、发展方向不同，家长应合理期待，做学业规划时可以借鉴，但不必模仿，更不需复制。

1.丰富家庭生活，发现孩子潜能

在不少家长看来，开发潜能是大投入、多维度的工程。其实，平凡的家庭生活也能发掘孩子的潜能。一方面，家长的阅历、职业对孩子有潜移默化的影响；另一方面，孩子在参与家庭生活的过程中表现出来的天赋和兴趣，也是其学业规划的重要依据。

[案例]日常生活中的潜能开发

周六，是小陈一家的欢乐时光。吃过早饭，小陈写作业，爸爸妈妈忙家务。中午，一家人其乐融融地做了一顿中饭。午休后家庭观影，选一部电影，边看边聊，表达不同视角的观影体验。吃晚饭时是家庭新闻时间，一起了解大千世界的众生相；晚饭后，一家人在小公园散步，随意聊天。妈妈说，这也是孩子学业规划的一部分。在共享亲子时光的过程中，家长看到了孩子在美食方面的天赋，也发现了孩子对医学的浓厚兴趣。因此，在对孩子做长期学业规划时，医学成为主攻方向，酒店管理作为备选项。

2.参与校园生活，鼓励孩子尝试

每个孩子都有自己独特的兴趣和特长，但有时他们并不清楚自己真正喜欢什么。学业规划时，家长可有效参与学校活动，用好校园资源。学校为初一的孩子规划了很多课外拓展课，家长可以和孩子一起了解学校的各种活动，分析孩子的特长以及家长可以提供的支持。即便孩子没有特长，也可以鼓励孩子试一试，在不同的社团接触到不同的文化、技能和思维方式，从而开阔眼界。家长可以因势利导，为孩子提供更多探索自我的平台，帮助孩子更好地了解自己，为未来的学业规划提供方向。

（三）科学规划，倡导多元发展

一个人的价值不仅仅取决于学习成绩，还包括品德、能力、兴趣等方面。家长要引导孩子树立全面发展的观念，不被成绩所束缚，在面对挫折时学会积极求助，保持乐观的心态。

1. 制订学习计划

家长和孩子一起制订每日、每周的学习计划，合理规划每日的学习时间，包括完成作业、复习预习、课外阅读和兴趣爱好等，确保学习与休息、娱乐的平衡，避免过度学习导致的疲劳和厌学情绪。在孩子达成短期目标之后，家长应给予正向反馈，为循序渐进实现中期目标和长期目标打下坚实的基础。家长不可随意打破规划，剥夺孩子的放松时间，以免导致孩子对学业规划抵触，使规划形同虚设。

在制订学习计划时，阅读是其中非常重要的内容。阅读量大，阅读内容多，阅读要求高，是初一孩子面对的问题。家长要摒弃功利性阅读目的，针对孩子的喜好，制订科学合理的阅读计划，并因势利导，让孩子学会从趣味阅读走向深度阅读。家长可以开展亲子阅读，交流阅读体验，激发孩子的阅读兴趣；或者用影视资源辅助阅读，打开孩子的视野，对作品进行更深入的理解。

2. 尝试各种挑战

初一的学习呈现出阅读量大、思辨性强、自主性强的特点，对孩子来说是非常大的挑战。而良好的阅读习惯、严密的逻辑思维、自律的学习习惯，不仅仅是科学训练的结果，更是在大量的生活实践中水到渠成的。除了学科学习外，家长可以鼓励孩子进行课外阅读，参加科学实验、艺术创作等活动，积极展示自己的才能，并观察孩子在活动中的表现，了解其真实体验，引导其自信地面对各种挑战。

（四）放眼社会，培养自主能力

美国教育家杜威认为：教育的目的，是使人能继续受教育。也就是说，学习的目的与从学习中得到的报偿，是孩子继续成长的能力。联合国教科文组织也提出了让孩子"学会学习"的教育理念。家长在孩子学业规划中的意义，就是帮助孩子成为自己。

1. 鼓励孩子参与社会活动

家长要鼓励孩子走出校园和家庭，尝试不同的社会活动，适应不同的社交环境，发现更多的发展可能。比如，可定期安排不同的家庭聚会，为孩子提供与不同背景的人交流的机会。鼓励孩子结识新朋友，和朋友一起尝试完成一个项目，拓宽孩子的成长视野和发展空间，提高其适应新环境和解决问题的能力。鼓励孩子参与志愿者活动，如进行垃圾分类，为敬老院或孤儿院做义工等。这不仅能培养孩子的社会责任感，还能让他体验到帮助他人的快乐。引导孩子关注社会问题，鼓励孩子提出解决方案并尝试实施，锻炼其组织协调能力。孩子接触到不同的生活，将有机会认识到社会的多样性，从而提升社会适应性。

2. 引导孩子进行自我探究

（1）探究兴趣爱好与学科之间的平衡

家长可以引导孩子想一想：你的兴趣爱好对学业规划有什么意义？如果长期目标是考艺术类院校，那么可以一起研究艺术类学校专业和学科的分数比，看看哪些学校的专业比较强，该做些什么准备？如何在发展兴趣爱好与学科成绩之间做好协调？孩子在被认可、被鼓励后有了选择的自由，就愿意跟家长一起去思考规划未来。

（2）探究挑战自我与积极求助之间的关系

进行学业规划时，家长与其帮助孩子解决问题或者要求孩子不断努力，不如引导孩子自我探索突破的方法。鼓励孩子遇到问题先独立思考，自主寻找学习资源，如网络课程、图书资料等；积累成功经验，总结失败教训；面对压力不慌张，有信心迎接未来的挑战。同时，鼓励孩子积极求助，向老师请教，与同伴讨论，培养其解决问题的能力。如果孩子在学业规划时产生困惑，家长还可以寻求教育专家或心理咨询师的支持，及时评估、调整，为孩子的成长提供科学指导。

[案例]考试之后

小荣期中考试成绩一落千丈。爸爸没有一味指责，而是用轻松的方式和小荣交流，引导他自己分析原因，做出总结：优势项目要保持肌肉记忆，每天花一点时间刷题，保持手感。英语学科以前求快，做题时经常卡住，边做边翻书，并没有节省时间，以后可以调整为先看知识点再去做题。社会学科，平时听老师分析题目似乎懂了，但一到考试又做错。以后听老师讲解时，要学会转化为自己的思路，而不是简单地获取正确答案。整个交流过程中，爸爸没有直接给出意见，而是引导小荣说出自己的困惑，在复盘中做自我调整。

对初一孩子的学业规划，一方面，家长应有所不为，给孩子一定的自主权；另一方面，家长应有所作为，给孩子积极的帮助和引导。家长要既关注孩子的学业成绩，又重视其兴趣培养、能力发展和心理健康，让孩子提升学业水平的同时，实现生命的成长。

参考文献

[1]张忠宝，石秀清.初中生生涯规划指导教育实践探索[J].教育，2018（13）：43-46.

[2]刘在花.父母教育期望对中学生学习投入影响机制的研究[J].中国特殊教育，2015（9）：85-91.

[3]于庆澎.中学生涯规划教育的现实反思与对策探析[J].吉林教育，2020（33）：37-39.

[4]刘汉斌，杨昌菊，李芳.初中生成长规划指导的五大策略[J].教育家，2019（26）：46-47.

[5]刘敏.生涯规划指导：帮助学生打开思维[J].上海教育，2018（20）：70-72.

[6]段丹."家长参与"对学生学业表现的影响机制分析[J].保山学院学报，2021，40（6）：97-104.

（执笔：费颖 杭州市朝晖中学）

第 15 课

如何与青春期孩子有效沟通

课程简介

教学对象

初一学生家长

教学目标

1. 了解与青春期孩子沟通中存在的问题及原因。

2. 认识"尊重和倾听"对于青春期孩子成长的重要意义。

3. 掌握与青春期孩子进行有效沟通的策略。

教学时长

90 分钟

课程框架

[**实例导入**]

一、青春期亲子沟通存在的问题与原因

（一）关心角度不一致引发孩子的情绪

    1. 从家长的角度看

    2. 从孩子的角度看

（二）沟通理念不一致引发孩子的阻抗

    1. 从家长的角度看

    2. 从孩子的角度看

（三）沟通方式不科学加重孩子的心理负担

    1. 从家长的角度看

    2. 从孩子的角度看

（四）沟通准备不及时造成孩子的信任缺失

二、亲子有效沟通的家庭指导策略

（一）放低身段：看见孩子，读懂需要

    1. 看见孩子的积极正面

    2. 读懂孩子的真实需求

    3. 协助孩子的正向奔赴

（二）放下自我：尊重孩子，培植信任

    1. 以尊重为基础的家庭信任环境创设

    2. 以共情为手段的家庭容错文化培植

    3. 以家庭会议为形式的亲子有效沟通

（三）放慢节奏：以少胜多，有效沟通

    1. 少一点指令要求，多做耐心真诚的倾听

    2. 少一点随心所欲，多做真心实意的关心

    3. 少一点浮于表面，多做用心沟通的文章

参考文献

课程内容

[实例导入]

一位初一女生的妈妈倾诉烦恼：以前，我女儿很依赖我，但自从进入初一以后，一切都变了。她开始有了自己的想法，有小秘密不再告诉我；开始嫌弃别人脏，每天都要洗澡，不停地换发型和服装；开始追星，课本上贴满了明星的贴纸；变得爱发脾气，还毫无征兆地与大人顶嘴……一次，煤气灶上水烧开了。我让她关掉煤气，可无论怎么喊，她都没有回应，只是用双手捂着耳朵慢悠悠地向厨房走去。其实她早就听见了，只是不愿意搭理我。还有一次，她有道题做错了。我苦口婆心地给她讲正确的解题方法，她却莫名其妙地大吼："老师就是这么讲的！你说的是错的，我不要按照你说的改！"类似这样的情况，只要她认准了，就是错了也不承认，任凭别人怎么说都无济于事。

实例中初一女生妈妈的烦恼并不少见。从孩子方面来看，迈入初中是进入青春期的分水岭，不仅身体上开始生长，也希望有自己的独立空间，做任何事都由自己来决定。但这个阶段他们的经验还不足，做起事情往往会出现各种各样的问题。从父母方面来看，在心理和方法上都尚未对孩子进入青春期完全准备到位，看到孩子突发的一些"反常"行为会不适应，对孩子学习成绩比较焦虑。因此，这个阶段就容易产生亲子沟通的问题。

一、青春期亲子沟通存在的问题与原因

（一）关心角度不一致引发孩子的情绪

1. 从家长的角度看

家长对孩子的关注度很高，但关注的重点只是学习和分数，很少关注孩子的生活、情绪、压力、困难等。

2. 从孩子的角度看

孩子希望家长更多地关心自我的感受、自己所处的环境、自己与伙伴的关系，而不仅仅是关心自己的学习成绩。

家长关心的角度与孩子的期待不同，就容易引发亲子沟通时孩子的情绪低落，如："我也想理解他们，但有时候就是理解不了！""我想告诉父母我目前是怎么回事，可他们总说我是找借口，后来就不想与他们说了！"

（二）沟通理念不一致引发孩子的阻抗

1. 从家长的角度看

有的家长仍然把初一学生看成小孩子，在养育理念上，还认为对孩子只要控制、要求、指令就好，并不了解他们处在青春期，有了强烈的独立意识。有的家长把自身当成权威，迷恋"成人思维"和经验主义，认为"严格出成绩"，采取一面倒的命令式沟通，造成孩子心理上的不舒服。有的家长好面子，唯分数论，对成绩的关注大于对孩子健康成长的关心。还有的家长经常当着亲朋好友和老师的面批评孩子，把孩子的问题公之于众，给孩子造成心理伤害。

2. 从孩子的角度看

沟通理念的差异引发了亲子沟通时孩子的强烈阻抗。他们会把家长的"好意"当成唠叨、说教，采用回避策略而不想沟通；无论家长的说法对不对都一律反对，拒绝沟通甚至暴力沟通；认为家长总是高高在上，不会听孩子的，思维定式下造成不想或不敢与家长沟通的现象。

（三）沟通方式不科学加重孩子的心理负担

1. 从家长的角度看

有的家长担心沟通太多容易造成与孩子太"热络"，有问题时要管教时孩子会不听话，所以故意减少沟通。有的家长则认为自己从小到大都是顺其自然过来的，哪有那么多要注意的事情。

2. 从孩子的角度看

家长缺少用同理共情的方式与孩子沟通，让孩子觉得不被理解；家长不愿意倾听，沟通方式简单粗暴，让孩子觉得很不舒服。家长对孩子的心理需求了解和感知不多，让孩子觉得难以沟通。

如古语所说："良言一句三冬暖，恶语伤人六月寒。"不科学的沟通，很容易对孩子造成进一步的伤害，加重孩子的心理负担。

（四）沟通准备不及时造成孩子的信任缺失

根据美国发展心理学家埃里克森的人格发展八阶段理论，孩子成才过程中的每一个阶段都十分重要。青春期表现很"叛逆"的孩子，往往是幼儿期（两三岁时）和儿童期（八九岁时）没有得到父母比较合理的对待，家庭养育方式存在一定问题，或者家庭结构存在比较大的缺陷。在幼童期，孩子还比较柔弱，当时的自我成长受到压抑，但还没有足够的力量对父母进行一定的"反击"；到了青春期后，孩子的身心不断得到发展，如果前期的这些情感联结不到位，他们就会以空前的强度爆发出"叛逆"的力量，最终造成亲子沟通过程中的信任缺失。

二、亲子有效沟通的家庭指导策略

（一）放低身段：看见孩子，读懂需要

1. 看见孩子的积极正面

当家长眼里只有学习、分数的时候，很容易认为孩子应该是无所不能的；即使孩子已经出现对立情绪，家长还会以唠叨说教或简单粗暴的方式进行所谓的家庭教育。所以，"看见"孩子的青春期，是家长的必修课。

美国心理学家劳伦斯·斯坦伯格通过解构青春期面临的"风暴"，指出孩子的青春期是父母生涯中回报最大的时期。看见孩子行为背后的种种真实的情况，需要所有与孩子有关的教育者（父母、老师、周边人）改变过去的刻板认知，真正理解青少年的思想行为，以利于成就亲子关系的双赢局面。

（1）要理清楚青春期与叛逆期的关系

有些家长总会把青春期简单地等同于叛逆期，在孩子小时候很少关注其心理需求，到了青春期就直接给孩子扣上一顶"叛逆"的帽子。事实上，青春期和叛逆期有所区别。10—20 岁这段时间统称为青春期，而孩子会在三个不同的阶段表现出叛逆：第一阶段是在 2—4 岁时，称为宝宝叛逆期，孩子会用"打"人来表达"不"这个意识。第二阶段是在 7—9 岁时，称为儿童叛逆期。第三阶段是 12—18 岁，也就是人们常说的青春叛逆期。这一阶段主要表现为孩子自我同一性与角色混乱相矛盾。此时孩子的生理和心理发展出现急剧变化，对

家长的行为态度比较敏感，家长言语行为稍有不当，就会刺激孩子并使其反感，甚至在行为上发生反抗。

（2）要改变家长的"固执"和"知道"

"固执"是指家长的思维固化，这很容易造成家长"自以为是"，对孩子的成长过度干预。"知道"指的是家长的"成人思维"和"经验主义"。很多青春期孩子的家长，碰到孩子出现情绪问题或行为问题后，虽然着急万分但又束手无策，表现出来的是尽量隐忍不发声，看起来十分"坚毅"。其实，孩子在经历青春期时是好奇但缺乏经验的，家长也会感到迷茫和焦虑。所以美国心理学家劳伦斯·斯坦伯格认为，父母需要的是知识，而不是这样一种"坚毅"。在"看见"孩子的内在需求后，父母要真正地"知道"解决问题的知识和方法，多一点对孩子的接纳；但不是一味地迁就孩子，成为假装"知道"的父母，从而造成亲子沟通效果不佳。

2. 读懂孩子的真实需求

发现孩子的有问题或者出现亲子冲突时，恰恰是一个增进对孩子的了解，促进其健康成长的"机会"，关键在于能否读懂孩子的真实需求。

（1）全面了解孩子的真实感受

劳伦斯·斯坦伯格认为，青春期的孩子不想要或不需要一个全知全能且随时准备介入的父母。随着孩子能力的增强，其独立思维和自主需求也不断增加，父母需要倾听并全面了解孩子的独立需求。孩子一方面畏惧于父母的威权，一方面却又需要父母的理解。他们既对"我将成为谁，我受欢迎吗？"十分迷茫，又对父母的关心很敏感，甚至有一定的抵触，有时会说"我的事你少管"之类的话。孩子需要自由但又渴望得到父母的庇护、指导和帮助。孩子看起来好像"洪水猛兽"，实际上是一株需要细心呵护的"小草"。

（2）全面觉察和照顾孩子的真实需求

随着青春期的来临，孩子的生理和心理都发生了天翻地覆的变化。家长需要读懂孩子的内心深处，充分认识到这个阶段的孩子有五个需求：合理的物质需求、对异性关注的需求、获得帮助的需求、对自己认知的需求、自我实现的需求。

比如物质需求，需要照顾到两个方面：班级中同学的消费标准和自家的经济条件。对于异性交往，家长先不要将其直接界定为"早恋"，而是可以对孩子说"喜欢异性和被异性喜欢都是十分美好的事""对自己负责和对他人负责也很重要"。获得帮助对于孩子来讲是十分矛盾的，一方面害怕家长知道自己的困扰，一方面又很想向家长求助。这就需要家长不仅能在物质上予以一定的满足，更能在精神上给予引领。认识自我方面，家长不要说教，要尊重孩子和善于倾听；不要剥夺孩子自我认识的机会，不要贬低孩子也不要盲目表扬；要支持孩子探索世界，寻找自己。自我实现方面，家长要努力帮助孩子寻找自我价值感。在孩子碰到问题之后，家长需要一定的介入，帮助孩子认识到每一次经历都是人生的重要财富。

3. 协助孩子的正向奔赴

看见孩子、读懂孩子，其实都是为了更有效地做好亲子沟通，最终更好地协助孩子健康成长。

（1）家长要做好自己的情绪管理

家长稳定积极的情绪能感染孩子，有榜样示范的意义。当家长因为孩子的种种问题无法解决而出现一些情绪时，就需要及时进行管控，可以采取以下"三步法"：停—说—做。停：停止情绪，做深呼吸，喝温水，换场地；说：对自己说"先处理情绪再处理事情"，对孩子说"你刚才是不是……这样想的？"；做：划定正确行为与不良行为的界限。

（2）以正向思维积极引导孩子

在询问孩子的过程中，家长不妨尝试运用焦点解决短期心理咨询技术中的刻度化提问方式。刻度化提问技术也称评分技术，这类技术利用数值（如1—10），协助当事人将抽象的概念以比较具体的方式加以描述。比如："你给自己打几分？""如果再增加 1 分，你会朝着哪个方向努力？怎么去努力？"这样的引导是很有意义的。千万不要直接从孩子的问题入手："是不是叛逆了？""是不是早恋了？""是不是压力太大了？"如果直面这些问题，很容易引起孩子的心理不适，同时也造成问题的进一步负强化。家长要与孩子进行有效的协商，并帮助孩子解决问题，做到适时"退出"和及时"护送"。

（二）放下自我：尊重孩子，培植信任

1. 以尊重为基础的家庭信任环境创设

尊重信任的家庭环境需要每一个家庭成员的积极参与和长期坚持。家庭的尊重和信任环境不是一蹴而就的，它需要一个长期的创设过程。从孩子的婴幼儿时期，家长就应开始对其物权进行保护，对其表达加以尊重，对其行为给予信任。尤其作为家长还要有自省意识，放下自负感，改"对"孩子的养育模式为"同"孩子的相处模式，也就是要以民主平等的视角做孩子的朋友。

（1）营造尊重的语言文化环境

在家庭中，家长需要在全面"看见"孩子行为及情绪背后问题的基础上，充分尊重孩子的想法，以平等的态度与孩子交流。青春期的孩子非常渴望独立，也很想尝试自己解决问题，如果家长认为孩子的想法不成熟，可以给孩子一些建议，以备不时之需。如果孩子所做的没有达成预想成果，家长要表示理解，千万不能讽刺挖苦，要告诉孩子每一次都是最好的经历。特别是孩子因为自作主张导致"失败"而感觉无法交代时，家长更需要接纳孩子，并帮助孩子做好及时的梳理和总结。此时家长可以给出更精准的建议，希望孩子下次做一些调整，让孩子充分体会到被家长理解的幸福感受。

（2）构建信任的物质文化环境

随着智能化的不断发展，一些数字化技术逐渐在生活中普及，比如监控摄像头、GPS定位等，它们对于社会公共管理是很有价值的。但在家里尤其是孩子的房间里安装监控，则存在一定的隐患，容易引发家长与孩子之间的信任危机，孩子与家长互相否定，直接影响到青少年归属感与爱的需求满足问题，还会使青少年闭锁内心，降低人际交往的自我效能感。由此，家长要努力在家庭中构建完全信任的物质文化环境。信任是需要示范和榜样的。比如，家长说话不要刻意防着孩子；建议孩子做作业时可以关上房门，但不能上锁；告诉孩子：我们是一家人，是完全可以互相信任的。

当然，面对日趋激烈的社会竞争，家长有必要调整自身的焦虑水平。家长的焦虑水平降低一些，对孩子的理解就会多一些，孩子也会对家长更信任与尊重。

2. 以共情为手段的家庭容错文化培植

家长要有容错的胸怀，营造容错的家庭文化，能接纳孩子的不足和出现的各种情况，从而较好地培养青春期孩子强大的内心。

（1）用心发现孩子的闪光点

很多亲子沟通不能有效进行，首要问题出在与孩子谈话的开端。每个孩子都喜欢听好话，但有的家长恨铁不成钢，只要一开口，就会把孩子的问题一个个数落一遍，有时还会十分严厉地进行批判。当家长总是"剑拔弩张"地出现在孩子面前时，孩子会认为"你总是这样说我！""从来没有发现我一点点好！"于是就在心里把与家长沟通的阀门一下子关上了。

对于孩子来说，其实是非常需要家长给予肯定和鼓励的。因此要给家长提以下几点建议。

①在孩子成长的过程中，用小本子随时记录孩子的闪光点。

②与孩子交流时，先对孩子付出的努力加以肯定，再针对问题进行探讨。

（2）努力接纳孩子的不足之处

对孩子的理解和接纳，会让处于烦躁期的孩子觉得自己不是孤独的，并有一定的力量感。当孩子出现一些不足时，家长先要接纳，并善用共情同理的方法，与孩子讲述自己成长的故事，以及自己当时是如何处理的或者处理不当造成的后果。家长的平静和理智会让孩子慢慢恢复冷静，从而避免负面情绪的蔓延和扩大。

3. 以家庭会议等为形式的亲子有效沟通

亲子之间能实现有效沟通，形式很重要。比如家庭会议、亲子日记、项目化学习（Problem-Based Learning，PBL）等，会在亲子沟通中起到较好的效果。

（1）家庭会议是亲子沟通的重要载体

通过家庭会议，可以提高家长和孩子的倾听能力、解决问题的能力。选择尊重所有家庭成员的解决方案，以彼此尊重的态度合作共建安全的环境，能为塑造孩子的优良品质提供机会，并传递有价值的社交和生活技能。会议的议题准备、会议讨论表决、汇报致谢等环节都在互动中进行，营造了亲子间的民主沟通氛围。

（2）亲子日记是亲子沟通的有效补充

写亲子日记，并在适当的时候进行交流，是很好的亲子沟通形式。亲子日记一般由父母完成，也可以与孩子互动撰写。父母主要写的是在与孩子互动过程中的一些记录、反思和规划，把与孩子一起成长过程中的经历和感受表达出来，也可以是对未来想做的一些事的思考和规划。

（3）项目化实践是亲子沟通的有益形式

家庭中进行亲子项目化实践（也就是父母在亲子实践活动中以小型家庭项目为研究对象的互动形式），能够加强父母与孩子之间的情感联结。借助项目推进，父母与孩子一起查询相关知识、一起外出探访研究，融亲子沟通于实践活动过程，提升了亲子沟通的质量。

（三）放慢节奏：以少胜多，有效沟通

在芬兰教育中，有一种理念叫作"少即是多"："老师教得少，学生却学得多；考试考得少，学习成绩却好；多元化族群，却很少不平等；越是优秀的学生，越想成为老师……"家庭教育过程中也需要遵循以下几点"少即是多"，以更好地进行有效沟通，促进孩子健康成长，提升家庭幸福指数。

1. 少一点指令要求，多做耐心真诚的倾听

倾听是沟通最好的语言，在与孩子沟通时，家长要放下"指令要求"式的说教，以真诚的态度耐心倾听。家长说得少，孩子就讲得多。家长用心倾听孩子内心深处的声音，孩子就愿意把经历说给家长听，亲子之间就会变得非常融洽。积极的倾听还需要家长做好以下四件事。

第一，家长要集中精力听孩子说话；第二，家长要有换位意识，努力把自己置于孩子的位置，用心理解他想表达的意思；第三，家长要客观、耐心地倾听孩子表达的内容，不做即刻式判断；第四，要完整地听懂孩子想表达的信息。

2. 少一点随心所欲，多做真心实意的关心

当孩子讲述学校里发生的事情时，有些家长会因为忙于手头的事务而随意应付，这会让孩子感觉自己不受重视，造成很大的心理障碍。很多沟通不畅、无效的背后是家长没有看到孩子的心理需求。

（1）少一点三句不离学习，多关心孩子心理健康

比如，孩子已经与同学约好要外出活动，放松一下，家长却说："你作业有没有做好？""快考试了你还要外出？"长此以往，孩子就不大想和家长沟通，认为家长并没有真心实意地关心自己。

（2）少一点指责孩子问题，多采用积极回应方式

有些家长在孩子不小心打碎或碰倒东西时，会忍不住责骂孩子："你怎么那么笨手笨脚的！""你是猪啊，什么都不会做！"类似这样经常性的指责，就很容易造成孩子的心理创伤、情绪调节功能受损，或者形成讨好人格，甚至于造成情感冻结、自我认知塌陷等情况。想要形成有效的亲子沟通，家长必须真心实意地积极回应孩子。比如，当孩子打翻牛奶瓶时，给予正面积极回应："别慌！现在需要做什么？我们一起处理吧！"

（3）少一点分数条件附加，多关心孩子内心获得感

家长平时要学会观察孩子，少一点"虚情假意"，对孩子的爱应是没有附加条件的。在关心分数的同时，更要关心孩子的获得感。当孩子遇到困难时，要用同理心去共情孩子，不是对孩子横加指责，而是成为孩子求助的依靠。真心实意的关心才能获得孩子的信任，孩子才会与家长主动沟通。

3. 少一点浮于表面，多做用心沟通的文章

孩子出现的问题大多源自父母和家庭。所以家长与孩子的沟通不要浮于表面，更不要只做表面功夫，而要深入分析问题，用心做好以下几件事。

第一，感受孩子心里认定的"大事"，予以同等重视。比如同伴关系、校园欺凌、与老师关系处理不当等都是孩子的大事，家长要感同身受，看见孩子的需求，及时给予帮助或者开导。

第二，觉察孩子的青春期小秘密，共情接纳。青春期孩子与异性交往让不少家长担心，家长可以用这样的思维去对待：把孩子当孩子看（孩子是成长中的人）、把孩子当大人看（尊重孩子的一切权利）、自己做回孩子（以同理心接纳孩子），从而与孩子进行有效的沟通交流，达到事半功倍的效果。

第三，维护孩子的生命尊严，帮助孩子正确认识自己。孩子在成长过程中，很多问题都是从未知到知道，这就需要家长维护孩子的生命尊严，帮助孩子认识身体的变化、心理的变化、试错的意义、每一次经历的价值等等。

参考文献

[1]李玲.初中生亲子沟通、成就动机及其团体辅导的研究[D].重庆:西南大学,2020.

[2]胡兴华.家长应读懂青春期孩子的内心需求[J].教育艺术,2017(2):64-65.

[3]胡焕.看见,守护,协商:青春期亲子关系"心"向度——读劳伦斯·斯坦伯格的《与青春期和解:理解青少年思想行为的心理学指南》[J].江苏教育,2022(86):68-70.

[4]李凤珍.看见·读懂·协助——陪伴青春期孩子成长的"三部曲"[J].中小学心理健康教育,2022(9):78-80.

[5]宋薇.论萨提亚沟通模型在青春期亲子沟通中的应用[J].佳木斯职业学院学报,2018(6):424-425.

[6]胡悦.亲子沟通与青少年健康成长[D].哈尔滨:哈尔滨工程大学,2007.

[7]冯小航.青春期亲子信任危机成因及对策[J].科技资讯,2021(13):252-256.

[8]刘金花,邓赐平.儿童发展心理学(第三版)[M].上海:华东师范大学出版社,2013.

（执笔:丁水法　杭州市萧山区文渊实验小学）

第 16 课

如何引导孩子建立
电子产品与学习的平衡

课程简介

教学对象

初中学生家长

教学目标

1. 客观认识电子产品的使用趋势。

2. 科学分析孩子沉迷网络的原因。

3. 掌握帮助孩子有效平衡电子产品和学习的指导策略。

教学时长

90 分钟

课程框架

课程内容

⧉ [实例导入]

　　初二学生小周的妈妈答应了儿子的要求，给他购买了最新款的智能手机。起初小周能遵守母子协议，在完成作业后使用手机。但随着时间的推移，妈妈发现小周一回到家就躲到房间里进入电子世界，连作业也顾不上。进入初三以后，学习节奏加快，小周一边抱怨时间不够用，一边沉浸在刷短视频、玩游戏及看网络小说中，一拿起手机就是两三个小时。最近一次测试，小周几门学科成绩都不理想，从原来的"学霸"变成了"学渣"。妈妈看在眼里急在心里。小周也异常沮丧，觉得自己再怎么努力也无法改变现状了，玩手机游戏是他最好的"疗伤"方式，父母的规劝也成为不可理喻的"紧箍咒"。为此亲子关系剑拔弩张，妈妈也陷入深深的懊悔之中，悔不该给孩子买手机……

　　实例中的小周因为过度使用手机导致学业一落千丈，而学业的挫败又加剧了小周逃入虚拟世界的行为，形成恶性循环。初中生究竟应该如何做好学业与手机等电子产品之间的平衡呢？

一、电子产品使用概述

（一）初中生使用电子产品的情况

　　近年来随着经济的发展，各种电子产品逐渐成为人们日常生活中必不可少的物品，青少年与电子产品接触的机会也日益增加。根据中国互联网络信息中心（CNNIC）发布的第 45 次《中国互联网络发展状况统计报告》，10—19 岁的青少年是手机网民中的活跃群体。有 90% 的青少年在网上交流，大约 63% 的青少年每天用短信、微信、钉钉交流，50% 的青少年每天至少登录 1 次社交媒体，而 22% 的青少年则高达 10 次以上。而根据该中心 2024 年 8 月发布的第 54 次统计报告，截至 2024 年 6 月，我国网民规模近 11 亿人，其中，10—19 岁青少年占新增网民的 49%。生活在数字智能时代，家长面临的时代命题是如何帮助孩子建立手机等电子产品与学习、生活的平衡。

（二）电子产品对初中生的现实影响

00后的孩子作为网络原住民，思维和行为方式深受网络影响。网络世界满足了他们猎奇、获得尊重、社交和休闲放松等需要。他们认为在现实世界中要进行的一切行为都能在网络中完成，忽略了现实生活的重要性和必要性。初中学生随着年龄的增长，自我评价能力提高了，对自己的要求和期望也更为关注，希望得到家人、老师和同学的认可。在面对学业困难和挫折的时候，他们既有可能激发出迎接挑战的积极心态，也有可能一蹶不振，变得意志消沉。如果他们不能及时得到帮助，进行相应的心理疏导，就很容易沉迷于手机等电子产品。

二、初中生深陷网络世界的原因分析

初中生随着身体的迅速发育，自我意识和独立意识进入了第二次飞跃期，内心世界更加丰富，对自己的探索更加深入；这一阶段孩子情绪不稳定，自我观念动荡，想法也比较片面，加上学业压力的增加，导致其心理负荷不断增加。家庭生活中因使用手机等电子产品引发的亲子冲突频繁出现，很多家长认为手机是孩子学习成绩下滑的罪魁祸首，却没有去探究成绩起伏有多方面的综合原因，与孩子自身的学习习惯、学习方法及学习态度等都有关系。

事实上，学习成绩的下滑会给青春期敏感的孩子带来不安、焦虑和急躁，导致"理想的我"和"现实的我"产生严重的割裂。比如，一个初中生如果考试得了第一，他会有巨大的获得感、成就感，这是他衡量自身价值的一个重要标准；反之，如果考试成绩频繁不佳，又得不到来自父母的支持和理解，他就需要寻找新的渠道来满足和表现自己。

国内外相关研究总结了学生沉迷网络游戏的三类动机：社会动机、情感动机、智力和表现动机。社会动机是指在虚拟网络世界交流或竞争过程中带来的同伴交往；情感动机则是调节情绪、沉浸式体验，对于处于高强度学习压力中的学生来说，更多的就是放松自己、缓解愤怒、忘记烦恼这一需求；很多青春期孩子投入视频直播活动，本质上是其智力发展和表现动机的外显，他们需要不断挑战自我，从而获得成就感的满足。如果家长只是聚焦于手机等电子产品给孩子带来的负面影响，而没有深入解读孩子"深陷网络世界"这一行为背后真正的原因和诉求，自然就不会给孩子足够的情感和心理支持。家长一味地指责和批评会让孩子陷入更加无助的境地，反而助推他寻找一个"防空洞"来安抚自己，手机、电脑等电子产品带来的网络世界便成为学业受挫孩子的最佳"防空洞"。

三、引导孩子建立电子产品与学习平衡的家庭指导策略

（一）家长要克服电子产品带来的焦虑情绪

很多家长认为只要孩子避免使用电子产品，不上网、不玩游戏、不刷短视频，将更多的时间、心力用在学习上，学习成绩就一定会上来。但事实并非如此，电子产品的过度使用的确会影响成绩，但孩子的学业挫败不一定是电子产品惹的祸，学习习惯、学习品质、学习态度、学习方法甚至学习环境，都会成为孩子学习挫败的原因。面对敏感多疑又想极力表现自己、证明自己的青春期孩子，家长应该转变"电子产品严重影响学习"的认知，敞开怀抱接受时代的变化，从以下三方面做出调整。

1. 面对学业挫败，处理好焦虑情绪

面对孩子学习成绩下滑的现状，有的家长态度简单粗暴，直接将其归因于孩子不努力、不认真，沉迷手机游戏等；有的家长把一次成绩的失利和孩子的前途未来关联起来，毫不避讳地向孩子传递自己的焦虑。家长急于表达、简单归因的处理方式，对于敏感的青春期孩子来说无疑是"伤口上撒盐"，让原本就压力重重的孩子更加不安。所以，父母应及时觉察自己当下的情绪，是烦躁的、愤懑的，还是气急败坏的；对自己的情绪有了一定的认识后，再做进一步的自我疏导；在理解孩子的同时，接纳事实，给其足够的心理支持和情感抚慰。

2. 扫清认知盲区，理性认识电子产品

家长对手机等电子产品大多抱着一种"能不玩就不玩"的态度，但是对于生长于智能网络时代的孩子而言，电子产品已经成为他们生活的一部分，他们通过手机等电子产品与互联网发生联结，使其可能成为知识的富有者，同时通过手机获得繁重学习生活中的片刻休息和放松。电子产品的使用有利有弊，作为网络时代的家长需要更新理念，理性地认识电子产品，改变对电子产品使用

"弊大于利"的认知，重新建立新的家庭学习文化。

3. 面对互联网挑战，提升觉察力

随着互联网时代电子产品融入日常生活，这对家庭教育提出了新的挑战。家长要改变传统的教育理念，把孩子变成教育的主体。电子产品是否应该承担导致孩子学习成绩下降的责任？这需要家长进行深刻的反思——作为家长，是否有能力与孩子就学习问题进行有效沟通？是否有能力与孩子就网瘾现象进行对话讨论？教育不能急功近利，也不能无所作为。家长需要学会用孩子能接受的方式，引导孩子进行自我管理，让他在电子产品使用过程中既获得新知，又避免负面效应。

（二）妥善处理孩子因学业受挫引发的迷恋手机问题

在现实生活中确实存在孩子因为过度使用电子产品而影响学业的现象。倘若家长及时发现了问题，并且努力干预后仍不见成效，那么建议家长主动寻求学校老师的帮助。因为老师是孩子的"重要他人"（即在个体社会化以及心理人格形成过程中具有重要影响的具体人物）。家长与老师共同分析探讨提升学业成绩的措施，切实帮助孩子解决核心困难，同时也能在互通有无的交流中达成以下三个共识。

1. 亲子联通，罗列事实，解读孩子言行变化

家长需要判断孩子是否因为沉迷于手机等电子产品而影响学业，是否需要寻求专业帮助。通过"罗列事实"进行自问自答，帮助家长了解孩子网络行为的实际情况。"罗列事实"式问答内容有：我的孩子每天最多花多少分钟在屏幕前？孩子在处理最紧要的事情（包括学习、参与家庭事务、交友、兴趣爱好、锻炼、睡眠六个方面）上进展如何？孩子在发展社会适应能力的关键方面做得怎么样？如果家长对孩子的网络行为比较了解，自问自答中发现孩子的生活和学习习惯都比较正常，说明孩子使用手机情况良好；反之则要警觉，并进一步跟进指导。

2. 亲师携手，洞察体像，了解孩子关联程度

以前文实例中的小周为例，如果他存在沉迷手机等电子产品的事实，那么除了情绪、行为发生变化，其体像也会有变化，如头发蓬乱，睡眠不足引发的

萎靡不振、黑眼圈，长时间盯着手机屏幕导致的眼睛充血等。通过追溯体像变化，家长和老师就孩子校内校外情况进行信息互补，全方位了解孩子使用电子产品的实际情况，精准把握孩子的心理转折点。

3. 师生沟通，放下评判，感知孩子思想变化

有了家长和老师之间积极的沟通，老师进而能在与孩子沟通时，尽可能地描述客观事实，避免对孩子做出主观评判。当然，作为家长也要切记"两害相权取其轻"原则，将孩子的身心健康放在第一位，尽可能地让教育走在孩子出现"沉迷手机"这一发展危机的前面，防患于未然；当问题出现时，努力将危机转化为促进孩子成长的契机，避免操之过急，避免亲子冲突，避免站在孩子的对立面。家校有效沟通，有助于家长和老师站在孩子的立场，理性看待其网络行为，让孩子感受到真心诚意的关爱，赢得其情感认同和心理信赖。

（三）有效平衡学习和电子产品的先决条件是自我管理

在孩子如何管理手机等电子产品的问题上，家长要把更多的关注点放在指导孩子真正实现自我管理上。只有实现自我管理，孩子才会有主动作为，而不是被动听从家长的指令。有效的管理就是恪守"要事第一"的原则，其实质是对重要的事务优先安排。从这个角度来说，自我管理的核心要义就是自律和条理。就学习和电子产品而言，手机、iPad 等电子产品的使用对孩子有着巨大的吸引力，即便并非心甘情愿，但为了心中的理想与目标，孩子也依然能抵制住诱惑，克服心理障碍，这就是我们所期望的自我管理。而要实现自我管理，孩子需对学习有明确的目标和使命，对学习有兴趣和激情，才能让自己对所有其他不相关的事情说"不"。

1. 别让电子产品牵着鼻子走

就学习和电子产品使用的关系，孩子自律与不自律的区别主要是对时间分配的不同，基本上有以下四种情况：第一种情况，有的孩子会把学习视为当下最紧迫又最重要的事情，他们全力以赴地学习，几乎无暇使用电子产品。第二种情况，有的孩子每天疲于应对各种各样的学习任务，只能借助手机等电子产品来逃避现实，稍微放松一下。他们大部分时间用在学习上，余下的时间几乎全部用在电子产品上，而用在其他方面（比如交友、运动等）的时间，则少而

又少。第三种情况，有的孩子将大部分时间花在紧迫但不重要的事务上，比如把做作业的时间拉长，看上去很忙，自认为"我很认真、很辛苦，需要犒劳自己"，于是电子产品成为他们奖赏自己的最佳方式。但这种学习认知和路径的偏颇导致其学习效果不佳，在使用电子产品的过程中获得的沉浸式体验也使其越来越沉迷其中。第四种情况，有的孩子因为学业上的反复挫败，产生"无论怎么努力也不会取得好成绩"的无助感，因此将几乎所有时间都用在了电子产品上，以此逃避现实。

家长要引导孩子学会管理自己，平衡学习和电子产品的关系，专注于当下的要务，如认识到此刻学习最重要，就能放下手机，心无旁骛地投入学习；意识到此刻到了睡眠时间，能明晰睡眠的重要性，就按下学习的暂停键，好好地休息；在需要休闲放松的时候，既不聚焦电子产品，也不会拒绝它，在其眼里手机就是一个工具。

2. 引导孩子对次要事务说"不"

若要专注于第一要事，那就得排除次要事务的羁绊，有说"不"的勇气。在学习的时候，能坚决对电子产品说"不"。在需要休息睡眠的时候，能果断对学习说"不"；在需要休闲放松的时候，也可以坦然拿起手机。引导孩子勇于对次要的事务说"不"，家长可以在日常家庭生活中把握以下五大原则。

（1）和谐一致的原则

孩子的理想与使命、角色与目标、学习重点与学习计划、拿起手机的欲望与自我控制和管理之间，应和谐一致。

（2）平衡功能的原则

学会自我管理有助于孩子感受到幸福。家长要提醒孩子，他有着多重角色，不仅是学生，还是爸妈的孩子，小伙伴的好朋友，要避免因为学习或者电子产品而忽略了健康、家人、同伴交往等。

（3）围绕中心的原则

家长要引导孩子根据事件本身的重要性，来安排当下的学习和生活以及手机、iPad的使用。

（4）以人为本的原则

自我管理的重点是人，不在事，更不在手机等电子产品。

（5）灵活变通的原则

自我管理的方法并非一成不变，可以根据孩子的个性特点与需要而调整。

3. 指导孩子自我管理的四步骤

家庭生活中以上文所述的五大原则为基础，可以有效地帮助孩子构建起学习与电子产品之间的平衡点。具体到以学习为中心的日程安排，家长可以引导孩子做以下四项关键步骤。

第一步，明确自己的角色。在学校里，他是学生、班干部、值日生等；在家里，他是父母的孩子，也是家庭的一分子；在网络上，他是游戏的参与者、视频的观看者、网络媒体的社交达人等。作为独立的人，他可以是各种角色，每一个角色都有自己的任务和要专注的事务。

第二步，思考未来一周的一两件要事，作为需要达成的目标。比如，作为学生，需要达成的重要目标是完成所有学科的作业，突破 3 道数学难题，等等；作为网民，要思考使用电子产品的时间、次数、具体内容等；作为家庭成员，需要完成哪些重要事项；等等。

第三步，为每一项目标安排具体的时间。如果这个目标有特殊的意义，那就不妨安排在周末的一个小时内专门做这件事情。

第四步，每天审视自己的日程安排是否合适。在审视的过程中，孩子会对角色和目标进行合适的排序，内心予以平衡。此时家长不必在一旁反复要求和唠叨，相信孩子可以进行自我管理。

4. 督导孩子积极付诸实践

自我管理需要身体力行，家长要尊重孩子的决定，并按照其决定付诸行动。当然，事情并不能总是按照自己理想的路线行进，如果需要变更，只要在把握原则的基础上进行调整都是可以的。家长需要做的就是帮助孩子平衡生活中的不同角色，大胆授权，允许孩子自行选择做事的具体方法，或学习，或玩耍，但无论做什么选择都要为最终的结果负责。家庭成员之间的相互信任是孩子进行自我管理的最大动力，也能让孩子呈现出最好的一面。这需要家长付出足够的时间和耐心。

（四）适度借助电子产品的策略

在现实生活中经常会有这样的场景：孩子遇到难题来向家长求助，家长却无奈地摇摇头，于是借助万能的网络来解"燃眉之急"。通过在网上搜索答案，孩子节约了苦思冥想的时间，不会因为纠结于难题导致情绪失控，家长也不用因为做不出题目而颜面丧失。表面上看，这种处理方式皆大欢喜，但却埋下了三大隐患：一是容易让孩子养成依赖手机的心理，形成思维惰性，一遇到难题，立即上网求助，缺乏独立思考；二是网络虽然能够给出答案，却难以为孩子理清思路，使孩子错失了高阶思维发展的机会；三是一旦拿起手机，孩子很容易被丰富的网络内容吸引，造成学习上的分神。所以，当孩子的学习遇到难题，有必要借助网络解决时，家长可以采取以下策略。

1. 共同面对，延迟满足

当孩子在学习或生活上遇到难题，向家长求助时，一个智慧的家长会陪着孩子一起面对挑战，哪怕这样会付出更多的时间和精力。如果孩子能够有家长陪伴，共同面对各种各样的困难，他会觉得解决难题过程中的压力和痛苦都是可以忍受的。反过来，如果家长立刻把手机交给孩子，让他运用电子产品解决问题，这其实是回避了陪伴孩子共同面对困难的机会，放弃了自己的责任。最好的教养方式是家长与孩子共同面对，延迟满足。

2. 良好习惯，反复强化

当不得不用电子产品查题的时候，家长可以强化和培养孩子使用电子产品辅助学习的良好习惯。这里推荐家长和孩子掌握"八个一"策略。

①缓一缓：家长不要急于帮忙，要有足够的耐心陪伴孩子一起面对学习上遇到的困难。

②找一找：引导孩子打开书本和练习册，去找一找类似的题目，即便不能找到一模一样的，也有类似的例题可供参考。

③标一标：孩子在完成作业的过程中，把所有不会做的题目进行标记，然后有针对性地进行查找。

④查一查：利用电子产品上网完成查题，并仔细浏览解题过程。

⑤说一说：让孩子脱离电子产品，将解题过程大声地"说一说"，以此强

化理解和明晰过程。

⑥做一做：孩子说完之后，再独立地做一做。

⑦理一理：完成练习之后，要求孩子把当天用电子产品查的难题整理在一个本子上，进行归类梳理。

⑧算一算：让孩子算一算今天使用电子产品的频率与昨天相比是增加了还是减少了。如果减少了，家长就要进行点赞强化，帮助孩子意识到独立完成作业的价值和意义。

如果在孩子使用电子产品的时候，家长能有意识地强化其自我管理的行为，教给其自我管理的方法，与孩子协商确定科学、合理的电子产品使用规则，相信孩子一定能处理好学习和电子产品的关系，在遇到学业挫折时，也有能力去面对和解决。

参考文献

[1] 刘秀英.智慧父母成就孩子美好未来 名家访谈篇 [M].北京：现代出版社，2018.

[2] 钟志农.中小学心育 16 讲 [M].南昌：江西教育出版社，2022.

[3] 德韦克.终身成长 [M].楚祎楠，译.南昌：江西人民出版社，2017.

[4] 王晓春.问题学生诊疗手册（第二版）[M].上海：华东师范大学出版社，2013.

[5] 赵纪华.协同育人视域下构建儿童青少年"网络成瘾"防御体系的区域探索 [J].中国老师，2023（5）：30-33.

（执笔：赵纪华　杭州市西湖区教育发展研究院）

第 17 课

如何帮助孩子
应对中考压力

课程简介

教学对象

初三学生家长

教学目标

1. 了解中考压力对孩子的影响，认识到自身存在的问题。

2. 理解并接纳孩子的中考压力，并给予积极支持。

3. 学习帮助孩子应对中考压力的策略。

教学时长

60 分钟

课程框架

（三）积极沟通，调整中考预期

    1. 客观看待成绩

    2. 理性分析资源

（四）聚焦成长，学会控制情绪

    1. 树立底线思维

    2. 积累紧张经验

（五）用心陪伴，照顾日常生活

    1. 提供营养保障

    2. 保持生活常态

参考文献

课程内容

👤 [**实例导入**]

　　小文以优异成绩升入公办初中。进入初三后的一模考试，小文的成绩下滑得厉害。爸爸放下工作，用自己当年考上重点大学的经验辅导小文，为她系统整理复习资料。小文表示学校老师的资料清晰易懂，内容也没有那么多。但是，爸爸坚持认为是她复习不全面导致成绩不理想。小文在爸爸和老师的两个辅导体系之间不断切换，不堪重负，渐渐出现了晚上失眠、上课睡觉的现象。临近中考，小文因身体不适需要请假一周。老师家访后发现，小文已有严重的抑郁症状。最后小文遗憾地放弃了中考。

　　面对人生重要的选拔性考试，孩子的压力很大，如果家长对此没有充分的觉察，相反还层层加码、步步紧逼，孩子紧绷的弦就有断裂的危险。

一、中考压力概述

（一）什么是中考压力

　　压力是人或有机体在某种环境下所产生的一种适应环境的反应状态，即在一定的社会生活环境中，对一个人能产生影响的刺激或情境，被其感知到了，并做出主观评价后，产生相应的一些生理、心理变化，从而对刺激做出反应。如果这个刺激或情境需要人做出较大的努力去适应，甚至超出一个人所负担的适应能力，这时就会出现紧张状态（也就是压力）。

　　中考压力包括学业压力、竞争压力、考试压力和自我认知压力。中考压力既与孩子的学习条件、学习效果、家庭期望、环境变量等外部因素有关，又受到孩子对自己的期望、时间管理技能以及应对方式等内源性因素的影响，所以中考压力是孩子学习环境中的主客观条件交互作用的结果。

　　中考压力主要表现为心理上的压抑与身体上的疲惫。初三孩子的各项压力系数均达到峰值，心理较为脆弱，面临微小的环境变化就会产生蝴蝶效应，对其升学成长造成巨大不良影响。

（二）中考压力对孩子成长的意义

大量研究表明：中考压力是双刃剑，适度的压力可以激励孩子，过大的压力则会影响到孩子的身心健康。因中考压力而产生严重的焦虑紧张情绪时，还会诱发心理疾病。

1. 适度中考压力的积极意义

20 世纪中叶加拿大生理学家汉斯·塞利研究认为：在适度压力或轻度压力状况下，个体可能在理智的控制下，充分发挥主观能动作用，较妥善地处理压力事件，从而使自己的心理承受力得到增强，使个体生物性行为和正向的适应性行为增多，动力性随之增长。

（1）培养竞争意识

竞争意识，是指个体在面临挑战和竞争时，能够积极应对、努力拼搏的心理状态。中考是孩子第一次面对影响升学的重要选拔性考试，适度的压力有助于激发其斗志和求知欲，培养孩子的竞争意识，从而更好地适应社会发展的需要。

（2）提高学习效率

中考时间紧、任务重。除了跟着老师的节奏一丝不苟地学习之外，每个孩子应根据自己的学习能力、知识掌握情况，安排学习计划，调整学习方法，在高强度的学习压力下，保持良好的身体状态，以达到最佳的学习效果。

（3）激发挑战勇气

中考压力大部分来自学习中遇到的困难和挫折。考试失利时、遇到难题时、学习动力不足时、前途迷茫时，孩子可以向老师请教、向同伴求助、向家长倾诉，自我复盘，一点点地战胜困难，一步步地接近自己的目标。这不仅能提升孩子的耐挫力，还能使其享受战胜困难的乐趣，以此锤炼强大的内心，获得自信，为自己的可持续发展奠基。

2. 过度中考压力的消极意义

因个体成长环境、家庭教育方式、学业期待等存在差异，每个人的学习压力影响表现也不尽相同，过度的中考压力会影响孩子的健康成长。

（1）影响身体健康

①睡眠质量下降

中国青少年研究中心对全国六大城市的 2500 名中小学生进行的调查显示，仅有 1/3 的小学生和不足 1/4 的初中生能够获得充足的睡眠。初三的作业过多、耗时过长，孩子选择熬夜学习，导致睡眠质量下降。

②饮食不规律

家长因担心孩子的身体跟不上高强度的学习，便给孩子提供过多的食物，导致有的孩子因紧张而食欲不振，营养摄入反而不足；有的孩子则因为焦虑而暴饮暴食，导致肥胖等问题；有的孩子争分夺秒学习，不能保证足够的饮食时间，不规律的饮食可能引发肠胃疾病，进一步影响身体健康。

③运动量减少

对某校新初三孩子的暑期安排调查发现，将近 85% 的孩子参加各类学习辅导班，90% 以上的孩子至少参加一个学习培训班。孩子的运动、休息时间严重缺乏，容易导致身心疲惫不堪、注意力不集中等情况。尽管有些省市出台了体育中考制度，但为中考而设的高强度的体育训练，不仅没有改善初三孩子的体质，反而加重了他们的中考压力。而且，为求"速成"而盲目加大运动量，极易给孩子的身体造成损伤。

（2）导致考试焦虑

个体长期处于考试焦虑的相关情境中，会引发其植物性神经系统的紊乱，从而伴随出现心慌心悸、头晕呕吐、血压升高、四肢无力、失眠多梦、呼吸急促、紧张出汗等状况。考试焦虑包含三种典型的行为表现：一是个体缺乏应试技能或学习策略。例如，孩子没有养成课前预习和课后复习习惯，导致听课效率低下、作业质量不高。二是对学习、考试出现阻抗。具体表现为学习拖拉，不按时交作业，不能在规定的时间内完成考试。三是逃避行为。例如，逃学逃课，拒绝去考场考试，拒绝谈论与考试相关的事件，等等。

（3）降低自我认同

自我效能感，是指个体对于自身能够实现特定领域的任务目标所需要的相关能力与信念，以及对于自己是否能够完成该水平任务的判断。

①不当的归因

"男生的潜力比女生大""中考试卷太简单，不适合男生考""女生的理科学习不如男生，男生的文科学习不如女生"，诸如此类的社会刻板印象，会导致孩子在遇到学习困难的时候，产生不准确的认知或不良的信念，认为自己无法改变命运，从而失去奋斗的动力。

②竞争的环境

"一分之差就是一所学校"，这是事实，但这样的宣传把一次偶尔的失利无限放大，会让孩子处在高强度的竞争环境中，压力也随之增大。再加上来自家长、老师等方面的精益求精的期待，孩子会怀疑自己的能力，认为失败已成定局，产生自我放弃的想法，从而降低自我效能感。

③单一的评价

进入初三，方方面面的评价都围绕着成绩，成绩好就是学习努力，考得不理想就是不努力。孩子长期受到家庭、学校、社会等方面的负面评价，对自己的能力持怀疑态度，甚至深感自卑、自责，就容易降低自我效能感。

二、家长存在的问题与原因分析

（一）存在的问题

1. 过高制定目标

不少家长认为孩子的可塑性很强，如果不制定高的目标，孩子就会放松对自己的要求。在许多家长眼里，孩子都是有惰性的，必须用高的学习目标予以激励，孩子才会最大限度地挖掘自己的潜能。因此，孩子的学习成绩不理想时，家长苦口婆心地教育，使孩子心生内疚；如果孩子的学习成绩不错，家长在表扬之余，还会语重心长地提醒孩子不要骄傲，并想方设法打听各科的最高分。家长传递出的不满意，让孩子产生深深的挫败感。

2. 过度干预学业

进入中考冲刺阶段，家长的压力也明显增加。不少家长采用全方位盯人战术，让孩子处在 360° 无死角的监控中。

①盯：家长看着孩子写作业。虽然家长不说话不干扰，但孩子总觉得有

一双眼睛盯着自己，感到浑身不自在。紧张的氛围影响孩子做作业的速度和心情。

②扰：家长本着对孩子的关心，时不时地提醒、询问、批评，导致孩子无法安安静静地把作业做完。

③代：在许多家长眼里，只有跟中考有关的作业才是有用的。因此，学校的一些活动、实践类作业，家长以孩子没有时间为由，进行包办代替。孩子即便据理力争，也统统被驳回。

3. 过激表达情绪

家境一般的，不少家长感叹自己没有能力帮助孩子，导致孩子输在了起点上；家境不错的，也有许多家长自责没有足够的时间陪伴孩子，导致孩子情绪不稳定而影响学业。孩子没有达到家长的期待，会被指责不努力、不懂事；孩子没有达到自己的巅峰水平，会被批评不谦虚、不尽力。家长用爱绑架孩子，用责任逼迫孩子，不出类拔萃就是辜负了父母的爱，对家庭没有担当。"我所做的一切都是为了你""我为你好"，这些口头禅传递给孩子的都是沉重的压力。何况，家长还会时时把"别人家的孩子"作为对标榜样，孩子找不到学习对于自己的意义，学习演变为对家长的敷衍，自我效能感越来越低。

（二）原因分析

高亚兵等人研究发现，父亲、母亲的教育焦虑对青少年情绪与行为问题都有显著的正向预测作用，其原因或为父母所表现出的情绪易被子女察觉，子女通过模仿习得父母的焦虑反应模式。父母应正确认识自身教育焦虑，明确教育焦虑会通过消极教养方式对子女心理健康产生负面影响。

1. 教育观念需更新

近年来，国家大力倡导职业教育，但是在很多家长的传统观念里，职高是"差生"的聚集地，是孩子不得已的选择。有的孩子本可以选择与自己学业水平相当的职高，学习一技之长，但家长心有不甘，对此不接受、不允许。孩子在自己的能力与家长的期待之间难以协调。遥不可及的目标让孩子和家长都陷入深深的焦虑。

2. 管理方式需改进

随着中考临近，不少家长的焦虑演变为加剧孩子中考压力的管理方式，十八般"武艺"全上场：全程陪伴，一切都在家长的视野中；上辅导班，请最好的老师，从早到晚忙不停；让孩子无休止地刷题，跟时间赛跑；装监控，断网，没收手机……家长的管理方式向孩子传递着一个信息——"你的学习有很多问题，需要争分夺秒查漏补缺"，从而挫败孩子的积极性。

3. 沟通能力需提高

在与孩子沟通时，许多家长只关注是非，没有心情耐心倾听孩子的想法；孩子则更关注态度，觉得家长永远看不到自己的努力和进步，于是亲子沟通进入死胡同。中考所迫，不少家长来不及听完孩子的话，就迫不及待地大量输出自己的观点，在自以为了解孩子的错觉中南辕北辙。孩子没有放松身心的环境，生命的弦长期处于紧绷状态，久而久之，要么会绷断，要么会失去弹性。

三、帮助孩子应对中考压力的指导策略

（一）与时俱进，了解中考信息

家长的焦虑，很多是源于自己的成长经历，对中考的认识还停留在主观认识上。殊不知，社会千变万化，国家的中考政策也应时而变。近年来，人工智能崛起，很多传统职业面临挑战，新兴行业不断涌现。职业学校的大力发展，为中考的孩子提供了多种选择。

1. 信息互动，寻找方向

家长可以主动与班主任沟通，对孩子的学业情况有比较客观的了解，对择校做出理性的评估，改变自己的观念；同时，引导孩子打破固有认识，不断调整自己的选择。

2. 接轨社会，了解变化

节假日，去孩子喜欢的学校走走，去家长中意的学校看看，实地了解信息；休闲时间，和孩子一起看新闻，轻松地聊一聊社会的变化，启发孩子对自己的志愿做规划。

3. 职业体验，明确需求

让孩子多与朋友、学长沟通，了解他们在中考时的思想动态，吸取经验；有可能的话进行职业体验，了解不同职业的不同需要和共同素养，打好基础，以不变应万变，心中有数，才能从容应对。

（二）接纳孩子，改变管理方式

对于参加中考的孩子来说，无法避免社会内卷，无法回避学习压力。孩子特别需要能倾听并接纳自己的爸爸妈妈，希望有一个可以放松心灵的避风港。

1. 允许孩子发脾气

初三的孩子难免情绪不稳定，一言不合就发脾气。家长应调整自己的认识，孩子在最依赖的父母面前发泄情绪，是选择了最安全的释压法。所以当孩子出现了比较激烈的情绪时，家长千万不要跟孩子较劲。家长应觉察到，孩子是在以发脾气的方式向父母求助。家长应做好情绪管理，平静地告诉孩子，你可以生气，让孩子安全地把情绪宣泄出来。家长借此了解孩子的需要，有针对性地跟孩子讨论，爸爸妈妈可以为你做些什么。

2. 允许孩子"吐槽"

"我确实很努力，可是我的成绩就是上不去，我也很无奈。""我也想进好的学校，可是心有余而力不足，我可以退而求其次吗？""以我现在的成绩和状态来看，我只能进职高，一想到周围的眼光，我就不寒而栗。"……

当孩子这样说时，家长不要急于发表自己的看法，对孩子做出评价，否定孩子的感受，要体察孩子讲述时的心情，看到孩子的焦虑和内心的需要。家长可以给他一个大大的拥抱，告诉他：如果压力很大，学习动力不足，可以先好好睡一觉，让自己彻底放松，然后复盘，调整好状态后再继续前行。家长还可以给孩子一个坚定的眼神：考重高当然很好，可是职高也前途似锦，关键看你以怎样的状态度过未来那三年。然后，和孩子一起了解不同学校的招生信息，满怀期待地迎接新的学习生活。

3. 允许孩子放松

从脑科学的角度来看，学习时，大脑皮层是处于极度兴奋的状态，身体是处于低兴奋的状态。让孩子的身体处于兴奋的状态，可以消除脑力疲劳状态。

比如，让孩子阅读课外书，听听英语歌曲，看看新闻，将学习和娱乐融合在一起；和孩子一起打打球，做做运动；一家人在小区散散步，轻松地聊聊天；周末一起打扫卫生一起做饭，既缓解压力，又增进亲情。如果孩子实在看不进书，不如彻底放下，让孩子养精蓄锐后再投入学习。

（三）积极沟通，调整中考预期

成龙成凤，不是唯一的选择。因此，家长需要理性思考，将自己的中考预期与孩子的学习现状结合起来，在与孩子的积极沟通中达成共识。

1.客观看待成绩

初三的任何一次考试，家长都是神经紧绷。孩子的状态有变化，成绩出现起伏很正常。但家长看到最高成绩就喜上心头，看到最低成绩就紧张不安。其实，最高成绩属于超常发挥，极糟糕的成绩属于发挥失常，去掉最高分，去掉最低分，取平均成绩，才是孩子的真正水平。更何况试卷有难易之分，成绩没有可比性。家长不要简单地拿这次考试的总分与上次考试相比，轻率地得出孩子进步或退步的结论。

2.理性分析资源

很多家长仅凭自己的经验，喋喋不休地给孩子提建议、提要求。但大数据时代的孩子，大多擅长用历次考试的数据综合分析自己的学习趋势。家长不如听听孩子的分析，结合其优势，共同规划中考的目标学校。

[案例]有主见的孩子

李爸爸一向认为女儿小琳没有主见。没想到在择校的问题上，小琳根据自己以往的成绩进行了综合分析，有理有据，他竟无以反驳，不由感慨女儿长大了。

陈妈妈惊讶地发现，儿子小诺已经在很多学校的官网上了解了招生信息、学校特色，有了明确的择校想法，虽然有些理想化，但切合他自己的特点。

小胡同学以自己在模拟联合国大会上的突出表现，提出了读国际学校的设想，打开了父母的思路。

家长要相信孩子的能力，多听听孩子的心声。沟通之门打开了，家长就能成为孩子心理上的依靠。家长要抛弃偏见，不以成绩论英雄，传递给孩子一个坚定的信念：无论世界如何看你，只要你自己愿意，我们无条件地接纳你的平凡。

（四）聚焦成长，学会控制情绪

"孩子，不要紧张！""爸爸妈妈只有一个要求，你成绩上去就行了，其他都不要你做。""你只要努力了，爸爸妈妈都不会怪你。"……家长所说的这些看似宽慰的话，对敏感的孩子来说，其实是"此地无银三百两"，传递的是家长的压力。

1. 树立底线思维

如果家长把目光聚焦在孩子最好的状态，往往会出现患得患失的紧张感；反之，如果家长树立底线思维，往往能获得惊喜。家长不妨和孩子一起讨论：为什么紧张？如果考试发挥失常，最坏的结果是什么？对于这样的结果，家长或孩子的接受度是多少？如果不能接受，还有哪些可以弥补的选择？让孩子把这些担心一一写下来，过一段时间再看看是不是真的发生了孩子担心的事情。这样的讨论可以教会孩子做最坏的打算，找到最好的状态。

2. 积累紧张经验

紧张是一种正常的情绪反应。家长可以引导孩子体验紧张，了解自己紧张了之后会有什么反应，怎么做可以缓解紧张，怎么做会更加紧张。那么，一旦出现紧张情绪，孩子就可以很淡定地与之"和平相处"。如果一味强调不要紧张，则很有可能在紧张来临时出现新的紧张情绪。

（五）用心陪伴，照顾日常生活

1. 提供营养保障

科学研究证明，青春期的孩子身体快速发育，所需的营养比成人高13%—15%，其热量消耗比成人高25%—50%，中考阶段的孩子消耗得更多。

早餐供给的热量占全天的30%，家长准备营养均衡的早餐，能让孩子开启元气满满的一天。另外还可以用"爱心果盒"补充课间能量，用少量、易消化的夜宵舒缓身体疲劳，一家人边吃边聊，给一天的生活画一个圆满的句号。

2. 保持生活常态

家有中考生，焦虑的爸爸妈妈把注意力聚焦在孩子的学习上，家庭的正常生活节奏被打乱了——餐桌每天变得很丰盛，弟弟妹妹被送去爷爷奶奶家，家里变得异常安静。家长所做的这些努力，无形中制造了一种焦虑的氛围。殊不知，一天的忙碌学习后，孩子需要一段彻底放松的时间，如一家人围坐，吃点水果，听听音乐，聊聊所见所闻。周末，家长不妨忙里偷闲，和孩子一起散散步，亲近大自然，不谈学习，不谈考试，让孩子获得暂时的轻松和温馨。家长给中考孩子最好的支持，就是以平常心保持生活的常态：厨房有烟火气，客厅有谈笑声，书房有书香味。

缓解中考压力，需要全家总动员：父母的细致亲切，能够给孩子温暖；父母的理智豁达，能够给孩子信心；父母互相协调的家庭氛围，能够让孩子看到希望。父母要用从容的姿态向孩子表明：不论中考的压力有多大，家就是能量加油站。

参考文献

[1] 高亚兵，胡晶晶，周丽华，等.父母教育焦虑和青少年情绪与行为问题的关系：父母消极教养方式的中介作用 [J].应用心理学，2023，29（1）：80-88.

[2] 张佩.初中生学业压力现状调查分析 [J].吉林省教育学院学报（下旬），2014（2）：84-86.

[3] 李琳.子女教育心理控制源对初中生考试焦虑的影响——家长教育焦虑的中介作用 [D].烟台：鲁东大学，2018.

[4] 梁净.初中生父母教养方式、心理弹性与考试焦虑的关系 [D].石家庄：河北师范大学，2014.

[5] 董金华.父母教养方式对初中生考试焦虑的影响：心理弹性的中介作用 [J].心理月刊，2020（6）：6-7.

[6] 许小敏，孙超奇，罗君文.在班级常规管理中提高九年级学生中考学习压力应对能力的策略初探 [J].现代中小学教育，2021（6）：86-90.

（执笔：费颖　杭州市朝晖中学）

第 18 课

如何帮助孩子
做好升学指导

课程简介

教学对象

初三学生家长

教学目标

1. 了解中考相关政策，认识到自身存在的问题。

2. 建立正确的升学观，掌握升学指导的策略。

3. 提升指导能力，助力孩子选择适合的学校。

教学时长

90 分钟

课程框架

（二）制定职业规划，做到心中有底

    1. 自我分析，了解职业倾向

    2. 了解趋势，明确职业方向

    3. 根据方向，尝试职业体验

（三）设计升学蓝图，做到心中有谱

    1. 制定规划，强化落实

    2. 目标清晰，执着追求

    3. 适当激励，给予力量

参考文献

课程内容

👤≡ [实例导入]

中考前夕，一位家长打电话给家庭教育指导者，说自家的儿子就读于公办中学初三，成绩位列班级中等偏下一点，按照目前成绩，预估中考在普高和职高边缘，即使进普高也是班级末流，大概率是职高。这位家长内心不太愿意孩子上职高，所以来电询问，如果儿子普高没考上，还有什么路可选？

每到中考阶段，就会有很多家长咨询孩子的升学问题，尤其是学习成绩处在中等的学生家长不知道该如何选择。中考对于初三孩子来说，可谓人生的第一个分流点，关系到自身未来的发展方向和个人价值的更好实现。普高和职高是两个不同方向的培养体系，前者更多的学生会考大学，后者更多的是培养职业技术人员。当然，普高学生在高考时仍会有一部分再选择高职院校，职高学生也仍然有上大学的机会。如果孩子学习成绩不错，擅长理论学习，还有潜力可挖，可以考虑普高；如果孩子成绩一般，擅长动手操作，可以选择职高。无论选择普高还是职高，最重要的是根据孩子的实际情况、兴趣和未来发展方向做出理智的选择。教育应当因材施教，让每个孩子都能在适合自己的领域中得到成长和发展。

一、升学指导概述

（一）升学指导的意义

1. 树立正确升学观念

升学指导旨在让孩子根据自己的兴趣、能力和优势选择适合自己的升学路径，而不是盲目追求"好学校"。其实，适合的才是最好的。有时过高的升学目标会带给孩子过大的压力，反而影响中考时的正常发挥。

2. 持续激发学习动机

通过升学指导找到孩子合适的升学目标，让孩子通过"努力"这个跳板去摘"桃子"，这样的目标可以激发孩子的学习内驱力，引导孩子制订合理的学习计划，然后不断为之努力，想方设法达成目标。

3. 提早规划职业发展

全面的升学信息可以帮助孩子和家长了解不同学校的招生政策、专业设置，引导孩子了解不同职业的要求和就业前景，再通过职业规划和自我分析，找到自己的擅长点，明确未来的发展方向，找到适合自己的学校。

（二）升学指导的原则

1. 自愿性原则

在升学指导过程中，最重要的原则是家长引导而不逼迫，要求而不强求。家长不要用成人的视角来要求孩子，要尽量尊重孩子的意见，帮助孩子认识自己，合理规划人生，多搭建成长平台，积极支持孩子发展兴趣特长。

2. 个性化原则

升学指导会有大量、全面的升学信息，作为家长要学会处理信息。因为每个孩子都是独特的个体，在指导时应综合分析孩子的学业成绩、兴趣爱好、职业发展等，再提供个性化的指导和建议，帮助孩子选择适合的升学路径。

3. 发展性原则

升学指导需要在家庭讨论中明晰不同升学选择的优缺点。家长要引导孩子注重长远发展，不仅关注眼前的升学目标，还要兼顾社会发展需要和个人的成长追求，在认清自身优势和短板的基础上，让自己更能适应未来社会的需要。

二、存在的问题与原因分析

（一）存在的问题

1. 家长重视程度不足

很多家长只关注孩子的考试成绩，而忽视升学指导的重要性，认为升学主要靠分数，缺乏主动规划和引导孩子的意识，仅在孩子成绩面临抉择时才临时寻求帮助。

2. 家长指导过于功利

部分家长在升学指导中过于关注孩子的分数和能否进入普通高中，盲目追求名校，忽视孩子的兴趣、能力和长远发展，导致指导过程缺乏对孩子个性化需求的关注。

3. 家长指导能力缺失

家长在升学指导中往往缺乏专业知识和系统规划能力，对中考政策、职业趋势和市场需求了解有限，难以科学地帮助孩子进行职业规划和升学选择。

（二）原因分析

1. 缺少指导意识

当下很多家长和孩子已经习惯了"分数决定出路"的思维方式。家长往往聚焦于孩子的成绩能够上什么高中，而没有充分发挥升学指导的激励价值。究其原因是家长对升学指导不够重视，习惯了孩子考什么分数就上什么学校的固化思路。

2. 缺少孩子本位

很多家长不太接受孩子上职业高中，总希望能上普通高中，以后考个好大学，找份好工作，并没有考虑自己的孩子适不适合上普高。究其原因是家长盲目跟风，站在成人视角分析问题，没有考虑孩子的实际能力和内心需求。

3. 缺少专业资源

目前学校的升学指导大多指向中考政策的解读，社会上专业从事初三升学指导工作的专家也很少，不像高考的升学指导那么热门。究其原因是中考升学通道比较单一，没有太多的技术含量，缺少社会专业力量的支持。

三、家长进行升学指导的策略

当下全员中考政策还是表现为以"分数决定出路"为主，但如果家长的升学指导做到位，就能帮助孩子找到适合自己的发展道路，弄清楚自己该往哪个方向用力，这有利于激发孩子的内驱力。

（一）掌握中考政策，做到心中有数

1. 了解中考政策变化

要做好升学指导，必须掌握最新的中考政策。这几年，中考政策一直在持续调整。下面以 2024 年的浙江省中考政策为例。

浙江省中考语文、数学、英语、科学、社会、体育与健康这 6 门学科为全省统一考试科目，成绩计入高中阶段学校招生录取总分。从 2024 年起，语文、数学、英语、科学、社会等 5 门学科由省级统一命题，5 门学科卷面总分为 620 分。其中"社会"学科考试方式设置过渡期，原采用开卷方式的地区 2024 年、2025 年可继续选择开卷方式，2026 年起，全省统一采取闭卷考试。英语学科卷面分值为 120 分，其中笔试 100 分。体育与健康中考方式、项目和标准等，由各区市教育局制定。

2. 掌握中考升学途径

（1）上普通高中或职业高中？

这个主要由孩子的中考成绩来决定。不上普通高中的孩子可以选择职业高中，这是普职分流，也是孩子的第一次"职业选择"；当然也可以根据自己的职业定位直接选择职业高中。

（2）上职业高中或中本一体化？

两者在教育理念、课程设置、教学方法和学生发展等方面存在一定的差异。中本一体化（即中职与应用型本科一体化的培养）是一种以职业为导向的教育模式，旨在培养具有高素质、高技能的应用型人才，注重理论与实践的结合，强调学生的职业能力和综合素质的培养。而职高教育则采用一种以职业为核心的教育模式，注重学生的职业素养和职业技能的培养，强调学生的实践能力和创新精神。

（3）国际高中或民办高中？

民办高中普通班采用中考统一填报志愿的方式录取，而国际高中一般采用自主招生方式，学生单独报名参加校内考试，成绩达到标准就予以录取。国际高中以出国留学为升学目标，一般民办高中还是以参加国内高考、升入国内大学为主。

3. 知晓中考录取政策

以浙江省杭州市为例，根据《杭州市区各类高中报考指南》，各类高中招生录取工作按"中本一体化试点招生、名额分配招生、自主招生和集中统一招生"四个阶段的顺序依次进行。已被前一阶段招生录取的学生，不再进入后续阶段的招生录取。

（1）中本一体化试点招生

根据浙江省教育厅关于中本一体化试点招生工作有关文件精神，在统一的中本一体化试点招生平台，按"平行志愿"投档录取方式进行录取。

（2）名额分配招生

省一级重点普通高中、省一级普通高中特色示范学校及其领办的分校招收分配生。分配生由初中学校在学业水平考试前等额推荐，按不低于95%的要求，由高分到低分择优录取。

（3）自主招生

类别有两大类：第一大类是特长特色自主招生。特长特色自主招生共三个类别，包括特长生、列入自主招生的特色班及中外合作办学项目班。考生在三个类别中选择其中的一类一校报考，不得兼报。第二大类是中等职业学校自主招生。考生可在自主招生的学校和专业中选报一所中等职业学校的一至六个专业志愿。这两个大类的自主招生，按照特长特色自主招生、中等职业学校自主招生的顺序依次进行，已被特长特色自主招生录取的学生，不再进入中等职业学校自主招生的录取。

（4）集中统一招生

自主招生录取结束后进行集中统一招生。集中统一招生按三个批次进行。省重点普通高中、省普通高中特色示范学校及其领办分校的招生为第一批招生，其他各类学校（含普通高中、职业高中、技工学校、中专）的招生为第二批招生。经省、市教育行政部门统筹核准的市区外民办普通高中面向市区的统筹招生均纳入第二批招生。第一批、第二批招生录取结束后，招生学校未完成的招生计划纳入第三批招生。

（二）制定职业规划，做到心中有底

1. 自我分析，了解职业倾向

（1）四个维度，自我认知

职业规划需要明确自己的优势和潜力，了解自己的特长和爱好，从而更有

目的地规划自己的学习，提升自己的技能和能力，为将来的职业发展做好准备。自我分析是做好职业规划的基础，早一点进行自我分析，可以更好地了解自己的优势、劣势、机会和威胁，从而明确自己的职业方向和发展路径。

那家长该怎样引导孩子进行自我分析呢？可以从自我认知的四个维度进行分析，即个性维度、能力维度、兴趣维度和动力维度。

①个性维度

个性维度主要关注个人的价值观、信念、态度等方面。通过深入思考自己喜欢的事物和被看待的方式，孩子可以更好地了解自己的个性特点，从而更好地应对各种场合，与他人和谐相处，增强自信和自尊。

②能力维度

能力维度涉及在不同学习环境中所需的不同技能和知识，实现更大的成功。

③兴趣维度

兴趣维度关注个人在生活中喜爱探索的不同领域和活动。孩子通过了解自己的兴趣爱好，可以找到感兴趣的职业方向。

④动力维度

动力维度是自我认知中最重要的方面之一，包括内驱力和外驱力两部分。

内驱力主要由自身的目标、价值观和兴趣驱动，而外驱力则由外界的奖励和惩罚机制促发。

家长可以指导孩子用SWOT分析法去了解自身的优势（Strengths）、劣势（Weaknesses）、机会（Opportunities）和威胁（Threats）；还可以问问自己"喜欢做什么？适合做什么？擅长做什么？最看重什么？"然后找到自己的职业方向。这里需要提醒家长，帮助孩子进行职业生涯规划时要摈弃一些陈旧观念，不要用"自己走过的桥比你走过的路还多"这样的方式压制孩子，要多尊重孩子的想法，顺势而为。

（2）两个方面，条件分析

孩子的自我分析既要关注自身成绩所决定的学校层次，还要兼顾个人成长追求和社会发展需要。所以家长可以引导孩子从社会需求和自我条件两方面展开自我分析：一方面，帮助孩子了解当今社会的职业需求。另一方面，让孩子了解家族环境，包括家庭关系，家族人员的职业领域，因为家族的职业领域也是孩子未来职业选择的良好资源，同时还需考虑家庭的经济条件。曾有过报道，追踪了一个中考高分却放弃普通高中选择职业高中的学生发展。他没有盲目朝着普通高中的方向走，而是根据自己的实际情况，选择了相对适合自己的发展道路，他觉得自己更喜欢技术性工作，与其继续读自己不擅长的语数外，还不如学习一门技术。事实证明，这样的规划，反而让他更早获得了成功。

2. 了解趋势，明确职业方向

（1）自我审视，确定路径

对于不同的职业，所需的教育背景也有所不同。有些技术性工作更适合通过职业教育来获得相关技能和知识，比如电工、汽车维修技术员等技工类工作，护理助理、康复治疗师助理等护理类工作，厨师、美容美发师等服务类工作，瓦工、装修工等建筑和装修工作；还有一些则需要通过大学获得相关专业的学位，比如医生和其他医疗专业人员，律师和其他法律专业人员，财务专业人员，土木工程师和计算机工程师，教育工作者，科研人员和学术研究人员等。所以，家长在引导孩子进行自我分析时，要先考虑到孩子的职业倾向，再考虑是上职业高中还是普通高中。

（2）了解趋势，应对挑战

当今社会职业的发展变迁出现了不断加快的趋势，不适应社会发展的职业逐渐消失，新的职业不断产生，并在不同的社会发展阶段出现所谓的热门职业、冷门职业，从而导致人们的择业价值取向等方面发生深刻变化。作为家长要随时关注职业动向，尽量选择具有市场需求和就业前景的专业。当然不同的职业也会随着社会的发展随时调整，家长们不要盲目跟随。

3. 根据方向，尝试职业体验

（1）创设机会，参与体验

对孩子自身兴趣和外在条件分析之后，可以适当利用寒暑假、春秋假，创设机会让孩子去进行职业体验。特别是孩子目前成绩一般，确定要走职业高中路线的，建议在中考前好好去了解自己的职业倾向，包括去职业技术学校了解情况，因为选择什么样的学校就读也很重要。比如该学校的重点专业是什么？该学校某个专业的就业率是多少？该校学生毕业之后通常会去哪些单位工作？这些都是在选择学校时要考虑的因素。另外，可以通过一定时间的体验，让孩子深入了解职业特性，明确职业特点，甚至可以跟职业达人深入沟通，对职业有切身的感受与思考，进而明确自己适合的职业方向。

（2）确立方向，合理规划

"初中毕业暨高中阶段招生考试"是建立在义务教育基础上的一次选拔性考试，受到"中考普职分流比"政策的影响，家长和孩子会特别关注。家长在考虑孩子是上普高还是职高时，要充分考虑孩子升入高中后继续学习的潜在能力。毕竟高中三年的学业压力是非常大的，每年都会有一部分孩子因为不适应高中阶段的学习而引发心理问题，甚至出现危机事件。

另外，在确定孩子是上普通高中还是职业高中时，家长一定要基于孩子当下的现实情况，不能过于拔高要求。如果孩子不擅长理论学习，把学习看作很苦恼的事，但对开汽车、修机器等动手操作的事情非常感兴趣，那就鼓励孩子上职业高中。其实，选择普通高中还是职业高中没有对错之分，关键看孩子的兴趣和擅长做什么。

（三）设计升学蓝图，做到心中有谱

1.制定规划，强化落实

（1）综合研判，制定规划

初三孩子心中要有一个明确的目标，要明晰未来从事职业所需的学历和技能，一旦明晰了自己的职业方向，就可以开始制定职业规划。职业规划包括设定长期、中期和短期目标，这些目标最好是具体、明确、可量化的。长期目标（通常是3—5年的目标），包括成绩提升，参加相关竞赛和社会实践，培养兴趣爱好等。中期和短期目标（现在至中考前），主要是确定中考前的学习和发展计划，以及寻找实现这些目标所需的资源和支持；然后再制订相应的行动计划，包括列出具体的行动步骤、时间安排、资源需求、实施方式等，并根据实际情况进行调整和跟踪。这就需要家人、老师和专业人士的指导，从而做出明智的决策。

（2）细化落实，执行规划

升学指导时成绩还是关键，在初三这个特殊的阶段，家长要引导孩子积极建构知识树，掌握系统的知识脉络，学习利用纠错本积累错题、查漏补缺，学会举一反三、灵活运用，让对错误的反思真正内化为学习经验；要制订多轮复习的计划，加强知识巩固，减少机械记忆，增强理解迁移，真正弄懂学通。

建议家长和孩子将整个备考的过程分解成小的任务和时间段，设定每个任务完成的截止日期。例如，每天安排一定的学习时间，每周复习某个科目，每月进行模拟考试等，确保计划具体、可行，并合理分配时间和精力；每天保持固定的学习时间，创造一个安静、整洁、没有干扰的学习环境。合理规划学习内容和时间，进行有针对性的复习和练习，注重知识的理解和掌握；定期回顾计划的进展，评估自己的学习效果和时间管理。如果家长发现孩子的计划不合理，要及时进行调整；如果孩子计划可行但未完成，家长要指导并督促孩子按照计划落实，切不可放任自流。

2.目标清晰，执着追求

（1）执着追求，目标明确

在人生进取途中，时常存在意想不到的变量和因素，主观的意识、客观的努力都可能使原来预计的发展方向发生改变。现实生活中，初三逆袭的案例比比皆是。曾经有个男孩，初一成绩中等，表现平平，进入初三以后好像突然变了一个人，积极参加学校的各种活动，还主动请老师和同学进行针对性的辅导，并且制订了详细的学习计划，坚持每天复习，最终中考成功逆袭，考进了理想的高中。所以重视自己的主观能动性，遵循客观规律，"一切皆有可能"。

（2）健康生活，心态稳定

在初三这个特殊的阶段，拥有健康的体魄对每一个孩子来说都是至关重要的，因为只有拥有健康的体魄才有足够的能量去迎接中考。有些孩子面对高强度的学习，身体状况容易出现问题。因此要合理安排休息时间，保证充足的睡眠，均衡饮食，适量参加体育锻炼和放松活动，避免过度焦虑，保持积极的心态。成长之路上难免会有很多干扰因素和不利因素。作为家长，需要时时关心，及时洞察，和孩子一起去分析，帮助孩子排除困扰因素。作为孩子，遇到困难或有疑问时不要犹豫，要积极主动地寻求帮助，向老师、同学、家长请教；最重要的一条，是保持积极的态度和良好的学习动力，坚持不懈地努力下去，要相信自己可以取得理想的成绩。

3. 适当激励，给予力量

（1）注重激励，榜样的力量

通过榜样的激励和示范，可以激发中考生的积极性，有助于其树立正确的价值观和人生观，引导他们向阳而生。榜样既可以是周边的同学，也可以是家里的亲人，尤其是同辈的哥哥姐姐等。当孩子难以坚持的时候，可以用榜样的力量来激励孩子，跟孩子聊聊榜样遇到困难时是怎么做的，教给孩子克服困难的方法，帮助他树立信心。但特别要注意，这个榜样不要太高大，以免给孩子带来太多的压力。如果孩子经得起"诱惑"，可以和孩子一起制订奖励机制，例如达到一定的成绩目标可以得到一些小奖励，从而更好地激励其学习的积极性。

（2）注意沟通，陪伴的力量

在备战中考阶段，孩子的学习压力非常大。这个年龄段的孩子正处于青春叛逆期，往往会对家长产生一些对抗情绪。此时，家长不仅要控制好自己的情绪，避免与孩子发生正面冲突，还要允许孩子适当地发泄情绪，等孩子冷静以后，再耐心地与孩子沟通。

家长应该对孩子有合理的评价和正确的期望，不是每一个孩子都能被重点高中录取，考不进也不意味着失去了美好的前途。在中考冲刺阶段，对于孩子每一点的进步，家长都应及时表扬；即使孩子的成绩暂时落后，没能达到预期，家长也应给予鼓励。特别是考前一周和考试过程中，家长要保持稳定的生活秩序，尽量营造温馨、宽松的家庭氛围。

人生的道路虽然漫长，但紧要处常常只有几步。初三是孩子进行自我认知与探索的主要时期，也是其生涯发展的重要阶段。面临普通高中和职业高中的分流制度，中考对他们而言，不仅是挑战也是机遇，是其人生的第一个"分水岭"。最好的应对办法，是给中考生活添加意义和附加值。家长的责任就是要培养孩子初步的生涯意识和规划能力，做好未来人生的准备。

参考文献

[1] 杭州市教育局.2023年杭州市区各类高中报考指南[M].杭州：浙江教育出版社，2023.

[2] 李佳婕，刘夏亮.赢在规划——中考前必要的思考[J].成才与就业，2008（7）：11-14.

[3] 李家华.做好职业生涯规划，科学填报中考志愿[J].中小学心理健康教育，2010（5）：31.

（执笔：尹建强　杭州市西湖区教育发展研究院）

第 19 课

如何帮助孩子
适应高一新生活

课程简介

教学对象

高一学生家长

教学目标

1. 了解孩子适应高一新生活的现状。

2. 认识在指导孩子适应高一新生活时存在的问题。

3. 掌握帮助孩子适应高一新生活的家庭指导策略。

教学时长

90 分钟

课程框架

[实例导入]

一、高一新生适应的现状研究

（一）高一新生适应的内涵

（二）高一新生适应的一般表现

（三）高一新生适应的主要内容

    1. 学习适应

    2. 人际适应

    3. 环境适应

    4. 心理适应

二、家长指导孩子适应高一新生活的常见问题

（一）缺少充分的认识

    1. 未能充分认识到初高中学习的不同

    2. 未能科学地认识学习成绩的意义

    3. 未能全面了解青春期孩子的心理特征

（二）缺少良好的情绪状态

    1. 普遍存在教育焦虑

    2. 欠缺情绪识别与管理能力

（三）缺少有效的教育方法

    1. 一管到底，过分叨唠

    2. 采用不接纳的语言，一味责怪

    3. 寄希望于学校，过度放手

三、孩子适应高一新生活的家庭指导策略

（一）家长要提高预防意识

    1. 提前了解高一适应问题并学习相关知识

    2. 与孩子共商高一适应计划以应对新挑战

（二）家长要提升情绪识别与管理能力

    1. 做好孩子的情绪识别与疏导

    2. 以身作则识别与管理自身情绪

（三）家长要营造良好的家庭支持环境

    1. 适度放手，允许孩子尝试

    2. 积极关注，合理解释成绩

    3. 多听少说，做好后勤保障

（四）家长要主动参与家校社共育

    1. 主动与学校老师沟通

    2. 积极学习心理健康知识

    3. 多与其他家长联系交流

参考文献

课程内容

👤 [实例导入]

小芸是家中独女。自高一开学以来，因为学校离家较远，她需要住校。每到天黑，小芸就开始想家。晚上躺在宿舍的床上，小芸就更想念爸妈了，经常偷偷哭，不能好好睡觉。白天整个人恍恍惚惚的，上课注意力不能集中，作业做不完，很多题目都不会。与爸妈商量后，小芸申请了退宿，爸妈每天接送上学。但是，她的情况并未好转。由于高中学业压力增大，小芸回家总是写作业写到很晚，睡眠时间不够。在校时，小芸总是发呆，很难与同学交流或融入班集体，总觉得很孤单、很压抑；在家时，她容易情绪激动，经常对父母发脾气。小芸对自己很失望，也失去了学习的信心和兴趣，不想去学校上课，频繁请假，最近提出要退学。爸妈非常苦恼：该如何帮助孩子尽快适应高中新生活呢？

事实上，像实例中的小芸这样的情况不在少数。究其原因，与孩子在初中升高中衔接阶段容易出现的高一新生适应不良有关。高一新生适应高中的基本情况如何？家长应当如何科学有效地指导孩子积极适应高中新生活呢？

一、高一新生适应的现状研究

高一新生虽然是"小大人"了，但仍处在青春期，在面对陌生的环境、新的学习方式和人际关系时，他们仍容易出现适应不良现象。

（一）高一新生适应的内涵

"适应"这一概念，最早出自达尔文提出的"物竞天择，适者生存"，后来被心理学家引用，是指个体对环境条件的顺应，是通过不断调整在现实生活环境中维持一种良好、有效的生存状态的动态平衡过程。高一新生适应，是指在面临高中新的学习环境、生活环境与人际交往时，高一新生能自觉自愿、愉悦地参加学校各项活动，并主动顺应与调控环境的过程。

（二）高一新生适应的一般表现

高一新生的适应主要有积极适应和消极适应两类表现。积极适应是学生顺利适应高中新环境，是成长过程中所必需的，能促进其健康发展；而消极适应则指学生出现各种适应不良现象，对学生成长起阻碍作用，不利于其健康发展。如果孩子经常找各种理由请假，出现睡眠与饮食问题，学习上不断出现拖延或不交作业、成绩下降等问题，就表明孩子出现了消极适应情况。

一般而言，一学期之后，大多数高一孩子都能逐渐适应高中新生活。但是，肖秋的研究表明，部分高一学生表现出明显的消极适应，甚至产生不同程度的适应障碍。从群体水平看，约三分之一的高一新生出现适应困难。姜晶晶调查发现，直至高一第一个学期的期末，仍有个别学生处于完全不能适应的状态。

（三）高一新生适应的主要内容

高一新生的适应困难还有内容上的差异，主要分为学习、人际交往、环境和心理等四方面的不适应。

1. 学习适应

学习适应，是指高一新生必须面对高中教学活动、课业、学习方法等方面的适应。

（1）学习任务适应

从初中步入高中，学习强度与深度剧增。学科门类变多，学习内容难度加大，学习时间显著变长，学习能力与思维深度的要求变高，作业量明显多于初中，再加上新的老师及教学方式，这都给高一新生的学习带来挑战。

（2）学科学习适应

面对高中不同学科的学习，高一新生的适应程度各有不同。相较而言，文科课程，如语文、历史、政治的适应程度明显好于理科课程。语文学科在初高中的学习方式差别不大，是适应最好的学科；物理课的适应程度最低，其次是化学和数学。

2. 人际适应

人际适应，是指高一新生在进入高中新生活后在人际交往过程中的适应，包括同伴关系、师生关系及亲子关系上的适应。高一新生来自不同的家庭，成长背景各不相同，有相当一部分孩子存在既渴望友情又不知如何与同伴相处的困难。面对新校园、新老师、新同学，其在校社交系统亟待重建。还有部分孩子因未能考入理想高中或没有分到重点班，会对老师及同学产生一定的抗拒心理，难以建立新的师生关系或同伴关系。此外，第一次离开家庭住校的高一新生，容易想念家人，出现与父母的分离焦虑，也需要建立新的亲子关系。

3. 环境适应

环境适应，主要指高一新生对校园新环境与生活方式的适应。从以往熟悉的初中校园环境到全新的、陌生的高中校园环境，对高一新生的独立生活能力和对新环境的适应能力有更高要求。一方面，高一新生需要适应新的校园物理环境，包括教学楼、各类活动场馆及寝室条件等；另一方面，也必须认识与熟悉学校的软环境，包括认识与熟悉学校各级各类职能部门、了解校园生活规则（如：打水买饭、打扫宿舍卫生、自己洗衣服等）。

4. 心理适应

心理适应，是指高一新生以良好的心理状态去迎接高中新生活。

（1）自我意识与自我控制上的心理适应

正处于青春期末期的高一新生，自我意识不断增强，独立意识与自尊心也持续增强。这一年龄段的孩子极度关注自己的外貌，内心敏感，情绪多变，容易受外在评价的影响，容易产生假想观众。此外，由于生理和心理发展的特点，高一新生的性格存在半幼稚半成熟的矛盾性特点。他们总想自己做主，想摆脱家长或老师的控制，但在实际学习与生活过程中，很多事情仍无法自理，常感到力不从心，容易出现心理危机和冲突，从而导致适应不良问题。特别是职高生，由于初中阶段成绩一般不是十分理想，也可能长期不被关注，他们往往欠缺成就感，且普遍存在自卑感。面对高中新环境，部分职高新生容易出现内向、孤僻、自我封闭等心理适应问题。

（2）适应新的角色身份

由于高考压力，高中阶段的学业成绩评定对孩子的心理适应有重要影响。初中时成绩优秀的高一新生，容易面临如何接纳自己新的学习成绩的问题。一旦高一时的第一次月考成绩下降，对于习惯被关注的初中尖子生来说，会丧失初中时好学生的优越感，出现巨大的心理落差，难以接受自己成为"中等生"或"差生"，容易出现心理失衡。如果孩子初中时学习成绩不佳，缺少成功经验，家长更容易陷入烦躁、抑郁、焦虑的负面情绪，进而导致孩子产生自卑、自我怀疑，甚至自暴自弃与其他适应问题。

二、家长指导孩子适应高一新生活的常见问题

毋庸置疑，孩子能否适应高一新生活，和家长的教育引导、学校环境与管理、老师的专业指导、孩子本身的心理调适能力等多方面因素都有关系。然而，就家庭教育来看，家长的正确指导极其重要。王亮的研究显示，家长的教育方式对高一孩子的适应起重要作用。父母的心理控制与中学生的积极适应呈显著负相关，与消极适应呈显著正相关。事实上，在针对孩子适应问题的指导过程中，部分家长存在以下常见问题。

（一）缺少充分的认识

1. 未能充分认识到初高中学习的不同

当孩子进入高中之后，有些家长仍未能充分认识初高中学习的本质不同。与初中的学习任务相比，高中阶段在学科类型、学习的深度与广度、学习方式等各方面都有新要求。比如，职高新生要面临学习方式、内容等方面的巨大变化，需要从初中时以书本知识为主的内容性学习转变为以实际操作能力为主的实践性学习。如果家长缺少对孩子学习压力的认识，当孩子遇到学习适应问题时，他们就无法理解孩子的辛苦，也无法给孩子提供有效的帮助。

2. 未能科学地认识学习成绩的意义

众所周知，成绩是衡量学生学习水平的重要指标之一，提高成绩并为今后的教育与生活做准备，是高中生的主要目标之一。但是，有些家长过分重视孩子的学业成绩，忽视了孩子的基本心理需要。

有些家长错误地认为分数高于一切，孩子必须将所有时间都用足用好，存在"过饱式学习"的不合理认知。此外，有些家长将孩子的成绩当成维护自身面子的手段，和孩子的沟通也只围绕着学习。他们不愿意花时间听孩子讲除学习之外的其他话题，亲子沟通演变为盘问孩子的学习进展或考试成绩的单向询问。慢慢地，家长会发现孩子越来越少说话、越来越沉默。更有甚者，有些家长对孩子的学习成绩有不合理的预期，期望过高。很多之前成绩不错的孩子，升入高中后，面临成绩突然下滑的问题。此时如果得不到家长的支持，孩子无法及时调整心态，就容易"破罐子破摔"，产生厌学情绪。

3. 未能全面了解青春期孩子的心理特征

从初中开始，大多数孩子就已开始表现出明显的青春期特点。但是，高一新生仍然会伴随有各种青春期问题，特别是在思想和语言上容易有逆反心理，而大多数家长缺乏有关青春期心理健康的系统知识，不知应当如何科学有效地应对。对于高一新生的各种问题，有些家长可能过度重视，自乱阵脚，到处"求医问药"；相反，另一些家长则认为孩子已进入高中，应当更懂事、更成熟了，抗压能力也会更强，能在一两周内顺利适应高中生活，将出现问题视作孩子小题大做、身在福中不知福，于是采取不理不睬的态度。这些家长既无法有效支持孩子应对青春期问题，也难以帮助他们适应高中新生活。

（二）缺少良好的情绪状态

对高一孩子的适应问题，家长在情绪上也存在以下不足之处。

1. 普遍存在教育焦虑

高亚兵等人调查研究发现，国内中小学家长存在中上水平的教育焦虑。家长的教育焦虑水平会影响家长自身的身心健康，同时，也对孩子的身心健康有消极影响。现实生活中，有些家长缺少对自身教育焦虑的认识，面对孩子的高一适应问题容易急躁，且缺少有效的解决之道。

2. 欠缺情绪识别与管理能力

父母是孩子的第一任老师，某种程度上，孩子也是父母的镜子。孩子的各种问题，根源大多与父母有关。有些高一家长由于工作与生活的压力，自身的心理健康程度不佳，情绪不稳定，也欠缺对孩子情绪的识别与管理能力，容易缺少耐心，常常没听完孩子解释就发火，这就不利于孩子入学适应问题的调整。

（三）缺少有效的教育方法

面对高一孩子的适应问题，部分家长存在不良的教育行为。

1. 一管到底，过分叨唠

高一孩子已具备一定的独立解决问题能力，自认为比较"成熟"。但是，有些家长仍将孩子当作"小宝贝"，未能随其年龄增长科学认识高中孩子的心理发展特点，并且把"管控与叨唠"错误地理解为"关心与爱"，事无巨细，一管到底，形成"保姆式"育儿行为。事实上，这种"我都是为了你好"的过度关心，有可能会让青春期的孩子感到压抑。

因此，当孩子出现入学适应困难，如果家长继续不注意"分寸"，不忘"教育者"角色，和孩子沟通时常用"你要""你应该""你不能"等表达方式，强加想法给孩子，就可能导致不良结果。同时，家长不请自来的关注和建议往往会扰乱孩子的学习、生活节奏，引起孩子的反感和抵触，使其更难适应高中生活，进而影响其今后的心理发展。

2. 采用不接纳的语言，一味责怪

青春期的孩子重视自我形象，好面子，不喜欢丢脸。然而，有些家长习惯于盯着孩子的不足，采用否定的、责怪式的语言，陷入"批评式"育儿的误区而不自知。例如，由于多种原因，高中新生会出现成绩波动的情况，有些孩子从初中名列前茅降到高一后的中下游，有些家长就会给孩子扣上"没出息""脑子笨"的帽子，或者不断指责孩子不努力，使得孩子无所适从，反而越学越乱。

整天面对大量的作业、巨大的升学压力，高一的孩子变得十分脆弱敏感。此时，孩子就像一个易燃易爆的不定时炸弹。家长一味地抱怨或指责，这种批评式教育行为不利于解决孩子的适应问题。还有一些家长习惯于将自家的孩子与别人家的"牛娃"做比较，本意是促进孩子的成长与进步，殊不知，这样做只会损伤孩子的自尊，让他感到无力、无助。

3. 寄希望于学校，过度放手

大多数孩子在进入高中后会住校，即使走读，在家的时间也很有限。有些家长认为，孩子大部分时间都在学校，有老师监督，自己就可以安心了，于是对于孩子的表现不予关心、过度放手。同时，由于青春期的孩子经常"听不进"或"对抗"家长的建议与意见，部分家长就将孩子的教育完全寄希望于学校老师，将"少管"孩子变成"撒手不管"。

但实际上，面对新环境，高一孩子无法在短期内与高中老师、同学建立关系或获得支持，此时恰恰需要家长的理解与帮助。特别当高一新生遇到入学困难时，如果家长彻底不管，孩子就会有被抛弃感，觉得连爸妈都不管了，自己真的没希望了。因此，高一新生既需要家长的陪伴，也需要家长的指导。

三、孩子适应高一新生活的家庭指导策略

（一）家长要提高预防意识

家长要明确自己在孩子适应高中生活时不可推卸的教育责任，努力帮助孩子适应高一新生活，要有以下几个预防意识。

1. 提前了解高一适应问题并学习相关知识

家长要事先掌握孩子在高中新生活中可能遇到的各种适应问题与困难，做到心中有数。在繁忙的工作之余，家长需要更新自己的知识体系，主动学习高中青少年身心发展的相关知识，多读一些心理学与教育学的书籍，还要提前了解高中选科、高考录取的相关规定与要求等。

2. 与孩子共商高一适应计划以应对新挑战

与孩子主动沟通高一新生活可能面临的挑战，也可以包括高中生活可能面临的困难。如果孩子提前做好各项适应准备，就能更好地适应高中新生活。特别是在收到高中录取通知书后，家长可以利用余下的暑假时间，与孩子沟通高中阶段的学习与生活计划。

（二）家长要提升情绪识别与管理能力

1. 做好孩子的情绪识别与疏导

对高中生心理健康状况的调查发现，当前高中生情绪问题较为严重。因

此，高一家长需要做好孩子的情绪疏导工作。

（1）及时关注孩子的情绪状况

面对陌生的生活环境与人际关系，加上紧张的学习氛围，高一新生面临各种挑战与竞争。有些孩子可能还在因为中考失利而心理失衡、自怨自艾，有些孩子则可能因为跟不上新高中的学习节奏而自我否定、紧张焦虑。此时，需要家长及时识别孩子的情绪内容与强度。

（2）引导孩子合理表达消极情绪

当发现孩子的情绪变化时，家长要先接纳，然后适时引导孩子合理地管理或调整情绪。当孩子出现各种消极情绪（如：愤怒、悲伤或恐惧等），家长不需要过度着急，这是身处适应期的孩子的正常反应和应对机制，只要情绪的表达符合"不伤害自己、不伤害他人、不伤害物品"的标准，就是合理的。家长要鼓励孩子表达情绪，不能让其生气、不开心时却没地方宣泄。当孩子的情绪得到宣泄后，才是家长进行教育与指导的好时机。

2. 以身作则识别与管理自身情绪

镜像神经元的发现，证明了个体可以通过观察他人的行动来学习，也表明"行大于言"或"身教优于言教"是有脑神经生物学基础的。家庭生活中，身教优于言教，孩子总在看家长怎么做，总在观察并模仿家长的情绪反应模式。由此，当高一孩子遭遇高中适应困难时，家长既要充分重视，又要做到情绪"在线"，这样才能应对得当。

（1）以积极乐观的心态助推孩子

家长要不断提升自身的情绪识别与管理能力，成为孩子的良师益友用良好的情绪影响孩子。因为家长是孩子的榜样，家长呈现出积极乐观的心态与良好的应对方式，就能助推孩子积极应对高一的学习生活。

（2）冷静对待孩子高一适应问题

家长要冷静地对待孩子高一适应的各种问题。有些家长缺少耐心，容易头脑发热，甚至会控制不住动手打孩子，这样的育儿行为会伤害孩子。面对孩子的适应问题，最"厉害"的家长不是会讲道理，而是能时刻提醒自己冷静。

(三) 家长要营造良好的家庭支持环境

自我决定理论提出，青春期孩子有强烈的自主、胜任与归属等三种基本需要。然而，高一新生面对陌生的校园、老师与同学，短期内很难从学校获得这三种基本需要的满足。因此，家长要努力营造一个良好的支持型家庭氛围，从而帮助孩子顺利适应高中新生活。

1. 适度放手，允许孩子尝试

青春期孩子有强烈的自主需求，迫不及待地想要自己做决定。因此，家长也要适当放手，允许孩子自己去尝试调整。

（1）减少控制，注重长远结果

为顺应青春期孩子的自主需求，家长要努力减少对孩子的控制，允许孩子以自己的方式安排学习与生活节奏；要将眼光放远，注重长远结果而不要拘泥于眼前的一时得失；要抓大放小，关注整体而不过度纠结细节。

（2）允许试错，找到适宜方法

每个个体都有权拥有自己的想法与方法，希望"我的人生我做主"，高一孩子也不例外。因此，家长不要强行给孩子"灌输"自己的观点与方法，而应在条件许可范围内，放手让孩子去"试错"，使其逐渐找到适合自身的调整方式。例如，一般高中有三节晚自习课，如果孩子提出不想上，那么家长不妨与孩子商量，整理出不同的方案：只上一节、上两节或回家自修，分析各种选择的利弊及可能的结果，然后让孩子做决定。可以各种方法都试试看，如果效果不好，就尝试另一个选项，直到找到最适合孩子的晚自修方法。

2. 积极关注，合理解释成绩

如前所述，因为学习任务的特点及激烈的同伴竞争环境，高一孩子容易体验到挫折，这就需要家长努力在家庭教育中满足孩子的胜任需要。

（1）积极关注孩子，鼓励其发挥优势

家长要尽可能多地对孩子进行积极关注。当孩子遇到适应困难需要帮助时，家长要先倾听孩子，然后鼓励与肯定孩子在各方面的积极表现。关注孩子的点滴进步。例如，家长可以经常使用以下积极回应句式："太好了，你比上一周做得好多了""我看到你在努力调整，让我很感动"。关注孩子的优势。当遇到高一适应问题时，孩子容易自我否定、沉浸在某种自我怀疑中，家长要时刻提醒孩子的自身优势，用"放大镜"去寻找并强化孩子的闪光点。如果孩子在沮丧时能得到家长的鼓励与支持，就能更快适应高一新生活。

（2）科学看待成绩，重视调整与进步

家长要引导孩子对成绩进行合理解释。现实教育情境中，由于成绩考评的压力，总有成绩"好"或"不好"的区分，这让青春期的孩子很受伤害，导致各种适应问题。由此，家长切勿过度关注一时的考试成绩，要正确看待孩子的分数，也要引导孩子科学地看待自己的成绩。高分并不意味着可以"躺赢"，一张试卷也不能定终身。不要因为某一次考试的失利而过度紧张焦虑，而是要看到成绩下降的背后，是调整与进步的最好机会。

3. 多听少说，做好后勤保障

虽然青少年都渴望自主独立，但他们也渴望与父母间建立良好的情感联结，满足其归属需要。研究证实，家庭亲密关系与高中生社会适应密切相关，当父母与孩子间建立良好的情感联结时，孩子才可能更好地成长。

（1）学会多听少说

面对高一青春期孩子的适应问题，家长要学会闭嘴、少说教，做到"少说多听"，从孩子的立场进行倾听，让孩子多讲讲他感兴趣的话题。例如，询问他喜欢哪些老师，有没有认识新的朋友等，让孩子体会到父母的爱与关心。

（2）做好后勤和情感支持

当高一孩子在家时，家长要尽量努力做好后勤工作。例如，为孩子准备他喜欢的菜肴，与孩子一起出门散步或运动等。当孩子在校时，虽然不能见面，最好也能与孩子约定时间定期进行电话交流。问问孩子学校饭菜如何？是否事事顺利？心情怎样？此时，家长要尽量多倾听，让孩子多表达，同时适时进行鼓励。

（四）家长要主动参与家校社共育

教育研究与实践均表明，学校、家庭、社会（或社区）"三位一体"共育，最有利于孩子的健康成长。因此，面对高一孩子的适应问题，家长也要发挥自己的主动性与积极性，通过多方交流积极应对。

1. 主动与学校老师沟通

每个班级有 50 名左右的新生，老师很难做到面面俱到，特别是性格内向的孩子，容易被老师忽视。因此，家长要及时关注自家孩子的最新情况。如有需要，及时反馈给班主任或相关科任老师。当孩子遇到适应问题，家长也可以请老师"支招"，再结合孩子的意愿共同制定解决方案。针对个别适应问题严重的孩子，家长也可向学校专职心理咨询老师求助。

2. 积极学习心理健康知识

学校、社区或其他社会团体会举办一些有关青少年教育的活动，例如家长会、心理老师微课、主题沙龙、讲座等，可以帮助家长更全面深入地了解高中生的学习与生活，特别是心理健康知识等。条件允许的话，家长要尽可能参加相关科普活动。

3. 多与其他家长联系交流

在孩子进入高中之前，家长可以联系高中学校的校友与孩子交流，通过同龄人提供的信息有效帮助孩子做好高一适应的心理准备；也可以与孩子同班同学的家长建立各种联系，比如通过班级群交流信息，互相扶持与减压。

参考文献

[1] 王亮. 高一新生一般自我效能感、心理韧性与社会适应的关系及教育对策研究 [D]. 汉中：陕西理工大学，2022.

[2] 肖秋. 高一新生自我控制与学习适应的关系及干预研究 [D]. 昆明：云南师范大学，2021.

[3] 傅雨洁，周丽华. 基于三商发展的青少年幸福人生研究 [J]. 中国教育技术装备. 2022（18）：77-81+86.

[4] 张世瑞. 高一新生入学适应团体辅导的干预研究 [D]. 武汉：华中师范大学，2016.

[5] 陈宇燕. 高一新生适应"一核双翼式"辅导模型的构建与思考 [J]. 中小学心理健康教育，2019（33），62-64.

[6] 董爱芬. 职业高中新生的健康教育 [J]. 浙江预防医学，2003（3）：65-65.

[7] 韩陈陈，唐方熙. 学习焦虑对高一新生适应不良的影响：人际关系敏感的中介作用 [J]. 中小学心理健康教育，2018（27）：12-16.

[8] 姜晶晶. 高一新生适应特点——以乌鲁木齐市第八中学为例 [J]. 中小学心理健康教育，2019（28）：8-12.

[9] 申宏浩. 家校协同视域下青少年学生心理健康现状及提升对策研究 [D]. 西宁：青海师范大学，2023.

[10] 高亚兵，胡晶晶，周丽华，等. 父母教育焦虑和青少年情绪与行为问题的关系：父母消极教养方式的中介作用 [J]. 应用心理学，2023，29（1）：80-88.

[11] 张爱华. 职业中学高一新生的心理问题分析及对策 [J]. 科技信息，2014（10）：245-246.

（执笔：周丽华　浙江外国语学院）

第 20 课
如何给孩子做好
性与生殖健康教育

课程简介

教学对象

高中生家长

教学目标

1. 了解科学的生殖健康知识，树立正确的性教育观念。

2. 增强与孩子谈论性与生殖健康的信心。

3. 掌握与孩子沟通性与生殖健康知识的策略。

教学时长

60 分钟

课程框架

[**实例导入**]

一、生殖系统疾病预防知识概述

（一）高中生生殖系统疾病的预防内容

（二）生殖系统疾病对高中生的危害

　　1.对身心健康的威胁

　　2.增加社会不稳定因素

　　3.增加艾滋病及性传播疾病感染风险

（三）高中生性与生殖健康存在的问题

　　1.生殖健康知识普遍缺乏

　　2.性观念和性态度日渐开放

　　3.性活动与性行为趋向活跃

　　4.生殖健康观念受媒体误导

二、家长在性与生殖健康教育上存在的问题

（一）忽视性与生殖健康教育

（二）缺乏全面的性与生殖健康知识

（三）开展性与生殖健康教育的方法不当

（四）向孩子传递错误观念

（五）过度依赖学校或媒体

三、高中生生殖系统疾病预防的家庭指导策略

（一）明确性与生殖健康教育的重要性

（二）学会坦诚地与高中生谈论性与生殖健康的话题

（三）指导高中生做好生殖健康和卫生保健

　　1.女孩生殖健康保健指导

　　2.男孩生殖健康保健指导

　　3.指导高中生养成健康的生活习惯

（四）指导高中生预防意外怀孕

    1. 遵循的原则

    2. 专业的观念和方法

（五）指导高中生预防性病 / 艾滋病

    1. 借助网络或影片开展教育

    2. 发挥同伴教育的有效性

    3. 借助各类平台学习知识

参考文献

课程内容

⅋☰ [实例导入]

场景一：上高一的儿子跟爸爸说，在学校课间上厕所时，有几个同学老是讨论并比谁的阴茎大，还说他的小，以后没法生孩子，性能力也不行。面对孩子的困惑，爸爸应该说些什么？

场景二：家长发现上高中的孩子总喜欢跟同性在一起玩，很少主动跟异性交往，为此心中不安。家长担心的是什么？能做些什么？

场景三：妈妈在收拾上高一儿子的衣服时，发现兜里有一只安全套，不由得内心忐忑。这时，妈妈该说些什么？

场景四：上高中的女儿问妈妈，听同学说在安全期就可以避孕，是真的吗？妈妈该怎么回答女儿的问题？

青春期带来了性成熟等突出变化，意味着孩子将面临许多新的体验，需要探索与性有关的问题。青少年的性与生殖健康问题是全球性的公共卫生问题和世界性的发展挑战，越来越多的青少年面临非意愿的妊娠、人工流产和性传播疾病的危险。随着获取知识途径的增多和大众媒体的渗透等影响，青少年对生殖健康知识的了解较之以前已有提高，但与日益开放的性观念和性行为相比，仍然存在较大的知识缺口，尤其是在性观念和性行为方面的开放度与知识之间存在明显的不平衡，这可能导致青少年面临更多生殖健康的问题。

一、生殖系统疾病预防知识概述

（一）高中生生殖系统疾病的预防内容

男性生殖系统疾病的常见症状，包括与泌尿外科疾病有关的排尿异常、脓尿、尿道异常分泌物、疼痛、肿块、性功能障碍及男性不育症等。对于高中男生来说，生殖系统的健康问题主要集中在包皮、包茎上。包茎由于包皮外口狭窄，包皮不能上翻，不能清洗，很容易堆积包皮垢，造成包皮龟头炎、排尿不畅或尿路感染，将来也可能影响性生活和女性的健康。作为家长要告诉孩子，如果包皮过长，要注意卫生，可以每天用温水清洗，并且翻开包皮清洗。如果家长发现孩子的包茎和包皮过长伴反复包皮龟头炎，最好及早做包皮环切术。此外，家长要告知孩子，如果突然出现阴囊睾丸疼痛，尤其上托时疼痛加重，切莫大意，应考虑睾丸扭转的可能，要及时到医院泌尿外科诊治。其他引起睾丸疼痛的常见原因还有精索静脉曲张（多为左侧睾丸间歇性胀痛，劳累和剧烈运动时加重）、睾丸附睾炎（多触摸时疼痛），流行性腮腺炎也可并发睾丸疼痛，一定要及时到医院诊治，以免影响生育。

女性生殖系统疾病具有患病率高、无症状比例高、不就诊比例高和得不到合理治疗比例高的特点，导致各种严重并发症和后遗症。女性的生殖健康水平直接影响着人口素质。目前，女性生殖系统疾病已经成为全球范围内危害严重的重要传染病之一。女性生殖道因生理、性活动、分娩和卫生习惯等多种因素影响，易发生多种感染。对于高中女生来说，生殖健康问题主要集中在青春期发育过程中内分泌紊乱，多表现为月经失调（周期、经期、月经量及规律性的异常）。越来越多的研究表明，阴道用药液或清水冲洗都可能破坏其自洁功能。如果存在阴道微生态失衡或轻微炎症情况，可在医生指导下，用pH4弱酸性的女性护理液辅助护理。此外需注意，滥用抗生素会使阴道内正常菌群失调，导致感染发生。

作为家长还要提醒孩子，通常生殖系统感染的传播途径主要有 3 种：直接性接触传染、间接接触传染、胎盘产道感染。据统计，90% 以上的生殖系统感染是通过性交而直接传染的。因此，生殖系统感染的传播主要是通过性接触。

（二）生殖系统疾病对高中生的危害

1. 对身心健康的威胁

生殖系统异常会影响到孩子的心理健康。例如，包茎与包皮过长会阻碍男性青春期生殖器正常发育，易造成生殖器短小，导致孩子产生抑郁、自卑等心理问题。

高中生婚前性行为的发生也会带来身体和心理的双重伤害。在心理伤害方面，许多孩子会因为过早的性行为产生难以摆脱的恐惧、焦虑和负罪感，甚至可能对前途和人生失去信心；在身体伤害方面，由于婚前性行为多数是在紧张和无避孕准备的情况下发生的，可能造成阴道损伤、泌尿生殖系统感染和性功能障碍，不洁的性生活还可能传染性病和艾滋病。

目前高中生婚前性行为发生率增加，但受社会舆论和传统道德观念的制约，未婚生育并不被社会广泛接受，加上高中生尚未具备养育子女的能力，导致绝大部分未婚怀孕者选择人工流产，由此引发的各种并发症及心理创伤将会长期威胁其生殖健康及心理健康，甚至影响到未来的生育能力和家庭生活。例如，未婚怀孕者人工流产后往往得不到必要的休息，流血时间延长，加上青少年防病意识不强，极易发生子宫内膜炎、盆腔炎、宫颈炎等问题；严重者导致婚后不孕，再孕后易出现异位妊娠、胎盘粘连、前置胎盘等不良后果。

2. 增加社会不稳定因素

在现实生活中，未婚同居、始乱终弃的现象时有发生。部分高中生在妊娠后常伴有抑郁、焦虑、恐惧、偏执等情绪障碍，不能正常完成学业，从而影响其未来发展。严重者可能导致自伤、自杀、他伤、他杀等恶性事件，增加了社会不安定性。

3. 增加艾滋病及性传播疾病感染风险

尽管越来越多的青少年在婚前有性行为，但很少有人采取有效的措施来预防艾滋病（AIDS）及性传播疾病（STI）的感染。根据联合国人口基金会（UNFPA）的报道，15—24岁的人群患STI的危险性最大。联合国艾滋病规划署（UNAIDS）发布的报告《2024年世界艾滋病日报告》显示，截至2023年，全球约有3990万艾滋病病毒感染者，其中接近1/4，即930万人未能获得拯救生命的治疗。2023年，全球有63万人死于艾滋病相关疾病，130万人新感染艾滋病毒；全球儿童（0—14岁）艾滋病病毒感染者约140万，新增感染者达12万；平均每天有570名15岁至24岁的女性感染艾滋病病毒。流动人口的商业性行为和多性伴现象，也增加了青少年发生生殖道感染与传播性病、艾滋病的危险。

（三）高中生性与生殖健康存在的问题

1. 生殖健康知识普遍缺乏

高中生对青春期身体发育、避孕与流产、艾滋病与性病等性与生殖健康方面的知识普遍显得掌握不足。据赵芮等在 2017 年对中国 11 省市青少年性与生殖健康知识、态度及行为调查的数据，高中生性与生殖健康知识及格率只有 49.15%。从性别来看，高中女生的及格率为 54.8%，高中男生的及格率仅43.1%，高中女生对性与生殖健康知识的掌握情况要好过男生。2021 年，贾欣等采用方便与整群抽样相结合的方法，在上海市和陕西省 3 座城市（商洛、安康和宝鸡）选取 6 所中职学校一至三年级共 3180 名学生，进行性与生殖健康知识调查，发现中职生的性与生殖健康知识总均分为 51.36±21.61；在不同维度的知识得分中，以性骚扰/性侵害知识得分（66.45±42.27）较高，生殖生理得分（47.67±31.94）和避孕知识得分（43.85±26.81）较低。总体而言，上海和陕西中职生的性与生殖健康知识水平普遍偏低，最主要的知识来源是学校/老师、网络、同学或朋友。

2. 性观念和性态度日渐开放

近年来，西方性思潮的涌入，对我国传统道德观形成了前所未有的冲击，高中生的性观念和态度也逐步发生了变化。研究表明，性态度取向与性行为发生具有一定的关联。根据林柔君等对广东、福建和山东 3 个不同地区的1088 名初高中生的调查，中学生认为只要双方愿意就可以进行婚前性行为的有33.5%，持较为开放的态度，其中男生明显高于女生。

3. 性活动与性行为趋向活跃

首先，高中生恋爱行为较为普遍。针对"你周围的同龄人中有多少有恋爱行为"的问题，有 46.5% 的调查对象认为同龄人中大多数或大约一半有恋爱行为，35.1% 的人选择少数有恋爱行为。这表明高中生恋爱行为较为普遍。其次，高中生在与异性交往的过程中可以接受一定的亲密行为，但通常会有所节制。近半数高中生表示可以接受拥抱和接吻这样的亲密行为，极少数能够接受性器官接触和性交，两成高中生表示以上都不能接受，四成以上高中生表示会视情况而定。

意外妊娠和人工流产成为严重问题。对人流的行为，大多数高中生表示了反对态度，但仍有一部分人认为流产没什么大不了的，有 3.8% 的人对人工流产持无所谓的态度。可见由于缺乏安全性行为和避孕知识，意外妊娠和人工流产成为影响青少年生殖健康的严重问题。

4. 生殖健康观念受媒体误导

现在传媒高度发达，信息传播迅速，来源广泛，内容包罗万象，对青少年正负两方面的影响都在增强。例如，部分广告和媒体内容可能给青少年传递出有关生殖健康的错误信息，导致未婚怀孕的青少年对人工流产持轻率态度。这种误导不仅影响了青少年的生殖健康认知，也增加了他们在面临相关问题时的心理负担，构成了生殖健康的潜在威胁。

二、家长在性与生殖健康教育上存在的问题

（一）忽视性与生殖健康教育

由于传统文化和社会观念的影响，我国大多数家长对于在孩子面前谈论"性"的话题都比较含蓄，他们往往认为只有当孩子进入青春期才需要性教育。甚至一些家长认为孩子长大自然会懂，因此无须专门进行教育。这导致家长无法传授给高中生必要的性与生殖健康知识。北京市卫健委的调查显示，6000多名学生中，近80%的学生表示对青春期常识仅有一些了解，而只有不到10%的学生能获得足够的了解。其中，90%的学生从报刊、书籍、影视、网络和朋友中获取生殖健康知识，只有5%的学生从父母那里获取这些知识。可见，家长在对孩子进行性与生殖健康方面的教育上存在严重欠缺。

（二）缺乏全面的性与生殖健康知识

部分家长虽然知道家庭性教育的重要性，但自身缺乏全面的性与生殖健康知识，因此无法为孩子提供准确、科学的信息与指导。

（三）开展性与生殖健康教育的方法不当

部分家长在教育孩子时采用过于严厉、保守或尴尬的方式，导致孩子对性与生殖健康话题产生抵触情绪。缺乏有效的沟通技巧，使得家长在与孩子谈论这类话题时感到不自在，孩子也可能因此不愿倾听或参与讨论。

（四）向孩子传递错误观念

一些家长受传统观念影响，在进行性与生殖健康教育时，向孩子传递关于

性的错误观点和理念，如性羞耻、性压抑、性别刻板印象等。这些错误观念可能对孩子的性观念、性别认同和性行为产生负面影响。

（五）过度依赖学校或媒体

部分家长认为学校或媒体会为孩子提供足够的性与生殖健康教育，因此自己无须过多介入。然而，学校的教育可能有限且难以涵盖所有内容，而媒体的信息可能不准确或带有偏见。

三、高中生生殖系统疾病预防的家庭指导策略

（一）明确性与生殖健康教育的重要性

青春期的突出变化是性成熟，孩子对性产生好奇和探索是正常的。每一个孩子都想知道"我是从哪里来的"等问题。父母作为孩子的启蒙老师、孩子性教育的第一任老师，有责任传授和引导相关知识。

性与生殖健康教育不仅是性知识的传递，更关乎态度和价值观的培养。当孩子面临性的问题时，他们应该能够清醒地评估情况，明白可能带来的后果和应承担的责任，最终能独立做出健康、安全、负责任的决定，这才是家长"管"孩子最期待的结果。

父母和孩子谈论性与生殖健康的目的是引导孩子意识到：性（性行为）是爱的表达方式，是自然的、健康的、美好的。每个人都要学会爱、尊重和责任，学会保护好自己，懂得珍爱生命。

（二）学会坦诚地与高中生谈论性与生殖健康的话题

青春期的孩子渴望了解有关性与生殖的知识，是其身心发展过程中的正常表现。家长含糊其辞的回答已经不能满足他们的需求。如果刻意回避，只能加重他们的好奇心，甚至促使他们通过其他渠道（如上网、听同伴描述）寻找答案。但这样得来的答案并不一定是科学准确的，更有可能会带来危害。因此，家长要学会坦诚自然地与高中生谈论性与生殖健康的话题。

当孩子询问有关生殖与性行为相关的问题时，首先，家长要肯定孩子勇于与家长谈论生殖与性的问题是好事。其次，要弄清楚孩子在想什么，真正要问的是什么。最好的办法是先了解一下他都知道些什么了。例如：对于这个问题，

你知道多少呢？然后，准备好要传达哪些信息给孩子。最后，要鼓励孩子回应你的话。例如：你还有问题吗？

家长要告诉孩子，性并不简单地等同于性行为，还涉及爱、尊重、信任、责任和亲密；关乎其一生的幸福；要让孩子知道给予性教育不等于给予性同意，无知才是导致错误决定的根源。

总而言之，家长与高中生在沟通生殖与性话题时，要自然大方地讲、科学准确地讲；要选择恰当的时机和场合，渗透在日常养育中，并将知识教育与责任教育相结合，传递健康、安全、负责任的意识。

（三）指导高中生做好生殖健康和卫生保健

1. 女孩生殖健康保健指导

家长要帮助孩子备好自己专用的清洗盆和清洗用具、毛巾等。指导孩子在使用清洗用具前要先洗净。毛巾使用后也要晒干或在通风处晾干，最好在太阳下暴晒，有利于杀菌消毒，因毛巾久不见阳光，容易滋生细菌和真菌。大便后用手纸由前向后揩拭干净，并最好养成用温水清洗或冲洗肛门的习惯；若不揩净，肛门口留有粪渍，污染了内裤，粪渍内含有的肠道细菌会进入阴道，引起炎症。例假期间，要用温水清洗外阴，勤换卫生巾，以免血渍成为细菌的培养基。清洗内裤时，不要使用碱性大的肥皂或高锰酸钾等化学物质，以免改变阴道正常的酸性环境。不要长期使用各种洗液冲洗阴道，以免杀死对身体有益的阴道菌群，降低局部抵抗力，增加感染风险。

2. 男孩生殖健康保健指导

首先，引导孩子认识自己的身体，对生殖系统的生理结构有科学的了解，消除神秘感。睾丸、阴茎的增长，阴毛的出现，是正常的生理现象；遗精是每一个性成熟后的男性都可能经历的事情，不必感到疑虑或恐惧。

其次，正确对待自慰。青少年因遗精而尝到快感后，可能会逐渐养成自慰习惯。尽管从医学角度来看，自慰的危害程度并不像一些人宣称的那么可怕，但过度自慰、过分追求性刺激会导致生殖器长期处于充血状态，增加前列腺炎的风险。因此，高中生应该努力把主要精力用于学习，以保持身体健康和专注力。

最后，指导孩子注意生理卫生。不要穿着过紧的裤子，以免使阴囊皮肤增厚，睾丸温度升高，影响精子发育，并增加对阴茎头的摩擦，引起性冲动。还要注意保持外生殖器的清洁，应经常翻转包皮，清洁其中的污垢，以防炎症和阴茎癌的发生。

3. 指导高中生养成健康的生活习惯

（1）不要久坐

家长要提醒孩子多活动。男孩久坐不动，会增加许多疾病的患病率，并导致阴囊温度升高，影响精子质量。女孩久坐局部容易滋生细菌，对妇科疾病预防不利。

（2）锻炼身体

家长要帮助孩子多参与各类运动。多锻炼有助于提高人体的免疫功能和改善血液循环，特别是对生殖器官的血液供应更加充足，对生殖保健效果明显。

（3）合理作息

充足的睡眠有助于调节身体机能，维持内分泌水平稳定，对男孩和女孩的生殖健康都有益。如果在青春期发育过程中长期熬夜，可能导致内分泌紊乱，影响某些重要器官功能。

（四）指导高中生预防意外怀孕

1. 遵循的原则

在青少年性行为尚不能避免的情况下，有效降低意外妊娠和人工流产的发生率，成为家长和社会需要关注的重要问题。家长要发挥自身在家庭性教育中的作用，适时、适度、适当地对孩子进行性健康教育和避孕指导。这包括开展科学系统的性生理、性心理、性道德和性健康教育，帮助孩子树立正确的性行为观念。面对已经发生意外怀孕的孩子，家长要以没有偏见的态度对其进行心理疏导，使其能通过正面的途径获得支持和解决方案，切实保障其生殖健康。

在开展关于性行为和意外怀孕的讨论时，家长应遵循以下原则。

（1）坚持"以青少年需求为核心"的理念

这意味着家长在进行性教育时，应关注青少年的实际需求和兴趣，而不是仅仅按照成人的标准或观念进行教育。家长在与孩子沟通时，应该积极倾听，多听少说，了解孩子的需求，关注孩子的担忧和顾虑，同时要告诉孩子，无论何时何地遇到任何问题，家长都会全力支持和帮助他，确保孩子感受到来自家庭的爱与关怀，从而帮助孩子建立正确的性观念，减少意外怀孕的风险。

（2）尊重青少年知情选择的权利

青少年有权了解与性和生殖健康相关的信息，并对自己的身体和性行为做出知情的选择。通过鼓励孩子主动提问，给予其表达意见和选择的空间，培养其独立思考和决策能力，促进孩子对避孕方法及其必要性的理解，从而增强自我保护意识。

（3）根据孩子的特点选择恰当的内容和方法

家长应充分考虑高中生的年龄特点、性别、心理发展水平及生活环境，采取适合的教育方式。例如，可以在轻松的家庭氛围中，用通俗易懂的语言与孩子沟通避孕知识，通过真实案例、观看教育视频或阅读相关书籍，与孩子共同讨论避孕的重要性及其科学原理。家长还可以分享自己对责任和健康的理解，以拉近亲子距离，让孩子感受到关怀与支持。此外，家长应注意避免居高临下的说教，要多倾听孩子的想法，鼓励他提问，从而在平等和信任的基础上帮助其建立健康的性观念，有效掌握避孕知识，预防意外怀孕。

2. 专业的观念和方法

从专业的角度来说，家长要与孩子分享以下的观念和方法。

①避免怀孕的最好方法是不发生性行为。

②安全套是既能避孕又能预防性病/艾滋病的方法，建议年轻人首选。安全套是否有效，能否有效预防性病/艾滋病，关键在于是否全程正确使用。

③怀疑或确定意外怀孕了，一定要尽早到正规医院，请专业医务人员诊治，不要盲目自行处理。

④学习避孕方法是对自己、对他人负责任的表现。

⑤安全期避孕不安全，不建议年轻人使用。

⑥紧急避孕药是性交后为防止妊娠而采用的补救性避孕措施，不能当作常规避孕方法，更不能反复使用。

⑦人工流产是避孕失败后的补救措施，反复人工流产会给女性带来很多身

体和心理上的负面影响。提前预防才是更好的办法。

（五）指导高中生预防性病/艾滋病

性传播感染是全球范围内传播最为广泛的传染病之一，已成为世界性的严重社会问题和公共卫生问题。特别是艾滋病，其凶险性及缺乏特效药物治疗和有效疫苗预防，使其对人的身心健康、家庭稳定、社会和谐以及社会的发展构成严重的威胁。

据统计，我国青年学生艾滋病感染人数增长较快。家长有必要帮助孩子初步了解预防性病/艾滋病的知识和技能，引导他正确对待艾滋病病毒感染者和艾滋病患者，树立自我保护意识。在与孩子谈论这个话题前，家长应尽可能多学习和了解性病/艾滋病的相关知识，只有这样才能传达正确的信息。家长可以通过以下途径对孩子进行教育。

1. 借助网络或影片开展教育

网络或影片是宣传预防和控制性病/艾滋病信息的重要途径之一。例如，中国疾病预防控制中心录制的预防艾滋病公益宣传片《青春无艾 美好未来》，重在引导青年学生树立正确的健康观念，提高艾滋病防治知识水平和自我保护意识，养成健康的行为方式。

2. 发挥同伴教育的有效性

同伴教育，是指具有相同背景、共同经历或由于某些原因使其彼此有共同语言的人，在一起分享信息、观念和技能并决定自己行为，以实现教育目标的一种教育形式。目前同伴教育在青少年预防性病/艾滋病健康教育中正扮演着非常重要的角色，而且被广泛证明是一种行之有效的方法。

家长在日常生活中应该积极为孩子创设有助于建立正向同伴关系的平台，因为青少年乐意与同龄人讨论与性病/艾滋病相关的话题，寻求有关预防性病/艾滋病的相关信息。通过同伴教育，青少年普遍提高了预防艾滋病、性传播疾病和采取安全性行为的知识水平；他们对艾滋病患者和艾滋病病毒携带者的态度变得更为理性。此外，同伴教育也有效地使初次性行为的发生有所延迟，安全套的使用率增加。

3. 借助各类平台学习知识

家长要努力自我提升，借助各类平台多学习和理解性病/艾滋病有关的知识，这样在与孩子沟通交流时才能传达正确的信息和观念。

性病/艾滋病流行形势严峻。在我国，15—19岁的青少年是HIV感染的高发人群。家长有必要帮助孩子科学识别危险行为，选择健康的生活方式。同时，家长也要告诉孩子，不必对正常的社会交往过度恐慌，但要掌握性病/艾滋病的相关知识，学会保护自己。在平等尊重的基础上，家长积极和孩子沟通，给予他更多的知情权，引导孩子做出健康、安全和负责任的决定。

参考文献

[1]哈夫纳.从尿布到约会：家长指南之养育性健康的儿童（从婴儿期到初中）[M].王震宇，张婕，译.上海：上海社会科学院出版社，2018.

[2]斯坦伯格.与青春期和解：理解青少年思想行为的心理学指南[M].孙闰松，译.北京：人民邮电出版社，2019.

[3]江汉声，晏涵文.性教育[M].北京：中国青年出版社，2004.

[4]苗世荣，洪苹.青春健康家长培训指南：沟通之道[M].北京：人民卫生出版社，2019.

[5]林明环.青少年预防性病艾滋病健康教育研究现状[J].中国热带医学，2008，8（6）：1062−1066.

[6]赵芮，张磊，富晓星，等.中国11省市青少年性与生殖健康知识、态度及行为调查[J].中国公共卫生，2019，35（10）：1330−1338.

[7]林柔君，王亚平，张悦，等.中学生性行为和性态度现状调查分析[J].中国性科学，2014，23（12）：83−86.

（执笔：许立群　长兴县教育研究中心）

第 21 课

如何建立高质量的
亲子关系

课程简介

教学对象

高中生家长

教学目标

1. 认识亲子关系对孩子成长的重要性，了解存在的问题及原因。

2. 掌握建立高质量亲子关系的策略。

3. 体会高质量亲子关系产生的幸福感。

教学时长

90 分钟

课程框架

（三）营造良好的家庭氛围

    1. 创造良好的家庭环境

    2. 走出亲子关系的误区

    3. 给予高质量亲子陪伴

（四）完善自己的内在素养

    1. 拥有稳定乐观的心态

    2. 提升协助孩子的能力

    3. 学习科学的育儿方法

（五）懂得修复重建亲子关系

参考文献

课程内容

👤 [实例导入]

女生佳佳从小比较听话，同学关系良好，兴趣广泛，擅长舞蹈、绘画、演讲等，各方面素质较为优越。中考时她以高分考入重点学校。但进入高中后，她的学习成绩逐渐下滑。到高二第二学期，佳佳上课无精打采，注意力不集中，做作业静不下心，感觉心烦，没力气，学习成绩变得越来越糟；在家里沉默寡言，长时间把自己锁在房间里。她经常说不想去学校，找各种借口请假，最后发展为停学在家。

据咨询了解，佳佳高一时曾向父母提出，她想参加美术艺考，但遭到父母反对，特别是妈妈比较强势，不同意女儿走艺考之路，所以没有达成这一意愿。整个家庭气氛压抑，没有欢声笑语，父母的关系糟糕，婚姻"名存实亡"。对佳佳的教育问题，爸爸放任不管，妈妈则控制欲强。所以佳佳平时基本不与父母交流，遇到困惑就自己消化，直到实在受不了了，只能选择停学。

在大量的学生咨询个案中，孩子出现问题，往往不是由于孩子单方面的原因，而是一个系统出现了问题。对于孩子来说，影响最大、最直接的系统，就是家庭。上述实例中的女生，家庭关系的冲突，特别是亲子关系的不顺畅，直接影响着她的身心健康、人际交往和学业的正常发展。

高中是一个承上启下的阶段，是个体向成人发展的关键时期，这个阶段个体的身心健康很重要。根据生态系统理论，家庭是对个体成长发挥巨大作用的系统，亲子关系更是对个体有很大的影响。亲子关系是家庭教育的前提，亲子关系良好才能有效实施家庭教育。在高中这个重要阶段，探讨如何建立高质量的亲子关系显得尤为重要。

一、亲子关系对高中生身心发展的影响

亲子关系对处于青春期的高中生来说具有重要作用，良好的亲子关系不仅可以带给孩子良好的心理健康状态，同时也会帮助孩子健康成长，并在学业上

有更好的表现。高质量的亲子关系是家庭教育的基础。

（一）影响人际关系

亲子关系是在家庭生活中逐渐形成并发展起来的，它本身也是一种人际关系。朱洲、沈毅等人对高中生亲子关系与人际关系的相关性进行研究，结果显示：亲子关系与人际关系在多个维度上呈显著相关。父子亲合度越高，则母子亲合度越高，发生亲子冲突的可能性越少，产生人际关系方面的困扰就越少；母子亲合度越高，那么发生亲子冲突的概率越低，人际关系相对较好。心理学家霍妮说过："儿童的异常活动始于儿童期制造焦虑的那种环境，特别是不正常的亲子关系。"如果家庭中可以营造一种积极、健康、温馨、和谐的亲子关系，在亲情的传导中帮助孩子成长，孩子的心理健康水平也会获得提升；反之，如果亲子关系冷漠、疏远甚至是充斥着暴力，那么孩子的心理自然也不能健康发展。

（二）影响学业发展

亲子关系的质量会影响孩子对学习的态度。良好的亲子关系会促使孩子更加认同和接纳父母的期望，从而在学习上变得更为自觉，并使之成为一种自身的需要。

郭俊彬等人对改善亲子关系提升高中生自我效能感和学业成绩的研究结果表明：针对家长采取开设家庭教育讲座、在家校平台进行信息沟通以及个别咨询等干预方式，可以促使亲子关系明显改善，家长对孩子的理解沟通、喜爱尊重和成长宽容显著提升，而苛责干涉则显著减少。亲子关系改善的同时，孩子的自我效能感和学业成绩也显著提高。

亲子关系优良的家庭，夫妻和孩子都更能感受到爱和幸福感。能够感受人生快乐的孩子，更容易做到快乐学习和享受学习，取得优秀的学习成绩也是必然的结果。

（三）影响心理健康

栗思畅、魏铭辰采用问卷调查法就"亲子关系对青少年抑郁的影响：感恩和自我关怀的中介作用"进行研究，结果发现：亲子关系对青少年抑郁有显著的负向预测作用；亲子关系通过感恩的部分中介作用影响青少年抑郁水平；亲子关系对青少年自我关怀有显著的正向预测作用；亲子关系通过自我关怀的部分中介作用影响青少年抑郁水平。

高中阶段是个体由青少年向成人过渡的关键时期，伴随着身心的一系列变化及学业压力的增大，这一时期的孩子会面临许多成长的挑战。给孩子倾诉的机会，让他宣泄心中积郁的情感，对其心理健康是非常重要的。所以家长在与孩子沟通时要有耐心，善于且仔细聆听孩子的心声，这是避免出现沟通障碍的灵丹妙药。良好的亲子关系不能代替其他关系，也不能避免各种问题的发生，但能够成为孩子积极应对问题的坚强后盾，也是其自信心、安全感、抗挫力、心理弹性等心理能量的重要来源。相关研究发现，良好的亲子关系能够帮助孩子顺利度过青春期；不良的亲子关系则会加重其叛逆、反抗心理，诱发更大的心理行为危机。亲子冲突会使孩子情绪低落、烦躁，若消极的心理状态长期存在，有可能引发抑郁症，危害青少年身心健康。

（四）影响自我成长

亲子关系对于孩子的成长发展具有不可替代的作用。健康良好的亲子关系能够帮助孩子形成正确的思想观念、健全的人格体系。如果父母的情绪不稳定，家庭缺乏温馨和谐的气氛，就容易导致孩子易怒，情绪波动大。如果家庭关系良好、亲子关系和睦，父母遇事能积极并坦然地对待，孩子的性格就会变得开朗乐观。和谐、有爱、民主的家庭氛围可以培养孩子积极向上的性格品质。

白丽英等人在关于亲子关系对儿童发展影响的研究中发现，亲子关系对孩子发展的重要意义已毋庸置疑，良好的亲子关系有助于孩子形成独立、自信、自我控制、喜欢交往的性格特征；而不良的亲子关系易导致孩子缺乏安全感、忧虑、退缩、不喜欢与同伴交往，并且在能力、自信与自我控制方面表现一般。

二、高中生亲子关系常见的问题与原因分析

亲子关系会影响孩子高中阶段的身心健康发展。这个时期的亲子关系处于危机期，但也提供了修复亲子关系的机遇。

（一）常见的问题

1. 亲子冲突

亲子冲突是构成高中生心理压力的重要来源，与高中生心理健康的各个层面（包括一般心理适应、生活满意度、生活目标、无助感、自尊）都有显著的关系。亲子冲突常见的表现有以下几种。

（1）身体冲突

身体冲突指父母体罚子女，子女攻击父母。

（2）言语冲突

言语冲突指父母用强烈的言辞责骂子女，子女用同样的方式对待父母。

（3）心理攻击

心理攻击指父母用冷落、讽刺以及心理折磨的方式对待孩子，孩子则对父母表现出明显的逆反行为，通过自己的行为激怒父母，甚至通过犯罪等方式报复父母。

2. 关系依赖

依赖是一种不成熟、不健康的心理或性格特点。有些孩子表现为过度的情感依赖，不能适应寄宿生活，不能独自面对学习、生活、人际关系，事无巨细都要向父母汇报、询问，不会理性选择和科学抉择，怕失败受挫折，有的还变得不合群、情绪暴躁。孩子长期在家中获得溺爱和太多的保护，导致其缺乏生活体验，社会化能力受限。

3. 忽视放任

有一些家长对孩子采取放任、忽视的态度。比如将孩子从小就送去寄宿学校，未参与其成长过程，对孩子在学习、生活方面存在的困难重视不够，不能给予有效的指导，没有帮孩子克服困难。孩子得不到正确的引导，不能形成正确的是非观。

此外，家长作为未成年孩子的监护人，应该对其行为有所约束。有的家长对孩子过度信任，完全放手，从一定程度上来说是一种不负责的表现。

4. 沟通不畅

亲子关系是一个双向互动的过程，在父母行为影响孩子发展的同时，孩子也以自身的特点影响着父母的教养态度与行为。尤其是当代高中生独立意识与能力增强，更要求父母也要向孩子学习。孩子与父母之间沟通不畅，往往表现为没有共同话题、不能相互理解；互不主动沟通、与对方有隔阂；不能平心而论，不能换位思考；相互情绪化，一方过于唠叨，另一方厌烦顶嘴；等等。

（二）原因分析

出现上述亲子关系问题的主要原因，可以从高中生的心理发展特点和父母自身理念、态度、方式等来分析。

1. 逆反心理的影响

逆反心理，是青春期孩子普遍存在的一种个性心理特征，主要表现为对外在一切力量予以排斥的意识和行为倾向。当孩子长到十来岁时，对事物的认识能力逐渐提升，世界观正在初步形成，开始进入渴望被理解、被尊重的时期。此时他们会有一种"我已经长大了"的感觉，时时处处都要表现出独立、自强的个性。他们不愿意与家长交流，而是喜欢结交家庭成员以外的伙伴，追星，模仿成人，特别喜欢与同龄的异性在一起，开始公开表达好感，甚至成双结对地走路、交谈、嬉戏打闹，去追求共同的志趣，倾诉共同的苦恼。

2. 情绪智力的不足

情绪智力，是指有效地调节控制情绪情感，使之有助于问题解决的能力。处于青春期的孩子性情浮躁多变，易怒，自主意识强，易与父母产生分歧冲突。此外，高中生学习压力不断加大，如果父母再有一些不合其心意的言行，就会引爆"火山"，使其产生更大的愤怒。而面对孩子的"叛逆""不听话"，有的父母轻则斥责，重则打骂。这样必然使亲子关系陷入恶性循环。因而情绪调节和控制是调适亲子关系和家庭教育最不容易突破的难点。

3. 双向互动的隔阂

有孩子哭诉道："我多想把心里的烦恼跟他们说一说，可他们一副觉得我没事找事的样子，偶尔回应几句敷衍的话。当时我想说的话就像苦水，只能往心里流。到后来我就不想再跟他们说什么，可他们竟然还埋怨我什么都不跟他们讲。"也有孩子在和父母的"较量"中败下阵来，彻底投降，从心理上、行为上退行到与父母的共生阶段，所有事情都交给父母全权处理，一切安排都听父母的。这种孩子表面上看起来乖乖的，实际上，其心理上的生长被压抑了。有的孩子甚至不愿表达、不会表达、不想表达，抑郁、低沉、不安，在父母面前，气氛压抑，完全没有自在、坦率、信任的状态。

4. 父母认知的局限

很多家长认知结构有局限，自我更新能力不够，难以接受新的思维方式与新观念，缺乏对某些问题的回应能力，如性教育知识、恋爱问题等，难以满足青春期孩子的求知需要。有些父母过分关注孩子学业与成绩，不理解孩子的内心世界，不善于倾听与共情，习惯使用大量的警告、命令、批评、说教的语句，这种态度和做法令孩子感到厌烦，使其往往选择用沉默、隐藏情绪等方式来逃避沟通。

三、如何建立高质量亲子关系

积极良性的亲子关系具有强大的正面力量，是孩子健康快乐成长的动力源泉。不良的亲子关系会影响孩子的身心健康，影响其生活和学习。高质量的亲子关系需要父母和子女双方的共同努力。针对现实中出现的亲子关系常见问题及成因，对于高中生家长，特提出以下建议。

（一）调整教养方式

朱倩倩、周青山调查研究发现，67.2%的高中生与父母相互尊重，和睦相处。这从侧面反映了民主型的教养方式在家庭中占主导地位。有 7.0%的高中生父母属于溺爱型，16.0%的属于专制型，9.8%的是冷漠型。从整体上来看，中国现阶段的家庭教育方式以民主型为主。民主型的教养方式有利于和谐亲子关系的形成。研究证明，民主型家庭中的孩子能在情感、社会和认知方面得到更好的发展，通常会更独立、自尊。

作为高中生家长，需要注意以下几点。

①在约束性和自主性之间掌握一种合理平衡，在培养孩子自立能力的同时，给他提供必要的标准、限制和指导。

②以温情和亲密的亲子关系为基础，尊重孩子的权利，尊重他的意见与建议。让孩子愿意主动与父母探讨自身的想法，父母能耐心地倾听孩子的观点，

鼓励孩子表达自己的情感，并让孩子参与家庭决策。

③帮助孩子树立遵守规则的意识，敢于承担责任，关心孩子的兴趣爱好，提供给孩子适当的支持和鼓励，激发他的探索和创新能力。

④家长要根据孩子的状况适度调适，降低过量供给，增加不足供给，避免"营养过剩"或"营养不良"，给孩子提供一个合适、有利于其成长的家庭教养环境。

（二）提升沟通能力

相关研究调查显示，很多高中生觉得尽管自己和父母朝夕相处，但父母仍不知道也不了解自己想要什么，总是感觉自己和父母之间有一层戳不透的薄膜，有些事宁愿憋在心里也不愿向父母提起。父母要重视加强亲子间的有效沟通，促进双方的心理契合，实现家庭关系的良性发展。

1. 沟通内容要满足需求

根据高琦璐对 562 名高一学生进行的关于亲子沟通的调查，学生与父母之间的亲子沟通内容比较集中，父母最关心的是孩子的学业成绩（34.16%），其次是家庭琐事或新闻事件（23.13%）等，而对这个年龄段一些敏感的话题如恋爱、性、交友等很少提到。这种以"学习"为主题的交流，让孩子觉得父母根本不关心自己，自己只是他们满足自我愿望或炫耀的工具，所以孩子就会不耐烦，产生逆反心理，导致沟通不畅。

殊不知高中的孩子在物质层面满足之余更注重精神需求，渴望父母能与时俱进，真正了解自己的内心想法、兴趣爱好、情感困惑，像知心朋友一样理解、支持、鼓励自己应对生活。因此，家长要了解一些心理学知识和青春期知识，学会倾听，管理好自身情绪，不随意打骂孩子；多关注孩子的思想状态，加强心理引导，及时发现孩子的兴趣点；通过亲子沟通帮助孩子树立正确的人生观，能够理性面对发生的事情。

2. 沟通方式要通情达理

沟通方式对沟通效果有着重要的影响。事实证明，亲子关系中产生的许多问题，都源于父母与子女之间缺乏情感上的沟通。

家长可以具体对照自己的实际，在与孩子沟通时做一些改变：一是变只说不听为学会耐心倾听；二是变只重视语言为多种情感方式交流；三是变空洞的话语为更有针对性的提示；四是变专断说教为平等对话；五是变随意教育为掌控最佳教育时机；六是变言行不一为言行一致；七是变缺乏信任为更多的鼓励和赏识。

3. 沟通过程要平等互动

对于很多家庭而言，父母从居高临下到平等互动的转变需要一个过渡时期，父母与孩子的关系不是一方"管教"另一方的关系，而应该是相互学习、共同成长的关系，双方可以平等地交流和沟通。亲子双向交流，尊重孩子的想法；父母控制情绪，尊重孩子的感受。

（三）营造良好的家庭氛围

在家庭教养环境中，孩子无疑是主体，他们从家庭环境中汲取各种"营养"而获得自身的成长。而父母等外部因素就构成了主体成长的环境，为主体提供关爱、知识等各种成长要素。当环境提供的各种"营养"和主体的需求相当时，主体就能顺利成长。

1. 创造良好的家庭环境

家庭环境是实施教育的主要阵地，亲子关系的建立在很大程度上取决于家庭环境良好与否。温馨而充满关爱的家庭环境有助于良好亲子关系的建立，反之，破碎而充满矛盾的家庭环境将是建立良好亲子关系的障碍。因此，家长应起到模范带头的作用，谨言慎行，夫妻和睦，孝顺父母，营造和谐有爱的家庭氛围。

2. 走出亲子关系的误区

第一是重亲子关系、轻夫妻关系，把过多的精力投到孩子身上，而忽略了夫妻关系。如果夫妻间的教育观念不一致、冲突不断、情感淡薄，家庭和睦系数低，就容易阻碍亲子沟通。

第二是父母与孩子的关系失衡，有一方缺位、不作为，出现孩子教育性别化明显，如"父爱缺失"，不利于孩子尤其是男孩人格的健康成长。

第三是孩子成了父母发生矛盾时的后备力量或者宣泄对象，父母争相拉拢孩子，有目的地重视亲子关系，也会影响或妨碍良性亲子关系的建立。

3. 给予高质量亲子陪伴

陪伴是最好的教育，有利于培养和谐的亲子关系。但很多家长在亲子陪伴的过程中充当"隐形人"，只是陪着孩子，而不是给予高质量的陪伴。低质量的亲子陪伴会导致不和谐的亲子关系，容易让孩子迷恋上电子产品，从而危害身心健康。

（四）完善自己的内在素养

家长的示范作用对孩子的影响力要远胜于语言教育。要想教孩子做一个对自己言行负责的人，其实不需要太多的说教，家长以身作则，就会带动孩子。要做到这一点，家长更需要提升自身的修为。

1. 拥有稳定乐观的心态

很多家长学习了很多道理和方法，却依然走不出教育孩子的困局。因为孩子是不一样的，生搬硬套注定无解。方法有效的背后是人的状态和能力。智慧的家长有稳定乐观的心态，有体察孩子感受的能力，当孩子遇到问题的时候，他们能迅速抓住关键，并给出应对的方法。智慧的家长，最重要的不是学习理论和方法，而是调整好状态——积极向上，情绪稳定！只有内心强大的父母才能养出内心强大的孩子。

2. 提升协助孩子的能力

家长需要提升的协助孩子的能力包括很多，比如情绪管理的能力。当遇到孩子学习不认真的时候，家长是否能够管理和调整好自己的情绪，理智地看到孩子学习动力不足背后的原因。当孩子遇到困难发脾气或畏难的时候，能不能帮助孩子看到问题的根本，同时通过倾听、激励去协助孩子。如果家长欠缺这种能力，那么需要先通过训练提升相应的能力。

3. 学习科学的育儿方法

家长自身的学习一直在路上，跟着孩子一起成长很重要。学习科学的育儿方法，可以明方向、知规律、懂养育；可以读懂孩子、理解人性；可以与孩子"同频共振"，沟通畅通。

（五）懂得修复重建亲子关系

现在孩子和父母之间存在这种现象：父母等孩子说"谢谢"，孩子等父母说"对不起"。如果家长过去曾以错误的方式对待孩子，造成孩子心理上有某些愤怒、对抗、自卑等情绪，那么家长要学会"认错"。但认错要有方法，并不是口头上简单地说一声"对不起"，而是真诚地表达歉意，承担责任，阐明态度，把过去的某件事与孩子做和解，让孩子真正感受到被重视、被关爱。如果家长在孩子进入社会之前，能意识到自己的问题，及时、尽早地纠正错误，终止对孩子的伤害，亲子关系就能得到修复和重建。

关系大于教育，关系的品质决定着生命的品质。高中阶段是孩子走向成人的重要阶段，和谐的亲子关系对高中生的身心健康成长起着重要作用。

参考文献

[1]王竹燕，王丽萍，王克伟.亲子关系对高中生心理健康的影响及教育建议[J].中小学心理健康教育，2022（S1）：74-75.

[2]朱洲，沈毅.高中生亲子关系与人际关系现状及相关性研究[J].中文科技期刊数据库（全文版）教育科学，2023（2）：182-186.

[3]郭俊彬，张二虎，刘视湘.通过改善亲子关系提升高中生自我效能感和学业成绩的研究[J].中国校外教育，2021（2）：84-91.

[4]粟思畅，魏铭辰.亲子关系对青少年抑郁的影响：感恩和自我关怀的中介作用[J].中小学心理健康教育，2023（25）：19-24.

[5]朱倩倩，周青山.优化亲子关系促进学生健康成长[J].当代教育理论与实践，2016（6）：14-16.

[6]白丽英，叶一舵.亲子关系对儿童发展影响的研究综述[J].宁波大学学报（教育科学版），2002（2）：45-49+53.

[7]贾慧蓉.走出误区，构建良好亲子关系[J].中小学心理健康教育，2021（14）：68-70.

[8]高琦璐.高中阶段亲子沟通问题分析与建议[J].中小学心理健康教育，2021（31）：70-73.

（执笔：单海林　绍兴鲁迅中学）

第 22 课

如何引导孩子
树立正确的价值观

课程简介

教学对象

高一学生家长

教学目标

1. 认识正确价值观对孩子健康成长的重要性。

2. 分析孩子价值观存在的问题及原因。

3. 掌握引导孩子树立正确价值观的策略。

教学时长

90 分钟

课程框架

（三）家长要正确引导，培养孩子的责任感

    1. 让孩子理解生命的意义

    2. 帮助孩子树立正确的是非观

    3. 给孩子讲清为人处世的道理

    4. 培养孩子的劳动习惯与责任心

（四）家长要加强学习，改进教育方法

    1. 了解孩子成长的规律和特点

    2. 平等对待孩子

    3. 采用多种方式对孩子进行培养

参考文献

课程内容

👤 [**实例导入**]

　　小杰在读高中前曾是一个性格阳光、学习态度积极的学生。中考结束后的那段时间，他迷恋上了手机游戏。进入高中后，学习难度和压力明显增加，他的学习成绩下降，情绪也变得易怒易暴躁，回到家后，基本不和父母交流，一个人将房门锁起来玩游戏。渐渐地，他失去了积极向上的心态，丧失了克服学习困难的勇气，直到有一天他说不想去学校了，提出要办理休学手续。

　　在信息网络时代，青少年群体容易迷恋网络游戏，屏蔽与社会以及他人的联系，逐渐迷失自己，生活状态变得颓废，形成消极的价值取向。从孩子发展、家庭建设、社会进步等角度而言，最好的家庭教育是帮助孩子树立正确的价值观，形成健全的人格，增强社会责任感，拥有家国情怀，让其精神有归属，生命有意义。

一、价值观概述

（一）价值观的内涵和作用

1. 价值观的内涵

　　价值观，是人们基于社会生存、生活和发展的需要，通过社会实践，在对各种具体事物价值认识的基础上，形成对事物价值的总的看法和根本观点，是人们的价值理想、价值信念、价值标准和具体价值取向的综合体现。价值观是一个人的人生基石，会对其一生产生深远而持久的影响。

　　我们倡导的正确价值观，包括家国情怀、集体主义和正直友善等，将个人与国家有机结合，辩证看待个人与国家之间的关系。通过注重个人修养、重视家庭家教家风建设、培养心怀天下的精神境界，促使青少年将个人的学习、事业与理想，和民族的进步相融合，和国家的发展相结合，成为推动整个国家、民族进步的动力和希望。

2. 价值观的作用

价值观对人们认识世界和改造世界的活动具有重要的导向作用。价值观不同，对事物的认识和评价就不同，选择的生活方式和人生道路也就不同。高一的孩子正处在人生道路选择的关键时期，随着知识的积累和独立性的增强，他们对外界客观事物的联结与评判有了自我的主张，正确的价值观是其内心准则，更是其行为指南和生命动力。

从人类社会的发展而言，价值观不仅对个体发挥作用，而且对一个民族也产生着诸多影响。价值观是一个国家民族的精神追求，体现着社会评判是非曲直的标准。全社会共同认可的核心价值观具有最持久、最深层的精神力量，在增强民族凝聚力、提高公民意识、建设幸福家庭等方面都有重要意义。

（二）正确价值观与青少年健康发展的关系

青少年时期，是人生的"拔节孕穗期"，人的身体特别是大脑不断发育成熟，心智逐渐健全，自我意识觉醒，思维活跃，是接受新事物能力最强的时期，也是价值观形成的黄金时期。

1. 有助于青少年人格发展

人格发展是高一孩子心理发展的一个方面，具有独特性、稳定性、综合性和功能性的特征。在正确价值观的指导下，青少年能独立做出客观的评价，在人格发展方面更加注重对自身品质的评价。在家庭教育中，家长指导孩子树立正确的价值观，有助于孩子掌握并运用一些道德准则自觉调节和指导自己的行为，对自己、他人和集体产生乐观积极的态度，将正确价值观内化为精神追求并付诸实践，实现个人与社会的统一。

2. 能促进青少年心理健康

青少年时期是一个人心理发展和价值观形成的关键期。伴随着自我意识的增强，青少年特别关注价值观问题。正确的价值观有助于青少年遵循全面、客观评价事物的标准，对他们的健康成长起着至关重要的作用。家长指导孩子树立正确的价值观，正是孩子实现身心和谐发展的关键所在，有助于满足其归属感的需要，激发其内在动机，促进其健康成长。

3. 可影响青少年学业成绩

家长指导孩子树立正确的价值观，在充分客观分析孩子的兴趣、能力、性格、特长和社会需要的基础上确立其今后的发展志向，更能促使他勇于砥砺奋进，练就过硬本领。学习内驱力的因素之一就是拥有明确的奋斗目标，孩子为实现奋斗目标，会更加努力学习科学文化知识和专业技能，提高科学修养和道德修养，以真才实学报效祖国。

4. 决定着青少年的幸福感

幸福感的来源包括物质方面和精神方面的满足。只有在物质和精神两个方面都得到满足时，我们才能真正地感受到幸福。其中，精神方面的满足主要指情感、自我价值、成就感等方面的满足。如果一个人的价值观与社会主流价值观是相符合的，他就会感到自己被社会认同，拥有安全感和归属感。相反，如果一个人的价值观与社会主流价值观是不一致的，他就会感到自己被孤立和排斥，缺乏归属感和安全感，从而影响到幸福感的产生。一个人的价值观决定了他的行为方式和生活方式，也决定了他的幸福感和满足感。家长要指导孩子树立正确的价值观，让孩子的追求更有高度、更有品位、更有境界，为孩子的幸福人生奠定基石。

二、高中生价值观存在的问题与原因分析

（一）存在的问题

随着我国社会主义市场经济的发展和改革开放的不断深入，各国文化和价值观不断地传入并影响着我们的传统文化和现代价值观念的发展。通过综合分析对高一孩子的价值观进行的相关调查研究，发现主要存在以下三个令人担忧的问题。

1. 重个人利益轻社会利益

部分孩子具有强烈的独立意识和自我表现意识，在每一件事情上都强调自己的主体意识，重视个人价值的实现。他们片面地认为人生幸福就是个人幸福，一切以自我为中心，存在重视个人利益而忽视社会利益的问题。在他们的思想和认知里，人生价值便是自我价值，不能辩证地看到人的价值是社会价值

和自我价值的统一，不能认识到人的价值主要在于对社会的责任和贡献。

2. 重物质利益轻精神追求

随着现代生活条件的提高，产品供给日益丰富，很多高一孩子对物质上的满足已有强烈的需求，对金钱十分看重，甚至偏激地认为金钱是衡量社会地位、社会关系的唯一标准。他们重视物质利益的倾向越来越严重，忽视了对精神的追求和崇高目标的实现。

3. 重分数提高轻品德培养

高中生在学业方面承受着较大的压力，部分孩子错误地将升学作为唯一的任务。有些孩子认为个人价值的实现取决于学识、才能、机遇、社会关系等，与个人品德没有太大关系，以致忽视了对自身品德修养的要求。有些孩子不遵守社会公德，不讲究社会精神文明，脏话连篇，行为粗鲁。"高分低能"和"高分劣德"的情形屡见不鲜。

（二）原因分析

高中生价值观的树立是一个逐步形成与确立的过程，深受市场经济、多元化社会信息和价值取向、孩子自身思维方式、家庭教育方式等方面的影响。

1. 市场经济的双重影响

市场经济对于高中生价值观形成的影响具有双重性，既有积极的一面，也有消极的一面。市场经济强调竞争机制、利益原则、等价交换等运行规则，这对于培养孩子的自立自强精神、时间观念、效益观念、竞争意识、创新意识和拼搏意识都有着积极作用。但市场调节也存在着自发性、盲目性、滞后性等弊端，利益原则和等价交换原则等在一定程度上对孩子的价值观产生了消极影响。如市场经济中的价值规律，它的基本内容包括在商品交换过程中实现等价交换。而将等价交换原则运用到社会生活中，就可能产生任何付出都要用相对等的金钱来回报的理念，这不利于培养孩子助人为乐、无私奉献等精神。

2. 多元化社会信息和价值取向的影响

随着经济社会的快速发展，互联网越来越普及，现代信息技术实现了跨越式的发展，高中生接收信息的渠道大大拓宽。但是多元化的社会信息和价值取向也对他们产生了较大冲击。高一孩子的是非辨别能力还不是很强，容易在错综复杂的社会信息和思潮中迷失方向，误入歧途。因此，高一孩子要提高辨别是非的能力，抵御落后文化、腐朽文化的侵蚀。

3. 意志品质不稳定性的影响

高中生的兴趣较为广泛，有着较强的好奇心和求知欲，但意志品质尚不稳定。面对大量世俗化的具体的价值判断和价值选择，容易产生思想上的矛盾和困惑。同时，他们还没有完全具备辩证的思维正确认识自己和他人；尤其是自我意识的膨胀，使其不愿意接受他人灌输式、说理式的教育，渴望进行自我奋斗和拼搏，希望自己的才华得到肯定，从而过分注重个人利益和个人价值。

4. 家庭因素的影响

家庭因素对孩子价值观的影响是极其重要的。孩子价值观的形成与家庭结构、家庭生活氛围、家庭教育方式息息相关。

（1）家长自身没有树立正确的价值观

作为孩子第一教育责任人的家长如果自身不具有正确的价值观，就会对孩子产生不正确的影响。例如，教育孩子只要管好自己的事情，对于别人的、集体的事情可以置之不理，在别人需要帮助的时候无须伸出援助之手。或者在家庭教育过程中，没有将孩子的发展与社会、国家的发展融合在一起，很少或者基本不会和孩子谈及社会发展和国家利益，导致孩子的眼光和格局局限于自身，割裂了与社会、国家之间的关系。当孩子的心中只有自己时，很难有持久的力量和强有力的动力支撑其长远发展。

（2）家长使用不当的教育方式

家庭教育的方式有正确与不正确、科学与不科学之分。有些家长使用不恰当的教育方式，导致孩子没有树立正确的价值观。例如有些家长为了让孩子进行家务劳动，事先和孩子谈好条件，做怎么样的家务相应地付给他多少费用。这种教育方式会导致孩子产生"金钱至上"或者"等价交换"的错误思想。有部分家长存在着"分数至上""分数唯一"的错误观点，只关注孩子的学习成绩，不重视孩子的社会实践活动。他们认为参加社会实践活动是浪费孩子的时间，对孩子的未来发展没有价值和意义。这就导致孩子的思想观念中也只有分数，其他都被忽略。事实上，缺乏社会实践锻炼的孩子很难与社会、他人进行有效联结，无法实现个人与社会的真正统一，很难成为对社会、国家、民族有益的人。

三、树立正确价值观指导策略

培养孩子形成正确价值观，这不仅对孩子的健康成长至关重要，而且关系到国家民族的未来发展。2022 年 1 月，《中华人民共和国家庭教育促进法》正式实施，其中第二章家庭责任的第十四条明确规定，父母或者其他监护人应当树立家庭是第一个课堂、家长是第一任老师的责任意识，承担对未成年人实施家庭教育的主体责任，用正确思想、方法和行为教育未成年养成良好思想、品行和习惯。因此，家长要用自己的表率作用示范，用有效的方式方法教育孩子，引导孩子树立正确的价值观，加强孩子的思想道德修养，培养孩子成为有益于国家和人民的时代新人。

（一）家长要率先示范，加强自身修养

高中生的价值观在受教育的过程中不断演变，具有极强的可塑性和易变性。家长是孩子的第一任老师，家长的价值观直接影响着孩子的价值观。因此，培养孩子形成正确的价值观，家长要加强自身修养，起到榜样示范作用。

正确的价值观内涵非常丰富，主要包括爱国主义精神、集体主义精神、有责任感、勇于担当、无私奉献、与人为善、助人为乐、团结友爱互助等等。家长要以此为标准，规范要求自己的思想与行为，在日常生活中践行正确的价值观，给予孩子言行上的示范，使孩子在与家长朝夕相处中受到潜移默化、深远持久的积极影响。

家长是对孩子影响最大的人，想要孩子成为什么样的人，家长首先就应该成为什么样的人。家长应在工作方面兢兢业业、无私奉献，不断提高技能和素养，为社会、为国家作贡献；在为人方面关爱他人，助人为乐，形成融洽和谐的人际关系；在家庭生活中承担起家庭的重任，关心照顾家人，构建温馨的家庭环境；等等。只有这样，家长才能在孩子的心目中树立起良好的形象，才有资格与孩子交流关于正确价值观的形成，才有能力引导孩子朝着正确方向前进。

（二）家长要负起责任，营造良好的家庭氛围

如果家长自己具备正确的价值观，但对孩子不进行教育引导，孩子也未必能像家长一样有正确的人生价值观。事实证明，如果家长独善其身，不对孩子加以教育，并不一定能保证孩子也能独善其身。因此，家长务必在思想上高度重视对孩子的教育引导问题。

家长要深刻认识到自己是孩子价值观形成发展的第一责任人，要以高度负责的态度承担起教育孩子的责任。家长要努力塑造良好的家庭氛围，可以从房间的精心布置与摆设来营造温馨的家庭环境；可以从家庭成员的言行举止中形成和谐融洽的亲密关系；可以在平淡的生活中增添仪式感，精心组织家庭成员的生日聚会，增进家庭成员间的亲情，凝聚家庭力量。如果孩子从小就在一个和谐友爱的家庭氛围中成长，家庭成员能够共同努力遵守和维护良好的家规和家训，在这种文化环境的潜移默化之下，孩子的品行自然端正，拥有正确的价值观。

（三）家长要正确引导，培养孩子的责任感

1. 让孩子理解生命的意义

人的一生非常短暂，要让孩子珍惜生命，并让生命迸发出活力。在日常生活中，家长可以结合具体的情境告诉孩子，人为什么活着、为什么要学习，让孩子明白贡献与索取之间的辩证关系，将个人的前途命运融入国家的前途命运中，做一个有利于他人、有利于社会、有利于国家的人；人生的意义并不在于担任什么职务、取得多少财富，而在于为社会、为人类做了多少工作、贡献了多少才华，只有对社会作出贡献，才会得到社会和他人的认可和尊重；平凡的岗位同样可以创造光辉的事业，人的能力有大小，只要自己努力了，就可以问心无愧。

2. 帮助孩子树立正确的是非观

家长将对与错、美与丑、善与恶、真与假等观念传授给孩子，可以从历史典故、日常生活、社会现象、报刊书籍、影视作品中选择合适的题材，明辨哪些是正确的、积极的、向上的，哪些又是错误的、消极的、丑恶的，逐步帮助

孩子具备正确的是非判断能力。

3. 给孩子讲清为人处世的道理

家长可以通过中华优秀传统文化和传统美德故事引导孩子，激发孩子感悟民族精神，形成爱国主义、团结友爱、互敬互助、勤劳勇敢、勇于进取等积极向上的精神品质；还可以结合现实生活中的英雄、榜样人物的事迹，和孩子一起分享他们的高尚品质和卓越成就，使孩子得到心灵的洗涤和思想的升华。

4. 培养孩子的劳动习惯与责任心

家庭是开展劳动教育的第一场所。家长可以让孩子从一些家庭小事做起，将劳动教育日常化。比如让孩子收拾房间、整理衣物、烧饭、洗碗、组装简易家具等等，让孩子感受到自己也可以为家庭作一点贡献，既提高了孩子的劳动素养，锻炼了其独立自理的能力，也在无形中让孩子获得了成就感，培养了孩子的责任感。

（四）家长要加强学习，改进教育方法

家长与孩子成长于不同的时代，家长必须通过不断学习，与孩子进行有效沟通，让孩子愿意听、听得进，从而实现事半功倍的教育效果。

1. 了解孩子成长的规律和特点

孩子处于青春叛逆期，要晓之以理、动之以情，采用疏导办法让孩子敞开心扉。家长要多从育儿书籍、报刊、网络上学习相关内容，更好地掌握教育方法，同时与其他孩子父母交流经验，互相学习，借鉴好经验、好做法。

2. 平等对待孩子

家长在某种意义上要放低身份，以平等方式对待孩子，尊重孩子。家长具有多重身份，既是孩子的父母，又是孩子的老师、朋友，在某些孩子擅长的领域，甚至甘于做孩子的学生。只有这样才能真正打开孩子的心扉，取得孩子的信任，引导孩子按照正确的路径发展。

3. 采用多种方式对孩子进行培养

家长可以与孩子多谈心，一起就读书、看报、看电视、看电影的内容进行探讨，就外出、旅游过程中的所见所闻交流看法；可以给孩子讲讲家族发展史，

带孩子看看家乡的发展面貌，以家族和家乡的发展历程来激发孩子爱家、爱故乡的情怀，增强其归属感、责任感和自豪感；可以鼓励孩子多参加社会公益活动，不仅有助于培养孩子的爱心和同理心，还能使孩子在帮助他人的过程中获得价值感。家长通过多种多样的教育方式和途径，使孩子更易于接受正确的人生价值观引导，从而增强教育培养的效果。

教育家陶行知曾说，生活即教育。家长以身作则，积极引导孩子树立正确的价值观，践行文明、友善的行为准则，将人生理想融入国家和民族的伟大梦想之中，促使其茁壮成长。这才是生命对生命的教育，生命对生命的启迪，生命对生命的润泽。

参考文献

[1] 孙云晓.习惯决定孩子一生[M].北京：北京师范大学出版社，2013.

[2] 徐明聪.陶行知教育思想文库[M].合肥：合肥工业大学出版社，2009.

[3] 刘伟.坚持以社会主义核心价值观涵育时代新人[J].教学与研究，2022（5）：5-12.

（执笔：徐国文　杭州市萧山区第五高级中学）

第 23 课

————

如何培养孩子的
法治意识和公民意识

课程简介

教学对象

高中生家长

———————————————————————————

教学目标

1. 认识到培养孩子法治意识、公民意识的重要性。

2. 了解孩子法治意识和公民意识培育中存在的问题及原因。

3. 掌握提升孩子法治意识和公民意识的策略。

———————————————————————————

教学时长

90 分钟

课程框架

[实例导入]

一、法治意识和公民意识概述

（一）法治意识

　　1. 法治意识的内涵

　　2. 培育法治意识的必要性

（二）公民意识

　　1. 公民意识的内涵

　　2. 培育公民意识的必要性

二、高中生法治意识与公民意识培育现状及问题分析

（一）法治意识培育现状及问题分析

　　1. 法治观念淡薄

　　2. 法治知识不足

　　3. 法治实践欠缺

（二）公民意识培育现状及问题分析

　　1. 应试教育对公民意识培育的冲击

　　2. 中学生生活与真实社会存在鸿沟

三、家庭培育法治意识与公民意识的策略

（一）兼顾孩子的智育与德育

（二）参与家长学校课程提升自我认知

　　1. 有利于更新家长的传统教育观念

　　2. 有利于家庭教育的科学化与规范化

　　3. 有利于家长相互借鉴经验

参考文献

课程内容

[实例导入]

小刚因家长在国外做生意，自幼跟着爷爷奶奶生活。他从小就觉得孤单，很少主动和同学交流。自从上了高中以后，他开始迷恋网络。一天，爷爷奶奶发现小刚的电脑里显示他加入了一个陌生人的群组，里面充斥着少儿不宜的内容。爷爷奶奶十分担忧，但由于小刚性格比较固执，有时教育他会适得其反，所以也只能默默关注。小刚的网络沉迷愈演愈烈。为了给一些网络平台充值，他向爷爷奶奶索要充值费，遭到拒绝。于是小刚向同学求助，同学也不予理睬，他感觉受到轻视。小刚知道同学小明生活优渥，零花钱富余，有一天放学后，他便尾随其后。在经过一条无人的小巷时，小刚堵住了小明的去路，把他逼到墙边，从他身上搜到了网络平台充值所需要的费用。小明向老师反映了小刚的所作所为，学校里传言四起。小刚感觉自己已经没有办法再正常进入学校进行学习，不知道何去何从……

高中生正处于从未成年到成年的过渡期，心智处于半成熟状态。作为成长在互联网时代的孩子，他们获取信息的能力强，喜欢网络中的虚拟世界，甚至会因此而无视现实社会的法则，导致出现实例中小刚沉溺网络而缺乏基本法治素养的行为。所以，在家庭教育中培育孩子基本的法治意识和公民意识势在必行。

一、法治意识和公民意识概述

（一）法治意识

1. 法治意识的内涵

公民的法治意识是法治国家建设的关键要素。党的二十大报告中指出，"弘扬社会主义法治精神，传承中华优秀传统法律文化，引导全体人民做社会主义法治的忠实崇尚者、自觉遵守者、坚定捍卫者"，为全体公民法治意识的培育指明了方向。高中生作为中国特色社会主义现代化建设的后备力量，主动学习法治知识，并积极将所学投身于实践之中，对于法治国家建设的重要性不言而喻。

法治意识，具体而言，是指在以法律、制度等治理国家的环境下，人们所形成的认知、思维方式以及各类心理活动的总和；其外延涵盖主体平等意识、权利和义务意识、法律权威意识等。高中阶段的法治教育，就是通过一定的情境创设，向受教育者传授法治的相关知识，形成相对稳定的法治意识，并指导自己具体的实践活动，真正做到"内化于心，外化于行"。

2. 培育法治意识的必要性

当今社会发展对于公民法治意识的要求不断提高。在基础教育的各个学段，对孩子的法治意识培育力度不断加强，要求孩子在法制的框架内规范自己的行为。高中生处于从青涩走向成熟的关键转型期，不论是学校教育还是家庭教育，法治意识的培育都不能忽视。

对于孩子的个人成长而言，高中阶段其心智还未完全成型、成熟，需要不断渗透社会主义的法治观念，促使其树立正确的价值标准，从而坚持基本的行为规范导向。学法、尊法、守法、用法，对于涵养其自身品质，实现全面发展，是具有重要意义的。

对于社会发展进步而言，提升法治意识是对每一位合格公民的基本要求。在基础教育阶段完成完整的法治意识培养过程，能为他们未来迈入社会、走向工作岗位打下良好的基础。高中阶段是基础教育阶段的尾声，一部分孩子在此阶段后会直接进入社会。所以高中生的法治意识培育显得尤为迫切。在智育任务基本完成后，法治意识的达成度成为德育任务的重要指标。

（二）公民意识

1. 公民意识的内涵

公民意识，是公民对自身身份以及在国家和社会中作用的认知。公民作为国家组成的基本单元，对于宪法和法律赋予的基本权利与义务，以及参与国家政治、经济、文化和社会生活的过程，会形成一种特定的理性认识，这便是公民意识。公民意识主要包括以下三个维度。

（1）主体意识和平等意识

主体意识，是指公民能够意识到自己不仅是公共生活的主人翁，也是国家的主人翁，而非被动的客体。在现代民主制度的基础上，产生了"主权在民"等理念，这些就是公民意识的具体体现。主体地位的确立，依赖宪法和法律的清晰界定，其实现程度，则取决于公民主体意识与实践能力。

平等意识，核心在于否定特权，即作为公民不得谋求法律规定之外的特权。公民在法律面前人人平等，法律适用一视同仁。此外，平等意识还包括宽容他人，理解多元的意见主张，以及关注弱势群体。

（2）权利意识和义务意识

权利意识，是指公民既能明确宪法和法律赋予自身的各项权利，也能正确理解国家权力与公民权利的关系。此外，公民还需要了解在不同的场景中如何恰当地行使权利，以及合法权利受到侵害时，应该通过什么途径合法维权。

义务意识，指公民应意识到自己应该履行的、不能被免除的义务，即应该意识到自己作为社会主体和合格公民所担负的责任。

权利意识和义务意识互为前提，相互依存，具有统一性。

（3）参与意识

参与意识，是指公民主动参与国家政治生活和社会事务的意识。在阶级社会，尤其是封建社会体制下，民众往往处于被动服从的地位。而在现代民主社会当中，公民的积极性、主动性被充分激发，会以实际行动去争取自己的合法权利得到最大限度的实现；会从民主选举、民主决策、民主监督、民主管理、民主协商等各个方面，广泛参与政治和社会生活。在此过程中，积极公民、责任公民得以逐步塑造。

2. 培育公民意识的必要性

公民意识的培育是现代化建设的必然需要。思想引领行动，回顾历史上的伟大变革，每一次都离不开伟大思想革命的引领。中国式现代化是我们追求的发展道路，公民的思想观念、精神取向和心理状态，都将在其中发挥重要作用。

公民意识的培育是构建健全人格的必要条件。德智体美劳是健全人格的五个维度，德在其中是第一位的。公民意识既是德的重要构成要素，也是德得以践行的关键。现代化建设对公民综合素养的要求日益提升，单纯的智育已经无法满足发展需求。公民意识作为价值观的体现，更多地发挥着价值导向作用。

公民意识的培育是高中生政治社会化的需要。公民意识教育旨在塑造高中生的政治人格与民主精神，使其清晰地认知自身的权利和义务，树立现代公民基本的平等、民主、法治的意识，从而在参与社会事务时，能更清晰地理解国家公共政策，为成为合格公民筑牢根基。

二、高中生法治意识与公民意识培育现状及问题分析

（一）法治意识培育现状及问题分析

1. 法治观念淡薄

高中生的年龄在 15—18 周岁，心智并未完全成熟，很难自发地将自己的言行和法律法规的要求完全对标。在高考的压力下，许多孩子被家长灌输的还是"只要学习好，别的不用管"的唯分数论价值观，有关社会规则乃至法治素养的价值观并未得到良好的培育。有些家长的法治意识比较缺乏，在家庭教育的过程中不乏打骂，在这样的"大家长制"环境中成长的孩子，更难真正体会什么是规则和法治。

2. 法治知识不足

高中生的法治知识是相对匮乏的。现行的家庭教育和学校教育体制中的法治教育，无论是课堂内还是生活中，对孩子的影响都十分有限。在高中教材体系中，集中讲授法治相关知识的只有统编版《思想政治》必修一、选择性必修二两册。以浙江省为例，在选考制度下，选择性必修二仅限于对选考孩子产生效应，多数孩子不会主动去获取法律知识。孩子不能用法律视角去审视现实生活，造成的结果就是自觉不自觉地成为"法盲"。比如，有的孩子在金钱诱惑下，成为网络"水军"或者帮助他人散布不实信息等；有的孩子和社会不良青年结交，甚至加入黑恶势力团伙；等等。

3. 法治实践欠缺

孩子虽然在高中阶段获得了一定的法律知识，部分孩子还初步学习了《中

华人民共和国民法典》中物权、合同、人格权、婚姻家庭、继承、侵权责任的一些内容，但是单纯的了解和实际运用是完全不同的。比如，作为消费者，应该如何去处理消费纠纷并维护自身的权益？作为网络公民，应该如何在互联网的社交中规范自己的言行？作为高中生，应该如何面对校园欺凌？等等。这些都是摆在高中生面前的现实问题，而大部分孩子只是停留在书本知识的学习层面，在面临上述问题时束手无策。高中学习时间紧张，使孩子没有充分的时间和自由去旁听或参与公开庭审等司法活动，家长也鲜有机会带孩子去参与模拟法庭类的情景式活动，所以法治意识如何落地任重而道远。

（二）公民意识培育现状及问题分析

1.应试教育对公民意识培育的冲击

教育的根本目的是促进人的全面发展，但是在目前的社会中，考试依然是一种相对公平的选拔人才的模式。考试的功利性也是显而易见的。义务教育段和高中段各类名校集团近年来迅速扩张，相互竞争激烈，学生之间也盛行"内卷"之风。目前，高校对于学生的评价机制虽然日趋多元化，但是能够明确量化的"成绩指标"依然是最重要的参考依据，这造就了目前教育的畸形和异化。学生之间原本应是互帮互助的和谐关系，现在却变成了"你争我夺"；个人主义的弥漫导致了学生脱离团队，从而被孤立化。青少年应该是积极乐观地参与公共生活的，而功利主义使其被考试和分数绑架，没有足够的时间和空间来参与公共社会生活，更谈何公民意识的养成。

2.中学生生活与真实社会存在鸿沟

（1）有限的课余时间被挤占

很多学校机械化地通过增加课时以期达成教学效果，完成指标考核，让孩子沦为一个个数据下的机器人，毫无天真活泼可言。孩子们每天披星戴月，早出晚归，娱乐活动被限制，实践活动被挤压。家长无法利用所谓的"课余时间"带孩子体验真实社会中的法治类或公民类的活动。为了追求课堂知识目标达成度的最大化，老师在课堂上采取全程灌输式的教学模式，课后还布置过量的作业，挤压了孩子的课余时间；家长还会通过各种名目繁多的补习班填充孩子为数不多的"留白"时间。

（2）校外的社会活动被限制

很多义务教育阶段和高中阶段的学校，打着"寄宿制"和"安全校园"的招牌，严格限制校门的打开。孩子渴望外面的世界，却受阻于面前的"铁栅栏"。在学校这个有限的空间里，难以达成公民意识养成的目标。

（3）教育欠缺引入社会元素

目前的家庭教育和学校教育都欠缺引入社会元素。孩子与时事的接触主要是通过思想政治课程，但思政课老师在课堂中引入的时政元素是有限的，加之孩子缺乏主动捕捉社会现实知识的能力，所以公民意识的培育在实际操作过程中困难重重。

三、家庭培育法治意识与公民意识的策略

（一）兼顾孩子的智育与德育

要培养德智体美劳全面发展的社会主义建设者和接班人，"五育"并举不仅仅是学校教育的责任和义务，也是家庭教育的应有之义。但目前家长更多关注的还是学科类的"育分"，而在真正意义的"育人"上重视度不够。法治意识和公民意识的培养，是家庭维度的"育人"必要的组成部分。家长在家庭生活的过程中，可以通过家庭读书分享会、讲述身边正反向的事例、家长以身作则等多种方式，向孩子传递正确的价值观，其中包括作为积极公民应该具备的法治意识和公民意识，并在孩子有积极行为时给予正向反馈，而在其有消极思想或行为时及时纠偏。

（二）参与家长学校课程提升自我认知

从家长角度来看，很多家长自身的法治意识和公民意识并不到位，无法以榜样的身份引导孩子。因此，家长要积极参加各种家长学校的课程，助力家庭教育的提质增效。参与家长学校课程，对家长而言，有以下三方面的积极作用。

1. 有利于更新家长的传统教育观念

家长可以积极主动报名参加相关的知识讲座，提高自身的素养。教育是潜移默化的，孩子的身边有了榜样，自然可以达成更好的家庭教育效果，事半

功倍。

2. 有利于家庭教育的科学化与规范化

家长学校配备有专业指导老师，他们可以在方法手段上引导家长走出家庭教育的误区，改变经验主义的家庭教育模式，探索出新的教育方式。

3. 有利于家长相互借鉴经验

家长学校课程为家长之间的交流提供了便利化的平台。家长能够在同龄人教育孩子的实践中汲取经验，并运用到自己的家庭教育中去。法治意识和公民意识的培育是专业性相对较强的家庭教育模块，仅依赖家长现有的知识储备，难以达到较为理想的效果，有必要充分利用家长学校这样能够提供专业知识的渠道，来辅助家长补齐自己的短板。

（三）组织家庭会议制定家庭公约

1. 家庭会议的价值意义

家庭会议是具有仪式感的家庭活动，全家成员共同参与，搭建了亲子交流的有效平台，增进了父母（长辈）与子女（晚辈）间的了解，彼此沟通生活中的问题，减少因为"代沟"引起的摩擦。高中生课业负担比较重，与父母的交流机会极少，加上一部分同学住校无法时常回家，与父母之间的鸿沟客观存在。家庭会议可以创造家长和孩子的相处机会。举行家庭会议时，家长和孩子可以轮流主持，"会议主持人"这种角色扮演，可以让孩子更有主人翁的意识。家长也可以酌情将家庭的责任公平地分摊到每一个家庭成员身上。这种责任分配，无形中锻炼了孩子的实践能力，在真实情境中培育了其法治意识和公民意识。

2. 家庭公约的制定原则

古语有云"国有国法、家有家规"，将"家规"与"国法"相提并论，可见其重要性。"家规"在现代社会实际上就是家庭公约，是所有家庭成员共同参与制定且必须遵守的行为准则。制定家庭公约，有助于培养孩子对于规则的认同感，提升孩子的主体意识和责任意识。通过家庭公约的制定，可以营造相对民主的、和谐的家庭氛围，创造独特的家庭文化，帮助家庭成员进行自我约束和自我规范。

制定家庭公约时，需注意以下几点原则。

（1）要有奖有罚

在家庭公约里，对于家庭成员的优秀做法以及对家庭作出的贡献要予以奖励，而对于家庭成员做的错事及造成的不良影响要有相应的惩罚，并要求其承担相关责任。高中生学业繁忙，不宜安排过多的家庭事务，以免影响学习，但打扫卫生、整理物品，以及一些力所能及的家庭劳动依然是应该承担的。

（2）要有社会拓展

家庭公约不应只局限于家庭内部事务，还应拓展到社会生活方面，如引导孩子如何与朋辈、长辈相处，如何打造和睦的人际关系，如何遵纪守法等。

（3）要平等守约

家庭公约需要覆盖每一位家庭成员，家长也应该成为其管理约束的对象并认真遵守。这样孩子自然会萌生出一种平等的感受，而不是感觉自己被区别对待，成为单一的被管理对象。

（四）鼓励孩子参加社会实践

法治参与和公民参与属于"实践"的环节，是最关键的综合素养培育方式，即所谓"知行合一"。高中生已经具备一定的政治素养，家长可以鼓励孩子参与学校和社区的一些活动，包括但不限于民主选举、民主决策、民主管理、民主监督和民主协商，让孩子切身体会到参与公共事务的意义。学校或者社区如组织举办类似模拟政协、模拟法庭等情境类活动时，家长要鼓励孩子积极参与。青少年模拟政协活动，可以与寒暑期的社会实践活动相结合。小"政协委员"们与社会上各种角色的成员接触，在实践过程中发现社会问题，经过调查研究，利用已有知识，提出解决该问题的举措建议。因为高中生社会经验与知识储备的有限性，这样的活动需要家长辅助，可以是前期调研准备中的辅助，也可以是后期调研分析与建议提出时的辅助。通过这样的模拟活动，高中生对法治意识和公民意识的感知会更加立体。

除了类似的模拟活动，高中生还可以在家长的带领下，通过真实的基层民主选举来提升法治素养和公民素养。最常见的就是社区居民委员会的选举，高中生可以在家长陪同下或者自主通过各种渠道了解候选人的基本情况，家长在投票前与孩子进行充分商讨，最后审慎、庄严地投出自己的一票。在此过程中，高中生能够真切体验作为公民所享有的知情权、参与权、表达权、监督权等基本权利。此外，在家庭内部，也可以举办各种形式的体验活动。比如"一日家长"，让孩子与家长角色互换，从一个家庭管理者的角度来处理家庭的日常事务。这种活动的效果会比口头说教好得多。

总之，对高中生进行法治意识和公民意识的教育培养，是一项长期的系统工程。它不是一蹴而就的，需要家庭、学校、社会共同努力、相互配合以及不懈坚持。彼此之间应该是相互促进的关系，而不是由其中一方扛下全部责任。单纯由学校老师在课堂上进行法治意识、公民意识的培育相对比较单薄，与家庭协作，则可以让教育模式更加立体化、全方位。在良好的家庭氛围中，高中生的法治意识与公民意识不断得到健全，知识得到进一步丰富，实践能力得到进一步提升，坚定法治信仰，做到依法参与，在不久的未来为实现中国特色社会主义现代化强国的目标贡献力量。

参考文献

[1]习近平.高举中国特色社会主义伟大旗帜 为全面建设社会主义现代化国家而团结奋斗[N].人民日报，2022-10-26（1）.

[2]叶澜.素质教育推进现状及其原因辨析[J].教育发展研究，2011（4）:1-5.

[3]唐敏.论公民意识的内涵[J].河南工业大学学报（社会科学版），2011（1）:40-42.

[4]陈永良.高中生法治意识培育路径探析——以思想政治课教学为例[J].求知导刊，2020（26）:68-69.

[5]赵文静.高中生法治意识培养研究[D].贵阳:贵州师范大学，2017.

[6]周帮荣，涂小云.高中生法治意识培育途径探究[J].中学政治教学参考，2021（21）:70.

（执笔：陈旭升　浙江省杭州学军中学）

第 24 课

如何帮助孩子
应对社交风险

课程简介

教学对象

高中生家长

教学目标

1. 认识到防范社交风险的重要性。

2. 增强指导孩子应对社交风险的信心。

3. 掌握指导孩子应对社交风险的策略与方法。

教学时长

60 分钟

课程框架

（二）针对特殊社交风险的应对策略

    1. 指导孩子应对网络社交中的风险

    2. 指导孩子应对校园社交中的风险

    3. 指导孩子防范社交中的毒品风险

参考文献

课程内容

👤 [实例导入]

场景一：高考结束后，男孩小峰跟家长说要和几位同学一起去重庆旅游。家长支持孩子放松一下，但又担心他们的安全。此时家长该怎么做？

场景二：高中女生小敏住校，寝室的一名同学怀疑她向老师告状，便在班级里散播谣言，并拉帮结派对她进行言语欺凌。这给小敏造成了极大困扰，她不仅情绪低落、郁闷，而且经常有离开、躲避的心理，导致学习成绩下降。面对这种情况，家长该怎么做？

场景三：18 岁女孩小灵参加同学的生日聚会，第二天，家长在清洗衣服时，发现她牛仔裤口袋里有一小包白色粉状的东西。家长该怎么做？

高中阶段作为青春期与成年期的桥梁，是孩子探索自我、塑造未来的关键时期。这一阶段的孩子不仅面临身体与情感的快速变化，还在努力寻找个人兴趣、价值观和职业方向。社交圈的扩大让他们接触到更多同龄人和社会环境，这些变化为他们带来了丰富的人生体验，但同时也伴随着诸多挑战与风险。

在这一时期，高中生常常表现出自我意识强烈、渴望独立的一面，但又往往依赖父母的关爱与指导；他们热衷于与同龄人交往，萌生对异性交往的好奇，却又可能在面对新的人际关系时感到羞怯和不自信。这些矛盾与冲突，使得他们在扩大社交范围的过程中，更容易受到不良社会因素的影响，遭遇如校园欺凌、网络风险、性侵害等各种危机挑战。

为了帮助孩子顺利度过这一重要阶段，家长需要扮演多重角色：既是孩子成长路上的守护者，也是智慧的导师和坚定的支持者。作为守护者，家长需要敏锐地察觉到孩子面临的潜在风险，明确界定哪些行为需要严格监督，为孩子筑起一道安全的防线。作为导师，家长要引导孩子理解并适应社交规则，帮助他辨别是非，学会如何在人际交往中保护自己，避免受到不良因素的影响。同时，作为支持者，家长还要学会适时地给予孩子信任与空间，鼓励孩子提高自身的思辨能力和独立自主能力，培养孩子的规则意识，帮助孩子完成依靠外部管理（外化）到自我管理（内化）的过程，引导他在遇到各种不良诱惑或风险时，能够做出健康、安全、负责任的决定。

一、高中生社交风险概述

（一）社会交往和社交风险

1. 什么是社会交往

王思斌认为："社会交往是指人们对他人采取社会行动和对方做出反应性社会行动的过程，是发生于个人与个人、个人与群体、群体与群体之间的相互的社会行动的过程。"社会性是人的本质特征，合群和归属感是我们的心理需求，人的一生都在社会化的过程中。

2. 什么是社交风险

社交风险，是指在社会交往过程中，个体可能遭遇的各种潜在危险或不利情况。伴随着社会交往范围的不断扩大，高中生不可避免地面临各种挑战与风险，更容易受到社会不良因素的影响。比如，喝酒可能是很多高中生会尝试的、被认为相对比较安全的社交行为，而涉毒可能只是为了猎奇和从众；网络游戏已成为高中生的核心风险来源，其代入式娱乐形式更易使其沉溺成瘾。

对于高中生来说，在建立社交关系的过程中，可能会涉及的风险较大的场合有：野外宿营地、迪吧、酒吧、陌生人聚会、男女生单独约会、马路飙车、团伙聚会等。这些场合不仅容易滋生校园欺凌、霸凌等直接的人际冲突，还可能涉及网络风险（诈骗、色情诱惑、网络成瘾等），危险物品接触（烟草、酒精、毒品滥用），不安全性行为及其后果（性侵害、意外怀孕和性病/艾滋病传播），以及直接的人身安全威胁等。

（二）高中生易遭受社交风险的原因

1. 生理与性发育阶段的影响

高中生正好处于性发育阶段，对性好奇，关注异性，有性体验需求，因此易产生性冲动。在这个阶段，性激素水平的波动、脑垂体和生殖腺的活跃，使性器官和性机能开始成熟。男生处于性萌动到性成熟的阶段，而女生已经进入性成熟阶段。这一时期，高中生正经历着生理、心理和社会性的重要调整，心理冲突和矛盾增多，更需要家长的引导。

2. 心理发展的矛盾性

高中生表现出强烈的自主性和追求独立的愿望，但同时又依赖父母，表现出半幼稚与半成熟、独立性与依赖性的矛盾。此时的高中生在认知和情感上可能显得不稳定和易冲动，高动力低控制（人类拥有控制行为、调节情绪、预见后果等能力的前额叶区，通常会在25岁左右发育完整），难以有效应对复杂社交情境。

3. 社交需求的迫切性与辨别能力不足

高中生对社会交往有着迫切需求，渴望与同龄人建立深厚友谊，但辨别能力和风险意识相对薄弱。在选择朋友和社交场合时，容易受到好奇心理、从众心理等因素的驱使，涉足高风险社交活动。

4. 情感支持的必要性与群体活动的复杂性

随着自我意识的发展，高中生在选择朋友时更加理性，更愿意与性格相近、有共同爱好的人建立深层次的友谊。友谊的建立逐渐由泛化向固定化、深层次发展。同时，他们迫切需要情感支持和参加不同类型的群体活动，但这些活动中可能存在不良示范或同伴压力。不良群体环境可能促使他们做出风险行为。

（三）社交风险的影响和潜在危害

1. 身体和心理的伤害

校园欺凌等社交风险可能对孩子的身心造成不同程度的伤害。在有旁观者的情况下，持续受到欺凌会对孩子的生理和心理造成严重的创伤，甚至可能导致极端事件，如严重伤害或伤亡。在社会交往中遭遇过欺凌行为的孩子往往表现出悲观、难受的情绪，少数人通过和朋友诉说进行情绪宣泄，但更多的孩子会选择忽视、回避，这对他们的心理健康构成了长期威胁。

2. 道德感弱化和学习挫折

网络社交平台和游戏平台是孩子面临的另一个主要社交风险源。不良信息接触、网络违法行为以及网络成瘾等问题层出不穷，其中以网络成瘾风险最为突出。在频繁接触网络虚拟社交后，部分孩子的道德感可能逐渐弱化，容易模糊现实与虚拟的界限，对行为后果的认识下降。同时，沉迷网络影响了他们的学习态度，导致厌学、逃避学习，甚至缺乏明确的学习目标。长期的网络社交还可能增强孩子的抑郁、焦虑、孤独等倾向，这些都是当下家长深感忧心的问题。

3. 影响正常的社会交往

孩子在遭受各种社交风险后，其人格发展可能受到严重影响。有的孩子在遭受校园欺凌前，社交行为状态属于开放、交流类型，经常与好友进行社会交往。在遭受校园欺凌后，他的社交行为可能会转为防范型、封闭型，会主动地缩小自己的社交范围，逐渐减少面对面的交流，转而依赖网络聊天等较为封闭的交往方式。更为严重的是，一些在社会交往中遭遇性侵害或不良诱惑（如吸食毒品）的孩子，可能因此与父母关系破裂，更有甚者走上犯罪的道路。这不仅破坏了家庭和谐，也阻碍了孩子的正常社会交往和人格发展。

二、家长在指导孩子应对社交风险方面存在的误区

人类作为社会性动物，其生活不可避免地涉及与他人的交往与互动。高中生作为社会的一员，同样需要培养应对社交风险的能力，以更好地适应和融入社会。然而，家长在指导孩子应对社交风险时，往往容易陷入以下误区。

（一）过度干预，削弱孩子应对社交风险的能力

一些家长在高中生交往问题上过于注重面子，认为朋友数量决定社交能力，担心孩子社交能力不佳，就过度干预孩子的社交圈，甚至索性代替孩子交往。但实际上，这种观念忽略了社交质量和孩子独立应对社交风险的重要性。家长过度干预孩子的社交圈，不仅损害了孩子的社交机会，还可能让孩子在社交中失去主动性和自信心，从而削弱其应对社交风险的能力。

（二）择友标准单一，增加孩子遭遇社交风险的可能性

有些家长在指导孩子选择朋友时，忽视了多元化交往的价值，标准过于单一，往往只看重学习成绩或其他表面特征，认为只有与"聪明"或"优秀"的孩子交往，才能对孩子有益。这种观念限制了孩子的社交视野，可能导致其在

社交中过于狭隘，缺乏对不同性格和背景的人的理解和包容，从而在面对复杂的社交环境时，更容易遭遇误解、冲突等社交风险。

（三）忽视内向孩子的社交特点，限制其能力发展

有些家长认为内向的孩子在社交上处于劣势，因此过分强调认识新朋友的重要性，而忽视了内向孩子的社交需求和交往模式。他们没有意识到，内向的孩子也有自己的社交方式和优势，如深入思考、善于倾听等。家长如果忽视这些，可能会限制内向孩子应对社交风险能力的发展。实际上，内向的孩子在面对社交风险时，往往更需要家长的理解和支持，以帮助他根据自己的节奏和方式与他人交往，并学会有效地应对各种社交挑战。

三、家长指导孩子应对社交风险的策略与方法

（一）在日常生活中可以运用的常态化方法

1. 建立有效的沟通机制

家长与孩子之间保持密切、开放的沟通是防范社交风险的关键。鼓励孩子分享自己的社交经历、感受和困惑，认真倾听孩子的讲述，并尽量避免过度干涉或指责，可以增强其在社交中的自信心，做到提前防范社交风险。以下通过具体案例来说明家长如何与孩子建立有效的沟通机制。

[案例]沉迷于游戏的高二男生

高二男生小佳，近段时间沉迷于游戏，学习成绩下降。妈妈非常着急，可是小佳说："同学们都在打游戏，我自己心里有数。不用你管！"

高中是学习的关键时刻，孩子却迷恋上游戏，作为家长当然心急如焚。此时家长该如何说孩子才会听？

（1）评估社交风险系数

遇到案例中的这种情况，家长们首先要思考几个问题：孩子打的是什么类型的游戏？孩子和谁一起打游戏？孩子打游戏的频率怎样？孩子为什么喜欢打游戏？

家长可以使用以下公式来评估孩子的社交风险系数：危险物+人物+量+使用原因=危险（风险）。游戏中如果有较多的暴力和色情因素，玩游戏的伙伴

是社会不良少年，每天打游戏的时间不能自控，严重影响生活和学习，就是危险系数高的。其他社交中潜在的危险因素也可用此公式评估。

（2）分析游戏成瘾症状

根据世界卫生组织的标准，游戏成瘾的症状主要包括以下三点。

①无法控制地打电子游戏。"无法控制"的考量因素包括游戏的频率、强度和时长等。

②对游戏的重视程度不断提高，以致游戏越来越优先于其他日常活动。

③即使有负面后果也持续或增加打游戏的时间，且这种行为模式足够严重，导致个人、家庭、社会、教育、职业或其他重要功能领域的重大损害。

家长可以根据以上标准"对号入座"，同时了解清楚孩子喜欢打游戏的真实原因，是为了获得同伴的认可，有更多的共同话题？还是逃避学习的压力，满足内心潜在的需要？

（3）用"共赢法"进行沟通

在评估了孩子的社交风险系数以及游戏成瘾症状后，家长可以运用解决冲突的"共赢法"，和孩子心平气和地沟通。"共赢法"包括以下六个步骤。

①界定问题（了解和澄清问题）。

②列出可能的解决方案（与孩子共同寻找）。

③评估所有解决方案（逐条列出并评估这些方案）。

④确定双方都可以接受的方案（选择一个既能满足孩子需求又能确保学习不受影响的方案）。

⑤执行方案（获取一致的承诺，并监督执行）。

⑥追踪评估执行的效果（定期检查孩子的执行情况，并根据需要进行调整）。

［案例］"共赢法"沟通

妈妈：儿子，妈妈发现最近你打游戏时间越来越长，你能和妈妈好好聊一下吗？

儿子：因为我和几个同学联机打游戏，时间会过得很快，我觉得很开心，也不用想着学习上烦心的事儿。

妈妈：哦，游戏带给你快乐是很好，但是现在是学习的重要关口，你觉得该如何平衡两者？有什么方法吗？

儿子：嗯——每天限定时间？写完作业再打游戏。

妈妈：很好！你提到了限时。但是每天写完作业后时间不够多，游戏又打不过瘾，可以改成每周打吗？另外，记得你以前挺爱打篮球，可以用运动来替代游戏，约同学一起打打球来缓解学习压力；当然，如果你学习进步，妈妈也可以奖励你吃美食或者看电影，你觉得如何？

儿子：听起来还可以……

上述案例中的妈妈在关于玩游戏的亲子沟通中，运用了解决冲突的"共赢法"。这是基于妈妈发现及肯定孩子的需要，用孩子的其他爱好取代了游戏。

为什么在家长和孩子发生冲突时，采用"共赢法"沟通会更有效呢？首先，这种方式有助于找到一个亲子双方都能接受的、高质量的解决方案；其次，在沟通过程中，孩子有机会主动参与制定问题解决方案，这会使他更有执行的动力；再次，孩子在沟通中感到被尊重和信任，这促使他增强自我约束；最后，"共赢法"是探索问题的解决方案，可以培养孩子的思考能力、自我管理能力和责任感。

2. 深入了解孩子的社交背景与动态

（1）关注孩子的社交圈

家长需要了解孩子的朋友、同学以及他们之间的交往方式。这有助于家长更全面地了解孩子的社交环境，从而及时发现并应对可能存在的问题。

（2）掌握社交动态

家长要留心关注学校、社区的社交活动，了解孩子可能面临的社交风险。

（3）识别潜在风险

通过观察孩子的行为和情绪变化，家长可以及时发现孩子可能面临的社交问题。一旦发现潜在风险，家长应立即采取行动，与孩子进行沟通，共同寻找解决方案。

3. 提升孩子的社交技能与自信心

（1）培养沟通技巧

教会孩子如何倾听他人、表达观点、处理冲突等。

（2）增强自信心

鼓励孩子参与团队活动、演讲比赛等，提升他的自信心和社交能力。

（3）培养同理心

引导孩子理解他人的感受和需求，学会关心他人，建立良好的人际关系。

4. 营造积极的社交环境与氛围

（1）家庭氛围

创造一个温馨、支持的家庭氛围，让孩子感到安全和被接纳。

（2）学校合作

与学校老师保持良好沟通，共同关注孩子的社交发展，必要时寻求学校的帮助和支持。

（3）社区参与

鼓励孩子参与社区活动，拓宽社交圈子，增强社交能力。

（二）针对特殊社交风险的应对策略

1. 指导孩子应对网络社交中的风险

当前，越来越多的高中生习惯在网上进行社交活动。他们通过打字和发信息来"交谈"，而不是通过电话和面对面沟通。许多家长都想知道，通过网络建立和维持人际关系是会阻碍还是会促进高中生正常的社会发展。答案是错综复杂的。

（1）应明确的两个前提

家长需知道两个前提：第一，出生在互联网时代的新一代高中生是无法与电子产品完全隔离的，他们在网上社交，与之前几代人通过电话闲聊没什么不同。网络是好是坏，全看使用者能不能驾驭它。学会驾驭电子产品的孩子，更能获得未来竞争力。第二，孩子选择网络社交的行为背后一定存在某种原因，可能是因为现实生活中同伴关系太差，也可能是因为缺乏安全感，甚至只是因为好奇。

（2）评估行为是否合适

家长在考量高中生网络社交安全的时候，不能一概而论，要先看到需求，然后再来理解行为，最后再评估危险性。如果孩子出现以下情况，家长应该评估一下其行为是否合适。

①孩子与朋友（在网上或电话里）交往的时间是否挤占孩子做其他事情（例如做作业、阅读、参与体育活动、出门呼吸新鲜空气、培养兴趣爱好或者睡觉）的时间？如果是的话，家长需要制定一些指导原则，明确孩子每天可以花多少时间用于在线社交。

②如果孩子的学习成绩持续下滑，因为缺乏户外活动而经常生病，或者在一周内没有翻过书，那么是时候对他施加一些限制了。

③孩子在网络社交中难免会被各种八卦和谣言误伤，如果他的社交圈充满讥讽和言语欺凌，那需要及时进行心理疏导，并恰当运用法律武器维护自身的权益。

④如果孩子经常在网络上交谈的人不是在现实生活中定期面对面交流的人，家长需要注意几点：一看他聊天的内容是否合适。足球赛事、名人八卦、喜欢的乐队等都可以，但如果讨论绝食或自残等问题就不合适了，要坚决干预制止。二看网络是否为孩子社交的唯一渠道。问题不在于他通过网络交朋友，而在于他在实际生活中没有朋友。孩子不需要广受欢迎，但是他确实需要朋友。如果孩子在学校有朋友，或者能定期参加某些团体活动，就不必担心他在网上是否交友广泛。三看如果孩子的整个社交生活都沉迷于网络世界，这可能是他被同龄人排斥的迹象或者是存在社交障碍的表现。

2. 指导孩子应对校园社交中的风险

（1）校园欺凌

欺凌是指一个学生长时间、重复地暴露在一个或多个学生主导的欺负或骚扰中，或是被锁定为欺负对象而成为受凌儿童的情形，包括肢体上的踢、打，言语上的嘲弄、威吓，关系上的排挤，身体、性别上的取笑或评论等。校园欺凌就是发生在学生之间，蓄意或恶意通过肢体、语言及网络等手段，实施欺负、侮辱等造成伤害的行为。欺凌的表现形式包括身体欺凌、语言欺凌、社交欺凌、财务欺凌、网络欺凌、性欺凌等。

（2）校园欺凌发生的缘由

根据哈贝马斯的社会交往理论，交往行为的发生需要满足几个条件，即"共同的规范标准""选择恰当的语言""进行对话的活动"，等等。回归到孩子交往活动中探讨校园欺凌行为，言语和行为的不正当都会引起孩子之间交往的冲突，但不恰当的语言所造成的长期欺凌行为，其背后是人与人之间关系和交往行为的异化，源于交往活动制度、价值观的规范性问题以及两者平等对话缺失的行为困境。

（3）如何指导孩子防范校园欺凌

①家长要理解欺凌行为产生的根源

校园欺凌中，欺凌者往往按照自我的规划和要求，通过强势的行为与对方发生单向度的交往以满足其需求。欺凌者的需求可能源于自身的内在需要，也可能是将外在的刺激包括旁观者的怂恿或者受欺凌者自身的品行等，演化为内在冲动的心理需求。

②家长要促成合理的交往价值导向

家长应促成孩子形成合理交往的价值体系，强调相互尊重、彼此信任，教育孩子在交往过程中，能够浸染交往双方之外的人，发挥旁观者"同伴调解"的作用，以伸张正义、修复关系，同时培养孩子化解冲突、促成合理交往的能力。

③家长要培养孩子的自我防范能力

在日常家庭教育中，家长要指导孩子建立自信心，培养免受伤害的人格品质，如亲和力、幽默感、乐意分享、愿意合作、加入他人一起玩耍的能力；教育孩子敢于主张自己的权利，不容忍欺凌行为；指导孩子融入群体，建立广泛的社交网络，同时远离欺凌多发地。

④家长要教会孩子应对欺凌的方法

当孩子面临欺凌时，家长要教会他如何引起周围人的注意并寻求帮助；帮助孩子制定逃离路线，确保孩子在面临欺凌时能够安全撤离；教会孩子给予适当反击，如坚定地说"停止"，指导孩子记录下欺凌过程，作为证据寻求帮助；教育孩子在必要时寻求同学、老师、家长的帮助，以及利用媒体和司法机关寻求保护；注意强调不要报复、欺凌别人，应以和平、理性的方式解决问题。

3. 指导孩子防范社交中的毒品风险

《2019年中国毒品形势报告》显示，截至2019年底，中国共有吸毒人员214.8万名，其中，18岁以下吸毒人员7151名，18—35岁吸毒人员104.5万名，占48.7%。家长对孩子进行反毒品教育，尤其是帮助他防范社交中的毒品风险，不容忽视。

（1）充分认识到毒品的危害

家长要充分认识毒品对个人、家庭和社会的巨大危害。一个社会，如果毒品蔓延的情况得不到遏制，就会严重毒化社会风气，扰乱社会治安，长此以往，整个国民精神素质将受到严重影响。一个家庭，只要有一人染上毒瘾，就可能导致家破人亡的悲剧。因此，家长需要引导孩子了解毒品的危害，帮助他树立防范意识。

（2）给孩子传授毒品及其危害的相关知识

家长需向孩子普及毒品的种类、成分及其对身体和心理的危害，包括成瘾机制和毒品对社会关系的影响。让孩子了解吸毒的短期与长期后果，以及如何识别和拒绝毒品，增强他的抵抗力。

（3）教育孩子慎重交友

调查发现，许多孩子走上吸毒之路，是"哥们儿""好朋友"给的毒品，或被引诱而抽的"第一口"。目前青少年吸毒呈团伙吸毒的特点，往往是一个吸毒者带出一伙吸毒者。所以，家长要对孩子的交友情况进行了解观察，谨防孩子交上不良朋友甚至"瘾君子"。

（4）对孩子进行必要的道德教育和审美教育

家长要教会孩子正确区分真善美与假丑恶。目前社会上有一些人把赌博、嫖娼、吸毒视为财富的标志，以此来彰显自己"与众不同"，把吸毒当作高消费的时髦之举。一些内容低俗的书刊、影视片，其中不乏对吸毒"刺激"的大肆渲染，这会严重毒化青少年的心灵，污染社会风尚，把孩子引入地狱之门。家长必须引起高度警惕。

（5）借助社会资源树立正确观念

家长平时可以带领孩子去相关禁毒宣传基地参观学习，借助专业禁毒讲解人员，让孩子树立正确对待毒品的观念，避免形成认知误区，以下几点尤其要让孩子明白。

①偶尔好奇吸毒一次也会上瘾

从人的生理角度来说，吸毒成瘾和吸食毒品的种类和人的个体有差异，有的人一口就上瘾。从人的行为来看，吸毒绝对不能有第一口；当人的心理防线崩溃后，就难免有第二次、第三次。

②吸毒没有任何正面功效

吸毒没有治病、减肥等任何功效。吸毒人员的消瘦是一种病态。

③意志力强并不能保证戒毒成功

一朝吸毒，终身戒毒。世界上不存在戒毒的特效药，吸毒造成的心理依赖就像在人脑中扎根一样，难以祛除。

④种植罂粟违法

罂粟花虽然看上去很美，但种植它却是违法的。因为罂粟是制毒的原植物，国家对罂粟种植实行严格管制，非法种植的依法处以拘留、罚款；种植500 棵以上的，追究刑事责任。

（6）特别关注孩子在社交场合的行为

家长要密切关注孩子在社交场合的行为和态度，特别是他与朋友之间的互动，留意他是否出现负面情绪或者不正常的行为，以便及时发现孩子是否面临毒品的诱惑或压力。

（7）与孩子建立信任的沟通环境

家长应主动创造一个安全和开放的环境，让孩子愿意分享他的感受和社交经历，特别是关于毒品和社交压力的话题。可以定期安排"家庭谈话时间"，讨论日常生活中的问题和挑战。通过提问如"最近有没有遇到让你困惑的事情？"或"有没有朋友提到过毒品？"等，引导孩子表达自己的想法和担忧。同时，家长应以积极的态度倾听孩子的分享，避免批评和指责，这样能够增强孩子的信任感，使他在遇到问题时更愿意寻求帮助和支持。

（8）培养孩子的自我保护意识

家长应该教育孩子如何保护自己免受毒品的侵害，包括教会他如何拒绝毒品的诱惑、如何识别可能涉及毒品的社交场合以及如何寻求帮助和支持。同时，家长也要鼓励孩子发展健康的社交关系和兴趣爱好，以远离毒品的影响。

进行反毒品教育是关系到孩子健康成长，家庭、社会稳定，中华民族兴衰存亡的大问题。虽然反毒品是一项巨大的社会工程，需要国际社会的通力合作，需要发动社会各界力量齐抓共管方能见效，但是，家庭教育有其不可代替的重要作用。家长作为孩子的第一任也是终身的教育者，应该时刻铭记。

参考文献

[1]哈夫纳.从尿布到约会：家长指南之养育性健康的儿童（从婴儿期到初中）[M].王震宇，张婕，译.上海：上海社会科学院出版社，2018.

[2]斯坦伯格.与青春期和解：理解青少年思想和行为的心理学指南[M].孙闰松，译.北京：人民邮电出版社，2019.

[3]江汉声，晏涵文.性教育[M].北京：中国青年出版社，2004.

[4]苗世荣，洪苹.青春健康家长培训指南：沟通之道[M].北京：人民卫生出版社，2019.

[5]罗超.社会交往视野下校园欺凌的学校治理研究[J].教育理论与实践，2023（4）：58-64.

（执笔：许立群　长兴县教育研究中心）

第 25 课
如何维护孩子的
心理健康

课程简介

教学对象

高中生家长

教学目标

1. 认识到应高度关注孩子的心理健康。

2. 了解孩子心理健康问题与消极家庭教养方式有关。

3. 掌握维护孩子心理健康的指导策略与方法。

教学时长

90 分钟

课程框架

（三）高度重视并及时回应孩子的身心不适

    1. 第一步：让孩子远离压力源

    2. 第二步：带孩子去医院就诊

    3. 第三步：陪伴孩子

参考文献

课程内容

[实例导入]

硕硕在上高中前是个快乐的孩子。高二时，他的父母爆发矛盾，最终导致了离婚。此后，硕硕跟着妈妈生活。他的情绪越来越差，人变得沉默，学习成绩一落千丈。妈妈认为他成绩差是由于学习不认真，就批评他要多用心。在妈妈的施压下，硕硕只好将情绪压在心底，努力让自己专心读书。可是临近高考，爸妈又为了财产分割吵架，硕硕被他们的负能量波及，高考发挥失常，没能上本科线。妈妈生气地说儿子的表现让她失望。春节期间，硕硕收到爸爸的一千元红包，妈妈知道后直言，儿子跟着自己生活，却背地里和父亲亲近，让她寒心。硕硕只能哭着保证自己以后再也不和父亲联系了。硕硕在这种郁闷的氛围中迎来第二次高考，这次他总算考到一个不错的大学。妈妈十分开心，硕硕却感到疲倦。这天，妈妈跟以往一样诉说对从前的不满，硕硕再也忍受不了，开始回嘴。妈妈痛斥他不孝："你现在还靠我养呢！"于是，硕硕冲出家门，来到大桥上。他拿出手机，给母亲发去短信："我好累。你下辈子别做我妈了。"

对于高三学生来说，这一年的确非常"难熬"，自己确立的人生目标、家长的殷切期望与老师的厚望，既是他们前进的动力，同时也是他们压在身上的重担。因此，很多学生面对如此大的压力，会出现焦虑、抑郁等消极情绪，这就需要家长及时发现并疏导，给予他们理解和接纳，从而避免他们内心崩溃。

一、心理健康概述

（一）心理健康与心理健康问题

1. 心理健康的概念

心理健康有广义与狭义之分。从广义上讲，是指一种高效而满意的、持续的心理状态，在这种状态下，人能做出良好的反应，具有生命的活力，而且能充分发挥生命的潜能。从狭义上讲，是指人的心理活动的基本过程内容完整，协调一致，即认识、情感、意志、个性、行为完整和协调，能适应社会。心理健康是心理活动的各个方面都健康，包含了知、情、意、行、个性，以及自我意识和人际关系等方面。

2. 心理健康问题的概念

一般来说，孩子的心理健康问题分为发展性心理问题、适应性心理问题、障碍性心理问题三种类型。

（1）发展性心理问题

发展性心理问题，是指孩子在成长过程中心理品质和社会性发展中出现的心理问题。

心理品质发展包括：一是认知发展，如注意力、记忆力、思维能力等方面出现偏差；二是情感发展，如情绪冲动、负面情绪多；三是意志发展，如自我控制弱、缺乏自律；四是人格发展，如自卑、偏执等。

社会性发展包括：一是自我发展，如自我认识、自我接纳、自我控制；二是道德发展，如道德认知、道德情感、道德行为；三是学习发展，如学习适应、学习习惯、学习能力；四是人际发展，如人际交往、人际沟通。

（2）适应性心理问题

适应性心理问题，是指孩子自身感受到的心理适应困扰，包括自我适应、学校适应、家庭适应和社会适应四个方面。自我适应方面的主要问题是自我同一性困扰和自我接纳困扰，学校适应方面的主要问题是学习计划困扰，家庭适应方面的主要问题是父母教育方式困扰，社会适应方面的主要问题是生涯发展困扰。

（3）障碍性心理问题

障碍性心理问题，是指孩子自身感受到的心理症状表现，包括行为问题、人格问题、心境问题、身心问题和神经症性问题。

（二）高中生心理健康状况

1. 心理健康整体水平稳中有降

根据殷虹的研究，2013 年以来高中生的心理健康水平呈现稳中有降趋势。张璐对西北地区的高中生进行调查后发现，32.9%的高中生存在轻度心理问题，

25.1%的高中生存在中度以上心理问题。根据曹薇对贵州省 3168 名高中生心理健康水平的调查研究，高中生心理问题检出率为 42.9%。王少君等在对内蒙古自治区学生心理健康状况进行调查时发现，高中生心理问题检出率为 52.85%，远高于其他学段。

2. 抑郁、焦虑、睡眠障碍等心理问题突出

近 10 年来，我国高中生的心理健康状况并没有得出一致的研究结论。高中生的抑郁检出率从 5.6%—54.4% 均有发现。为了获得更具普遍性的科学结论，俞国良等人将前期研究文献加以整合，以元分析结果来判断我国高中生近 10 年来的心理健康状况。从元分析研究结果来看，高中生有以下几类心理健康问题需要引起特别重视。

（1）抑郁是高中生最多的心理健康问题

高中生抑郁问题检出率为 28%，可能与其心理社会性发展特点和所处学校、社会环境有关。高中生自尊心脆弱同时又较为敏感，常被同伴关系、异性关系和父母婚姻冲突等困扰，容易出现抑郁情绪。同时，他们体育活动少、学习压力大、生活环境封闭单一，并且比较难找到适当的情绪宣泄渠道，容易郁结于心，从而产生抑郁问题的"倍数效应"。

（2）高中生普遍存在较高水平的焦虑

相较于其他年龄段，高中生普遍具有更高的焦虑水平。他们会面临自我认同、外貌焦虑、角色冲突、同伴关系、亲子关系等一系列发展任务和挑战，并为此感到困惑和担忧，产生焦虑情绪。再加上其他因素如考试及学业压力、封闭的校园生活、贫富差距等作用的叠加，很可能使焦虑水平成倍上升。

（3）高中生睡眠问题较突出

高中阶段是睡眠习惯养成、睡眠质量发生变化的重要时期。上学时间早、课业负担重、网络游戏成瘾等都容易诱发高中生的睡眠问题，而睡眠质量差又会影响机体内稳态和情绪调节过程，导致焦虑、抑郁、躯体化等心理健康问题。这是一个恶性循环。

（4）高中生自伤自残现象较严重

高中生自我伤害的检出率为 22.8%，仅次于抑郁、焦虑和睡眠问题。研究表明，自我伤害是高中生与父母沟通的一种方式，当其他形式的交流不成功或无法实现时，他们选择通过自我伤害来表达抑郁、愤怒、厌恶等强烈的负面情绪，试图引起父母的关注与重视。

二、影响高中生心理健康的家庭教育问题

（一）没有理解和接纳孩子

张干群的研究表明，青少年最希望父母关心的是自己的情绪、感受，他们认为父母不理解自己，对自己不够尊重。青少年有一个共同的焦虑，那就是在物质上父母给了他们足够的支持，但在精神上却得不到父母太多的理解。学业受挫的高中生得不到父母的理解接纳，不仅使得他们因学习挫败导致的抑郁、焦虑、沮丧的消极情绪不能得到排解，而且会对父母产生反感与逆反情绪，开始封闭自己的内心，越来越不愿与父母沟通，父母也越来越走不进孩子的心里。此种情况下，高中生在屡屡遭受学业挫折后，内心容易崩溃而做出极端行为。

（二）采用否定式沟通方式

邓小平等人的研究发现，高中生亲子沟通的总体质量随着年级增长呈下降趋势。高一年级学生亲子沟通质量最好，这可能与初、高中交接，家长关心支持增加有关；高二开始沟通质量下降，可能与高考压力增大有关；高三沟通质量最差，可能与高考压力达到顶点有关。学业成绩较好的高中生与父母沟通质量优于学业成绩差的学生。

不少高中生家长由于自己内心焦虑，当看到孩子在玩游戏而不在学习时，常常会采用指责、贬低、说教等否定式沟通方式，不仅表达了对孩子学习状况不满意，更是在发泄自己愤怒的情绪。家长力图通过这种否定式的沟通方式逼迫孩子努力学习，但是处于青春期的高中学生自主意识很强，希望自己做主，不希望被父母管束。因此，往往会导致以下后果：一是引发高中生的反驳，即顶嘴，与父母争吵，为自己辩护。二是致使高中生拒绝与父母沟通，用沉默来保护自己，向父母关上了心门。三是将父母对自己的否定内化为自我否定。因为家长在指责孩子时，往往是以偏概全地评价孩子，如"你这点事情都做不

好，以后还能干什么"，容易造成高中生的认知偏差。时间长了，高中生常常会苛求自己，任何事情都要做到尽善尽美，如果达不到，就会责怪自己：我真是个无能的人，我又把事情搞砸了，我真的很笨。正是这样的以偏概全的认知习惯，导致高中生慢慢形成一些自动思维："如果事情做不好，我就是一个一无是处的人""如果我不优秀的话，别人都不会喜欢我"等等，这样很容易悲观抑郁。

（三）难以控制自己的情绪

常听到一些高三的家长说："我孩子回家洗澡都要洗一个小时。""她上厕所居然要半个小时。""都要高考了，他还在玩游戏！"在不少家长看来，"如果不努力，就难以取得好的成绩"，所以，看到孩子在玩电脑游戏或睡觉，没有争分夺秒地学习的时候，家长就会控制不住自己的情绪而去指责、批评孩子，从而引发孩子的反感情绪，产生亲子冲突。

（四）忽视孩子的心理健康

吴萍等人在对家校沟通现状进行调查时，询问了家长两个问题："您最关注的是孩子的什么方面"及"家校沟通中您最想了解、最想解决孩子的哪些问题"。调查结果表明，家长对孩子的品德发展、身体素质和学习情况最为关注，而对孩子行为习惯和心理状况的重视程度不够。

【案例】一个本可避免的悲剧

某地高一学生胡某，进入高中开学不到一个月，出现了一系列的异常情况：害怕看黑板，担心老师发现他的茫然状态，不想读书，想回家，难以适应新环境，以至于出现失眠、吃东西恶心呕吐等严重的生理不适状况。他还非常在意别人的看法以及感受，流露出悲观厌世、不想活的念头。胡某曾三次发出求助信号：向母亲哭诉不想读书、想回家……但是始终没有得到母亲的理解与重视，两人因此发生了争执。结果胡某当天从校园失联，不久被发现自缢身亡。

上述案例是一起因家长忽视孩子心理健康而导致的极端事件。部分家长因为过于看重孩子的学习成绩，或者对心理问题与心理疾病缺少认识，以至于当孩子出现了明显的厌学情绪和生理不适症状，向家长求助时，家长没有及时发现并做出回应，最终酿成悲剧。这类案例的发生令家长痛心万分、后悔不已。

三、维护高中生心理健康的家庭指导策略与方法

（一）帮助孩子减压而不是增压

1. 压力的类型

高三是整个高中阶段最重要也最关键的一年。这一年中，高三孩子有着较大的心理压力。他们既要经历高强度的各科总复习，也要经历自身意志品质的考验，更要经历来自同学、学校、家庭、社会的种种压力。这几个环节无论哪一个出问题，都有可能使高三孩子脆弱的心灵不堪重负，甚至出现扭曲变形。美国国家儿童发展科学委员会将压力分为三种类型：正向压力、可承受压力、毒性压力。

（1）正向压力

正向压力，是指轻微的压力、身心状态的唤起、兴奋感或大事件之前的小紧张，能提高前额叶皮质里的多巴胺和去甲肾上腺素等神经递质水平，进而导致人的专注度更高、思路更清晰、表现更优异。因此，正向压力能促进青少年的成长，让他们更能承担风险，并表现得更出色。

（2）可承受压力

可承受压力，是指有压力但控制在可承受范围内。一般情况下，如果高中生具备以下两种条件：一是需要时间从压力中恢复过来，即恢复元气（多巴胺和去甲肾上腺素水平恢复到原有的水平），二是遭受压力时，身边有家长的陪伴和支持，即得到家长的理解接纳和精神上的支持，那么其压力就可以控制在可承受范围内。

（3）毒性压力

毒性压力，是指在压力过大或长期不能缓解的情况下，前额叶皮质里会充满多巴胺和去甲肾上腺素，这些神经递质会弱化大脑的高级功能，负责推理、注意、判断和情绪控制的脑区会受到抑制并损伤。随着时间推移，这些脑区逐渐缩小，而大脑中负责侦测威胁的部分越变越大，最终过载的压力系统会大大提升孩子患焦虑症、抑郁症以及其他心理疾病的风险。

高中生抑郁检出率较高，实际上与其较大的心理压力有关。积极心理学创始人马丁·塞利格曼经典的习得性无助实验揭示了抑郁症出现的原因，即个体在失去控制感和持续遭遇打击的环境里，有高达三分之二的比例会发展出明显的抑郁症状。抑郁会让人体验更强烈的情绪痛苦以及持续的动力丧失。

2. 如何帮助孩子减压

家长可以从以下两方面帮助孩子减压，将其心理压力控制在可承受范围内，从而规避毒性压力。

（1）让家成为孩子心灵的港湾

当孩子回到家里，家长要给予孩子一些放松、休息的时间，让孩子做一些除学习以外自己喜欢的事情，如运动、听音乐、聊天、睡觉等，以此使孩子恢复元气，即让前额叶皮质中过高的多巴胺和去甲肾上腺素水平恢复到原有的水平，这样孩子再投入学习就会活力满满。家长切不要因强调必须争分夺秒学习而使孩子承受的压力增大到毒性压力，这样容易使孩子索性彻底"躺平"，陷入抑郁。

（2）在孩子身边陪伴和支持

孩子考试不理想、压力大时，家长要给予安慰、理解和支持，而不是指责、否定。高中生随着自我意识的不断增强，心理和思维上都具有更强的独立性。他们认为学习是自己的事情，可以自己解决学习的问题，因此不愿意家长过多地过问学习。有很多孩子认为，他们已经明白学习对于自己到底有多重要，可以很好地安排学习时间，并且通过自己的努力就可以取得好成绩。他们不愿意每天有人过问自己的学习问题和学习状态，有一部分孩子还会对过多的关心产生抵触心理。

因此，家长的陪伴更多的是倾听孩子，通过倾听，帮助孩子释放情绪；通过共情，帮助孩子稳定情绪；通过正向重构，让孩子看到自己也有考得好的科目和考得好的地方，提升孩子的信心。家长也可以抽点时间带孩子上街购物或到公园游玩，调节一下孩子的心情，沟通和孩子的情感。家长对孩子的每一个进步都给予鼓励和赞扬，营造一个宽松愉悦的家庭环境，使孩子能有一个健康的心理进行备考。

（二）关注与接纳孩子的情绪

情绪是孩子心理健康的晴雨表，通过观察情绪就可以及时发现孩子心理健康的异常状态，因此，家长需要重点关注孩子每天的情绪并及时疏导。如果孩子心情不错，可以让孩子把喜悦的心情与家长分享一下，让孩子体验成功感，从而提升其学习信心；如果看到孩子情绪低落、沮丧，可以让孩子说一说遇到的学习困难，家长耐心倾听、理解接纳，并表示愿意与孩子一起面对，给予孩子力量。家长可以采用以下方法接纳孩子的情绪。

1. 给孩子的情绪一个出口

家长如果发现孩子有消极情绪，那么要让孩子用说的方式把情绪表达出来。此时，家长要做好倾听与接纳，不要急于评论。家长可以用有回应但不评价的方式表示接纳，如"嗯、嗯、嗯""哦、哦、哦""还有呢"。孩子的情绪释放以后，理智就会恢复，就会做出理性的分析与决策了。

2. 用"普遍化"谈话技巧降低孩子的焦虑度

所谓"普遍化"谈话技巧，是通过将孩子出现的问题看作很多孩子普遍会出现的问题，即将问题非问题化，从而降低孩子的焦虑情绪。如当孩子走进考场时，因为过度紧张而出现心跳加快、呼吸急促、手心发汗、头脑一片空白的症状时，家长可以这么说："许多学生因为考试紧张，在走进考场的时候，都会跟你一样出现心跳加快、呼吸急促、手心发汗、头脑一片空白这些症状。"这在一定程度上会起到缓解孩子焦虑情绪的作用。

3. 共情

共情是指家长站在孩子的角度，像体验自己的精神世界那样，去体验孩子的精神世界的态度和能力。共情的核心是理解。共情可以准确解读孩子的情绪，如："你觉得很懊恼、很难过，对吗？"也可以重复孩子的话，表示自己听懂了。还可以把孩子的话摘要反馈给他，并表示理解，如："你现在出现了这些不适的情况，我非常理解你此时的心情。"

家长最重要的是关注孩子的情绪，要在孩子情绪低落的时候去接纳他。家长讲了理解的话，有时不用帮孩子去解决问题，孩子情绪平稳了，他自己就会去解决问题。这样孩子会感觉到爸爸妈妈无处不在，只要我有困难，他们就会理解我、支持我，给我安慰和力量。这就是接纳的力量。

（三）高度重视并及时回应孩子的身心不适

当孩子因为学习压力过大，出现注意力不能集中、记忆力下降、思维迟钝、情绪抑郁和焦虑等心理症状，以及呼吸急促、心跳加快、头痛、失眠、恶心呕吐等生理症状，并向家长提出不想去学校等请求时，家长一定要高度重视，可以按照以下步骤去回应孩子的身心不适。

1. 第一步：让孩子远离压力源

家长要意识到孩子可能承受了较大的学习压力，这些症状的出现是孩子启动了自我保护机制，即远离压力、自我调节，是经历持续疲劳、挫败和损失之后的"躺平"模式，目的是使自己的身心不再受到伤害。所以，家长不必坚持让孩子去上学，而是让孩子暂时离开压力源（学校、学习等），先回家休息一周，放松一下，跟孩子聊聊天，理解接纳他的感受，帮助他调整情绪，或让孩子以自己的方式自行调整。一周以后，如果孩子身心状态已恢复，在其自愿的情况下可以恢复上学，如果孩子的症状并没有得到缓解，或者越来越严重了，那么就要进入第二步。

2. 第二步：带孩子去医院就诊

如果孩子被诊断为中度、重度抑郁症、焦虑症等心理疾病，要遵医嘱住院、吃抗抑郁药。如果孩子需要，可以寻求专业的心理咨询。抑郁症是一种以情绪低落为主要特征的心理疾病，无法靠自己的意志来改变，它影响患者的学习状态、工作状态、行为能力、情感生活。如果孩子被诊断为中度以上抑郁症，则需要通过服用抗抑郁药来促使其脑内兴奋性神经递质（如 5-羟色胺）水平的提升。抑郁症与认知错误有关，所以，还需要通过心理咨询，纠正孩子不正确的认知。通过药物治疗、心理咨询以及积极配合治疗，大多数抑郁学生可以恢复，并回返学校。

许多孩子的认知错误，其源头往往是家庭。如抑郁的孩子往往有绝对化的要求（我必须争分夺秒地学习，因为付出多少才会有多少回报）、以偏概全的思维（如果我学习成绩不好，我就是一个失败的人）、灾难化的想法（如果我考不上大学，我这辈子就完蛋了），而上述认知错误往往是在孩子的成长过程中，一遍一遍地被家长因为带着情绪而歪曲事实的指责、责骂的语言灌输而内化的。因此，在孩子接受心理咨询时，家长也需要通过各种渠道学习相关的家庭教育知识，改变自己不恰当的教育行为，使孩子的问题得到彻底解决。

3. 第三步：陪伴孩子

在孩子出现身心不适症状及治疗期间，家长要用心陪伴孩子，与孩子一起面对，帮助孩子渡过难关。

（1）多倾听理解

家长要允许孩子表达情绪、释放情绪。家长耐心倾听，就是一剂良药。

（2）多带孩子到户外活动

家长要避免孩子整天待在家里玩游戏，多带孩子去户外活动，看看自然风光，呼吸新鲜空气，转移孩子的注意力；去爬山、游泳、跑步，通过运动分泌更多的多巴胺，不仅可以增强心肌收缩力，改善心血管功能，缓解抑郁、焦虑，而且可以使孩子产生愉快的感觉和积极向上的情绪，缓解过大的压力，增强记忆力。

（3）多让孩子做力所能及的事情

家长可以让孩子在家里做一些家务，如给家人烧一顿饭、洗一洗衣服、打扫整理房间、重新美化一下家庭环境等，让孩子在劳动中获得价值感，获得家庭的责任感和人生的意义感。

参考文献

[1] 殷虹.高中生心理健康状况分析及教育效能提升策略[J].高考，2022（6）：84-87.

[2] 张璐.西北地区某校高中生的心理健康现状[J].西部素质教育，2019（17）：78-80.

[3] 曹薇.贵州省普通高中学生心理健康水平调查研究[J].中小学心理健康教育，2022（18）：21-25.

[4] 冯墨女，刘晓明，汪仔健.我国中小学生心理健康状况调查研究[J].长春师范大学学报（自然科学版），2020（5）：144-148.

[5] 俞国良，何妍.中小学生心理健康问题检出率及教育策略[J].中小学心理健康教育，2023（4）：4-9.

[6]俞国良，何妍.基于元分析的学生心理健康问题检出率比较及启示[J].中小学心理健康教育，2023（7）：4-9.

[7]王少君，张薇，德力格尔.内蒙古自治区学生心理健康状况分析[J].中国学校卫生，2022（4）：578-581+585.

[8]斯蒂克斯鲁德，约翰逊.自驱型成长：如何科学有效地培养孩子的自律[M].叶壮译，机械工业出版社，2020.

[9]张雨强，陆卓涛，贾腾娇.新高考下高中生减负了吗——浙江新高考首届高中毕业生考试负担调查[J].教育发展研究，2019（12）：43-51.

[10]张干群.城市高年级小学生亲子沟通状况调查[J]山东省团校学报（青少年研究），2013（4）：40-43.

[11]邓小平，张林.当前中学生亲子沟通中存在的问题与对策[J].文教资料，2009（5）：117-119.

[12]吴萍，丁励.小学家校沟通现状分析与对策探索[J].中小学心理健康教育，2023（2）：63-65.

（执笔：高亚兵　浙江外国语学院）

第 26 课
如何对孩子开展
家庭生命教育

课程简介

教学对象

高中生家长

教学目标

1. 认识到生命教育的重要性。

2. 明晰孩子危害生命的表现与原因。

3. 学习引导孩子珍爱生命、关爱他人的策略与方法。

教学时长

90 分钟

课程框架

课程内容

[实例导入]

某高三女生某天中午离校失踪，在课桌上留了一张纸条，上面写了4个"对不起"，旁边画了一个人拉着一个小孩。在其手机备忘录里，写了9个"对不起"。次日，该女生被发现自杀身亡。

某高三男生平时很乖巧，受了委屈心里很烦的时候就会躲起来，用美工刀割自己；大多是选手腕、胳膊处下手，有了伤痕，就小心地借助衣服掩盖。他说："只有疼的时候才感觉舒服，压力减轻了。"

高中生陈某将虐猫的视频在网络上传播，视频中他多次摔砸、踢踹小猫，并直接一脚将猫踹到门上。对于自己虐猫的行为，陈某说是"控制不住自己的分享欲"，并认为当初只是想分享，不知道会闹得这么大。

近年来，青少年自残、自杀、虐待动物等极端事件频现，引发了家长们的担忧。究竟是孩子们太脆弱，还是教育有所欠缺？事实上，核心问题在于对孩子心理健康的忽视和生命教育的缺失。家长承担着孩子生命教育的主要责任，应当引导孩子理解生命的意义，并帮助他发现并实现自己的价值。

一、高中生生命教育概述

（一）生命教育的定义

生命教育是一种教育理念和教育实践，旨在培养个体对生命的尊重和珍视，加深对生命意义的理解，并发展与之相关的道德和价值观。生命教育不仅关注个体的生理和心理健康，也包括对生命本质的哲学探讨，以及如何在社会环境中负责任地行动。

（二）生命教育的目标

生命教育是一个涉及深广领域的教育概念，各国和地区对其有不同的解读和实践，但核心都围绕着对人的尊严和"人的生命"这一本体的尊重。生命教育不仅是一种教育的策略，也是一种哲学的追问，其旨在探索人性的价值和教育的终极意义。

在日本，生命教育的概念由谷口雅春于 1964 年在其著作《生命的实相》中首次提出。他认为面对不断变化的社会环境，个体需要发展与人和谐相处和自我调节的能力。日本的教育政策因此强调"活出生命力的心与身"，主张教育应覆盖健康的身体、丰富的人性以及扎实的学力，通过教育来实现个体与社会、自然的和谐共处。

在美国，生命教育的观念由唐纳德·华特士于 1968 年明确提出。他强调，教育不应仅限于职业技能的培养或知识的追求，更重要的是引导学生深入思考生命的意义。美国的生命教育目标包括唤醒学生对生命的关注，培养他们对生命的珍视和尊重，以及教育学生理解生命的本质，培养他们的爱心和责任感。此外，还包括培养学生的自信和乐观心态，提升他们面对挫折的心理弹性，以及帮助学生认识到自身的生命价值，发掘潜能，成为全面发展的个体。

我国的生命教育兴起于 20 世纪 90 年代中后期，虽没有统一的国家标准，但多个地区有自己的实施纲要。例如，2005 年上海市出台的《中小学生生命教育指导纲要（试行）》中，生命教育的重点包括生命与健康、生命与安全、生命与成长、生命与价值、生命与关怀等。其主要目标是使学生具备必要的生存技能，能够理解和感悟生命的深刻含义和价值，培养他们对生命的尊重和珍惜态度，学会感恩，成为追求卓越的全人。

在我国台湾和香港地区，生命教育同样基于全人教育的视角。台湾地区的生命教育非常重视品格和伦理教育，致力于在实际生活中培养学生的人生观和价值观；伦理教育关注探讨对真、善、美的追求，而生命教育在其高层次上涉及价值教育和终极关怀的领域，探讨的是哲学的根本问题——为何存在。香港地区的生命教育则覆盖了青少年的情绪、身心和心灵的整体发展，目标是扩展他们的生命意义的深度和广度，培养拥有智慧、学会感恩和追求卓越的全面发展个体。

（三）家庭生命教育的内涵

家庭生命教育在教育环境和角色定位、教育内容侧重点、教育方式与时间上与学校教育不同，但又与学校教育相辅相成。家庭是孩子成长的最早和最主要的环境，家庭成员扮演着重要的教育者角色。在家庭中，孩子从父母或长辈那里获取生活经验、价值观念和道德观念。家庭生命教育更多关注日常生活中的价值观、道德规范、个人经验分享以及家庭成员间的情感交流。这可能更贴近孩子们的生活，注重家庭中的情感关系和亲密度。家庭生命教育通常就是日常生活中的点滴体验和教育。教育内容可能随着家庭活动而自然发生，比如家庭聚餐时的谈话、日常琐事中的启发性讨论等。

在高中生家庭中，生命教育的内涵虽然也需要涉及知识传授，比如性教育、死亡教育等，但更重要的是通过家庭环境和教育方式，塑造高中生积极、健康、成熟和负责任的个性，帮助他们探索生命的意义、尊重与珍惜生命的价值、热爱并发展个人独特的生命，实践并活出天地人我和谐共融的关系。

（四）在高中生家庭中开展生命教育的重要性

1. 高中生探求同一性需要家长的支持

美国心理学家埃里克森指出，个体在青春期主要面对同一性与角色混乱的矛盾。同一性是个体对自己身份和社会角色的清晰认识。没有形成同一性的青少年可能会出现情绪和社交问题，甚至做出危害生命的行为。高三的孩子处于自我探索的阶段，表现出独立寻找人生方向的需要，对父母的关心和教诲常常不屑一顾。他们的叛逆和尝试都是在探索"我是谁""我的价值"和"我的未来方向"。父母应当扮演好鼓励者和引导者的角色，帮助孩子探索而不受伤害。

2. 高中生危害生命安全的行为值得重视

高三的孩子正处在青春期和升学这两个特殊时期。美国心理学家霍尔把青春期称为"疾风骤雨期"，这时候的孩子充满了矛盾，尤其当内部变化与外部环境发生冲突时易引发其极端行为。一方面，其生理心理状态正处在快速变化阶段，在面临升学压力及情感压力时情绪容易起伏。另一方面，他们的社会意识已日趋成熟，并逐渐形成自己的人生观和价值观，对社会现实问题有自己的独立见解。外部环境主要是指人际关系，包括亲子关系、师生关系、同伴关系。比如同学的排挤、老师的批评等都有可能引发危机，但最致命的冲突还是亲子关系。如果父母不能理解孩子，甚至误解、打击他，这会成为压垮他的最后一根稻草。2023 年《中国疾病预防控制中心周报》发表的研究报告指出：中国儿童青少年组的自杀死亡率亟须引起关注。2017年至2021年间，15—24岁青少年组的自杀死亡率呈现上升趋势，城市和农村青少年的自杀死亡率均突破每10万人3人。

奥地利心理学家弗兰克尔曾在其书中写道："我要大胆地说，这世界上并没有什么东西能帮助人在最坏的情况中还能活下去，除非他认识到他的生命有意义。"对于高三的孩子而言，如果缺乏有效的生命教育，未能认识到生命的意义和价值，他们就有可能做出极端选择。因此，帮助孩子理解生命的意义，明确人生的目标与使命，显得尤为重要。家长的示范和教育在帮助孩子认识到生命价值方面起着关键作用。在孩子成长的各个阶段，家长都应及时开展生命教育，帮助他健康地应对情感波动，培养积极的生命观，从而确保他的身心健康和幸福。只有这样，孩子才能自信地面对人生的挑战和失败。

二、高中生家庭开展生命教育的现状与问题

（一）我国生命教育的现状

1. 政策相继出台倡导生命教育

近年来，我国高度重视青少年的生命教育，国家颁布多项政策推动其发展。《国家中长期教育改革和发展规划纲要（2010—2020年）》等文件强调安全教育和生命教育的重要性。各级学校被要求通过多种方式实施生命教育，旨在引导青少年形成科学文明的生活方式、增强安全意识，并热爱生命。教育部印发的《生命安全与健康教育进中小学课程教材指南》提出，根据学生年龄特点整合生命教育进课程体系，通过不同学科帮助学生提升自我价值感、情绪调控能力，并理解生命本质。

此外，教育部与相关部门联合发布《全国家庭教育指导大纲》和《关于加强家庭教育工作的指导意见》，推动建立家长委员会，加强家校合作，设立家庭教育实验区，以构建家校社三位一体的生命教育模式。

2. 家庭中的生命教育现状不容乐观

在我国家庭中开展生命教育的现状并不乐观。

首先，2020年上海的调研显示，只有15%的青少年表示接受过生命教育，

75%的受访者未曾听说过这一概念。此外，18%的受访青少年和家长曾感到极度挫败并有过自杀念头，这表明心理亚健康状态普遍存在。同时，30%的受访者对他人自杀等生命消失表现出冷漠，反映出生命教育的严重缺失。

其次，家庭对参与生命教育的意愿低。许多青少年因学业压力大和课外辅导繁多而无暇参与，而家长则往往缺乏参与意愿，有的甚至认为生命教育是非主流教育，不如专注于文化课程学习。

此外，家庭在进行生命教育方面的能力也不足。调查发现，多数家庭难以就生命教育话题进行有效沟通，只有少数父母会探讨生与死的深层意义。传统的避谈死亡观念和父母自身缺乏生命教育知识是阻碍沟通的主要原因。

政府和社区对生命教育的支持不足，家长培训不充分，缺乏必要的生命教育知识补充，这些因素共同导致了生命教育在家庭中的推广困难。

（二）家庭中开展生命教育存在的问题

1. 生命教育的意识缺失

在许多家庭中，学业成绩被视为孩子的首要任务，导致生命教育被忽视。特别是在高三这一关键时期，家长与孩子的对话多集中在学习成绩上，缺少其他方面的深入交流，忽略了探讨生命的重要性。此外，许多家长自身缺乏对生命教育的理解，日常生活忙碌，很少思考生命的深层意义。他们可能认为生活就是顺其自然，或者认为深入探讨生命意义过于抽象。

现在的孩子们拥有较强的自我意识，常思考"为什么要努力学习""死亡是否能超越痛苦"等深刻问题。然而，许多家长往往无法有效回应这些问题。教育子女时，家长首先应明确自己对生命的理解和态度，理智面对生命的全过程，再以适当的方式对孩子进行生命教育，从而更好地引导孩子理解生命的意义。

2. 生命教育的内容匮乏

家庭教育的灵活性使得它可以随时进行，但也导致了生命教育内容的零散和不连贯。在孩子的成长历程中，很多家长注重孩子的身体健康，给孩子提供各种营养食物，却忽略了健康不只是吃得好，还包括了生理健康和心理健康，比如培养良好的劳动习惯、运动习惯和适宜的自我调适能力。有的家长总向孩子强调未来工作收入的重要性，却没有思考过如何分析孩子的兴趣爱好和优劣势，不能有效地帮助孩子进行生涯规划。家长们总是焦虑孩子个人的发展，却未曾想过孩子如何与他人相处，如何才能找到自己生命的意义和实现社会价值。

生命教育有着极其丰富的内涵，不仅仅局限于生死教育，还包括了生存教育和生活教育。生命教育其实包含了三大人生问题："我是谁""我要过什么样的生活"以及"我如何过上知行合一的生活"。因此，家长作为家庭生命教育的主要实施者，需要明白生命教育不仅关乎当下的生活，还应该关心孩子未来的发展。

3. 家庭生命教育的实践错位

在与孩子的互动中，很多家长可能会无意中"好心办坏事"，或由于沟通方式不当而引发或加剧亲子矛盾，常见的错误主要有以下两种。

（1）缺乏共情

许多家长往往从自己的视角出发评判孩子的情况和感受。例如，面对表达生活无意义感受的抑郁孩子，家长可能感到无奈且难以共情，认为自己已尽力提供最好的物质条件，唯一的期望就是孩子专注学习。这种想法容易使家长站到孩子的对立面，批判孩子的感受，从而加剧亲子间的矛盾。

（2）方法单一多说教

当讨论关于生命的困惑或生活中的痛苦时，家长可能急于安慰孩子，却常采用批评或说教的方式，如责怪孩子不专心学习或用自己的经历来强调"人必须经历痛苦才能成长"。这种方法不仅难以打动孩子，反而可能激化冲突。孩子可能会选择沉默，离开对话场合，或是生气地与父母争执，之后不愿与父母深入沟通。有效的亲子沟通应建立在共情和理解的基础上，家长应采用多样化的方法讨论问题，避免单纯的批评和说教，以促进双方的理解和关系的和谐。

三、高中生家庭开展生命教育的策略与方法

高三孩子面临高考等重大考试压力，这一关键时期他们需要更多的情感支持、生活技能和更强的应对压力的能力。家长对生命教育的关注及教育方式的适当选择至关重要。

（一）更新生命教育观念

高中生家长往往过度关注学业，将孩子的日常生活安排得满满当当，这可能加剧孩子的压力。许多家长误以为生命教育主要是学校的责任，且仅限于教导孩子珍惜生命，避免极端行为。实际上，生命教育的核心是通过家长的榜样作用和亲子互动，让孩子感受到爱与联结，体验成就感和行为的意义。家长的作用是帮助孩子发现生活之美，认识到生命的价值。

家长需认识到高考虽重要，但仅是生活中的一环。家长应提倡科学的生活方式，积极面对生活挑战，传递出珍惜和热爱生命的态度。在孩子面对学业和人际压力时，家长应倾听和共情，强调孩子的努力而非仅仅是成绩，帮助他建立长远视角。

（二）丰富生命教育内容

家长可以引导孩子参与日常生活中的多种活动，如烹饪、整理房间、园艺活动等，帮助他学习生活技能，享受劳动成果，减轻学习压力。

组织家庭活动，如电影夜、读书会等，可以选取涉及生活和成长主题的电影或书籍，促进家庭成员间的交流和情感分享。

定期参与体育和户外活动，不仅有助于增强身体健康，还能促进家庭成员之间的情感联系。

通过这些措施，家长不仅能帮助孩子缓解高考压力，还能教会他如何平衡生活与学习，从而塑造健全的人生观和价值观。

（三）引导孩子融入实践

在莎士比亚的著名戏剧《哈姆雷特》中，主角哈姆雷特在第一幕第三场中说道："世上人的命运就像舞台上的角色，他们进场亮相，然后退出去。人生就像旷野一样，我们个个都是旅人。"人生是充满挑战和未知的旅程，每个人都是这个旷野（即生活）中的旅人，面临着各种不同的困难和挑战。"生活"的范畴绝不囿于学习，还有更广阔美好的各种可能性。

1. 引导孩子向内探索了解自我

家长可以通过各种内省活动帮助孩子更好地了解自己。对许多高中生而言，他们可能尚未清晰地感受到人生的意义。在这种情况下，家长可以鼓励孩子记录自己的人生梦想，即使在繁忙的学习中也能意识到自己有许多梦想在未来可以实现，这本身就能增加他对生活的期待和希望。

以著名人类学家、探险家约翰·戈达德的故事为例。15 岁时，他写下了自己的"生命清单"，列出了 127 个人生目标。他从容易实现的愿望开始尝试，不断挑战自我，逐一实现清单上列出的梦想。约翰曾说："我不愿过平凡的生活，我希望不断挑战极限。"他毕生不懈努力的逐梦经历点燃了无数人生活的热情。家长可以借此引导孩子看到实现梦想的可能性，激励他设定并追求自己的目标。

2. 与孩子共读经典探讨生命意义

为了在日常生活中与孩子建立真诚且亲密的关系，家长可以尝试与孩子一起参与各种活动，如观看电影、进行哲学对话、书写等，这些活动比传统的口头教育更适合高中孩子。

在这些活动中，尤其推荐家长与孩子共读或共听经典书籍。阅读是一种滋养心灵、激发深思的活动，它不仅能启迪思维，还能给予人精神慰藉。对于时间宝贵的高中生而言，即便是在繁忙的课业中，也可以利用零散时间，通过阅读书籍或聆听有声书，来探索和思考那些关乎人生的深刻议题。人物传记类书籍展示了他人如何面对并克服生活中的重重困难，最终实现自己的梦想，这些故事能够激励孩子在遭遇挑战时不轻言放弃，培养坚持不懈的精神。人生哲学类书籍能够帮助孩子进行深层次的自我探索，从而锻炼其心理韧性，培育其积极向上的生活态度。心理健康类书籍则能教孩子如何认知和管理自己的情绪，在面对学习压力时找到平衡点和前进的动力。通过阅读这些精心挑选的书籍，并且就书中的内容进行深入交流和讨论，家长不仅能够加强与孩子之间的情感联系，引导他思考更深层次的生命价值，还能在这个过程中与孩子在思想和情感上共同成长和进步。这样的共读和探讨，无疑会成为家庭的一笔宝贵精神财富。

3. 助力孩子成为自己的人生设计师

高中学子身处人生转折的关键节点，他们满怀对未来的憧憬与渴望，却也时常被迷茫的云雾所笼罩，心中交织着难以言喻的焦虑与重压。斯坦福大学的"人生设计课"的思路，或许能帮助家长和孩子用不同的视角来看待人生这一特殊阶段及面临的各种选择，更好地进行生涯规划。该课程的创始人博内特和伊万斯提倡把产品设计思维用到生涯规划中去，他们认为：在日新月异的世界里，我们应运用设计思维不断重塑人生目标，而非墨守成规。毕竟，当今许多热门职业，数年前尚属未知。这提醒家长，孩子的未来不应受限于旧有观念，而应拥抱变化，灵活应对。人生的真谛不在于寻觅唯一的"最适合"，而在于拥有多元化的选择。所谓的"最适合"实则难以捉摸，因为"最适合"是会随成长而变化的。重要的是，享受学习过程，提升个人能力。理想的人生状态，是拥有众多适合的选择，并勇于尝试。面对选择，不妨"边走边看"，以低成本试错，而非犹豫不决。

"人生设计课"提出了一个"奥德赛"计划：鼓励个体思考多元化的未来，为自己设定多条潜在道路，并在其中做出明智的选择。具体的做法是，编写未来五年内的三个不同版本的人生计划，不需要为它们分等级或优先级。每个奥德赛计划都应当被视为"A计划"，都是真正想要实现的目标，是潜在可能性的草图。

因此，家长不妨请孩子给自己设计三个可替换的人生计划，三者不分等级差异，都是个人真实的渴望，都有实现的可能性。如果孩子觉得困难，可以做以下考虑：第一种选择，现在计划做的工作。第二种选择，如果无法从事现在计划的工作，会做什么？想象一下，当现在的工作发展空间小或者前景不好，不得不重新寻找谋生之道时，会选择什么？第三种选择，在不考虑金钱及其他因素的前提下，想做的事情或者想过的生活。当有了一定的积蓄和积累后，这个目标极有可能实现，现在要做的就是做好准备。提前想象这样的生活，对人生设计非常有益。人生就像一道动态题，今年是这个答案，过几年可能又是另一个答案。奥德赛计划可以帮家长和孩子从容应对变化，找到最优解。

父母不仅赋予了孩子生命，更应在适当的时机以合适的方式引导他体验生命历程的酸甜苦辣。春天的风，夏天的果，秋天的叶，冬天的雪，都构成了生命的美好篇章。在孩子忙于学业之际，家长邀请他一同欣赏窗外的四季变换，共享这一刻的美好，便是对生命的深刻引领和教育。生活需要兼顾窗内的勤奋学习与窗外的四季美景，这种平衡才真正显现了生命的价值。

参考文献

[1] 冯建军. 生命教育实践的困境与选择[J]. 中国教育学刊，2010（1）：35–38.

[2] 许世平. 生命教育及层次分析[J]. 中国教育学刊，2002（4）：5–8.

[3] 肖川，陈黎明. 生命教育：内涵与旨趣[J]. 湖南师范大学教育科学学报，2013，12（4）：30–36.

[4] 高伟. 从生命理解到生命教育——一种走向生活的生命教育[J]. 北京师范大学学报（社会科学版），2014（5）：35–42.

[5] 林逢春，陈晓雁，谭洁英. 西方国家生命教育的现状、特点及启示[J]. 思想教育研究，2012（9）：101–104.

[6] 戚艳杰. 生命教育——家庭教育中不可或缺的一环[J]. 心理与健康，2022（4）：10–12.

[7] 李曦，黄鸿鑫. 英国、美国、日本的生命教育实践及其启示[J]. 教育探索，2014（7）：146–148.

[8] 高月白，刘熠珺. 高中生生命教育现状之多层面比较调查——以林森浩投毒案引发的相关生命教育问题为基点[J]. 基础教育研究，2015（7）：22–24.

（执笔：屠筱青　浙江外国语学院）

第 27 课

如何指导孩子
选课与学业规划

课程简介

教学对象

高一学生家长

教学目标

1. 认识高中生选课与学业规划的现实需要及意义。

2. 学会指导孩子进行有效的自我探索、自我认识、自我选择。

3. 掌握帮助孩子选课与制定学业规划的策略与方法。

教学时长

90 分钟

课程框架

（二）帮助孩子树立合理目标

    1. 我看重什么

    2. 我适合什么

    3. 我能做什么

    4. 我喜欢什么

（三）帮助孩子了解大学、专业、职业

    1. 了解大学专业目录

    2. 参观大学和参加开放日

    3. 开展职业体验

（四）帮助孩子了解高考动态信息

    1. 关注本省招生办网站

    2. 依靠考生所在学校

    3. 及时获取权威部门印发的招生资料

    4. 积极参加招生咨询

（五）帮助孩子规划阶段性目标

    1. 制定阶段性目标

    2. 制订学业规划书

    3. 培养时间管理能力

参考文献

课程内容

👤≡ [实例导入]

　　暑假期间，浙江的一位妈妈来电询问，她儿子高一第二学期的期末考试成绩尚可，各科较为平衡，没有特别突出的学科。开学进入高二后学校将进行选课走班，根据学生选课情况组班。选择时间较紧，需要尽快做出决定。现在一家人常为这事发生冲突。一是不知道选择的课孩子是否有兴趣，是否适合，对高考成绩有什么影响；二是不知道选择的课对今后报考大学及专业有什么影响，或有什么对应性；三是不知道自己的孩子未来往哪方面发展。这位妈妈说：我们做家长的是一头雾水，不知所措。

　　进入高中后，应该如何引导孩子选课与学业规划呢？特别是近年来高考政策发生变化，全国分批启动高考综合改革，改革高考考试科目和评价方式，形成了分类考试、综合评价、多元录取的考试招生模式。新高考依据考生的统一高考成绩和高中学业水平考试成绩，参考综合素质评价，取消文理分科，采取 3+3 或 3+1+2 等选考模式，让很多家长更为困扰。改革促使高中学校改变传统教学模式，实施选课走班制度。正如实例描述的那样，家长感到迷惘，出现不会选择、不愿选择、不敢选择的现象。许多家长不了解高考新变化，不了解选课政策、大学专业设置与相应的职业发展情况，对自己的孩子缺乏足够的了解，为此一筹莫展。

　　正如有人说：高三孩子战战兢兢走进考场，高二孩子感慨"明年我高考"，高一孩子为选课而伤透脑筋。高中阶段的孩子面临许多崭新的人生选择，如何有效地给予孩子帮助，指导其选择、填写大学志愿，选择今后的工作、事业方向，成为家长的必修课。

一、选课与学业规划的现实需要与意义

（一）高考招生改革方案彰显选择性

　　自 2014 年《国务院关于深化考试招生制度改革的实施意见》发布以来，

全国各省的高考都在做相应的调整和改革，旨在促进教育公平、科学选才，同时彰显"选择性"，促进学生全面而有个性地发展。以浙江省为例，由原来的文理选科变为"七选三"模式，既扩大了考生的选择权，也扩大了高校的自主权，体现了"公正公平、多元录取"两大亮点。在这种改革背景下，"学会选择"成为考生的必修课。

一方面，新高考方案中，由于高校将按专业分别录取，"专业导向"的考录模式，要求孩子尽早了解自己的兴趣特点和专业方向，并据此确定选考科目。这在一定程度上是通过高考的"指挥棒"引导孩子去更多地了解自己、关注社会，理智地寻找自己的学业方向。这将带来高中课程改革的内在价值寻找，"兴趣+专业"导向的深度选修课程有望在中学得以开展。

另一方面，新高考方案给予考生"七选三"的选考自主权，也就是"自主选择"成为孩子基本的发展性行为。这一制度安排，将孩子的选课自主权从原来的非高考性质的校本课程，向高考性质的必修课程做了切实延伸，大大拓展了孩子的选课自主性。这也无疑会打破中学课程的原有组织模式和流程，迫使分层分类的选课走班模式向必修课延伸。由于每个孩子均可选择自己最擅长的科目进行深度学习，而其他科目只做基本要求的一般学习，客观上减轻了孩子的学习负担。

（二）社会和学生个体发展的迫切需要

当前，不少孩子对自己未来的发展方向并不十分明确，存在着"学习无动力、升学无厚望、生涯无规划、发展无方向"的现象，令教育管理者、老师和家长忧心忡忡。

高中阶段是学生世界观、人生观和价值观形成的关键期，也是孩子选择未来人生发展方向的关键期。部分高中生的人生目标比较模糊，学习目的尚不够清晰，毕业时更面临填报志愿、工作和升学的选择等现实问题。根据美国心理学家埃里克森的心理社会发展理论，高中生正处于自我认同与角色混乱阶段，该阶段的主要任务之一是形成稳定且积极的生涯认同，其生涯发展水平在一定程度上制约其未来的职业和生活质量。高中生虽然已经初步觉察和认识到个体与社会环境存在关联，但他们的生活经验尚不充足，对社会的认识不够全面、深入。很多高中生人生观不清晰，或者受到社会上世俗化、功利化、个人化的价值观影响，面对人生未来发展方向的规划，很容易陷入被动和盲目的漩涡。这种被动和盲目不仅体现在大学、专业、职业的选择上，也体现在日常的学习与生活中，比如没有明确的志向，不清楚自己的志趣与能力，不了解社会的需求和职业世界，无法建立恰当的生活目标与专业指向，适应力、承压力、耐挫力差等。以致很多学生在进入大学开始专业学习后，才发现这不是自己愿意为之终身投入和奋斗的事业，于是又要转专业，甚至退学重新参加高考。这不仅是对教育资源的浪费，而且也不利于个体健康可持续地成长。据中国教育科学院的一项对当代大学生所学专业满意度的调查，42.1%的学生对所学专业不满意；而且，如果可以重新选择的话，有65.6%的学生表示将另选专业。那么，到底是什么原因使得大学生对所学专业不满意呢？调查显示，自己不感兴趣的占48.2%，专业前景不好的占16.1%，就业困难的占26.0%，受家庭影响的占0.9%，其他因素占3.2%；其中最主要的原因是自己不感兴趣。

因此，高中阶段作为学生整个学习生涯"承上启下"的重要阶段，除了基础学科知识的准备之外，对自我充分的认识，对生命价值的思考，对未来专业方向的选择、对个人发展的规划，等等，也是孩子在成年之前必须完成的重要任务。新高考背景下，"选课"与"走班制"成为学校课程的必然模式，让孩子"会选择""能选择""选择准"已成为各级教育主管部门、高中教育工作者、广大学生及家长关注的焦点。开展高中生选课、学业规划辅导，对其加强自我了解，增进其自我认识及自我认同，帮助其积极寻找切合实际的人生方向，有效做出生涯决策，具有重要意义。

（三）学业规划对高中生成长的意义

学业规划是生涯规划在学生求学阶段的细化和体现。社会认知生涯理论认为，生涯规划是个人内在特质、环境外在因素和学习经验三者之间交互作用的结果。相应来说，高中阶段学业生涯规划就是在了解学生兴趣、能力、价值观等个人特质的基础上，结合社会发展需求，初步确立专业和职业发展方向，设计联通现在和未来的发展道路，制定并实施具体的步骤，最终达到因材就学、学以致用的目的。

根据新高考提出的现实要求，结合高中生的生涯发展特点和需求，学业规划对孩子终身发展具有现实意义。

1. 借助学业规划唤醒生涯意识

高中生处于生涯规划探索阶段的试探期，需要在学校、家庭和社会生活中对自我和外界进行探索，尝试多元角色，完成初步的人生规划。通过协助孩子建立生涯意识，觉察生涯规划的意义，帮助他们意识到生涯发展的不确定性，进而触发他们思考高中学习与未来职业发展的关系，同时也唤醒孩子为自己的成长负责的生涯规划意识。

2. 通过探索实践全面了解自己

生涯辅导的落脚点是让孩子意识到为自己的生涯选择承担责任，这也和新高考"落实学生选择权"的倡导相吻合。关于专业、职业的信息数不胜数，个体只有对自我足够了解，才能缩小职业信息的搜索范围。新高考要求学生根据自己的兴趣和特长选择考试科目，就是对这一内容的体现。高中生生涯辅导协助学生剖析自己、了解自我，树立正确的自我意识。孩子在家长和老师的指导下，综合运用自我评价和他人评价相结合的方式，分析自身的优势与不足，做出自我的全面认知和评价，了解相应学科、专业和职业所需的心理品质及其要求。

3. 在理智选择中进行科学决策

生涯问题的决策，既要求高中生加强自我认知，也需要其对大学、专业和职业等领域进行探索。新高考的选科与大学专业选择存在一定关联，也影响未来的职业方向。在高中阶段开展学业规划指导是孩子可持续发展的必然要求。通过指导，孩子全面了解新高考的各项变动并掌握选考策略，初步了解国内外大学与专业的设置情况，并在选择选考科目时，将个人意愿和社会需求相结合，对自身兴趣和爱好做出动态预判，结合自身特点、未来职业意向和家庭情况，理智地选择适合自己的成长路径。

二、高中生选课与学业规划的现实问题

随着新高考的推进，多元化的学科组合对孩子综合能力的发展提出了更高

要求。但家长普遍更关注孩子的学业成绩，对于生活指导、生涯指导以及孩子的内心需求和思想变化等关注较少。学校和老师对学生的选课和学业规划也存在专业性和精细化不足的问题。

（一）高中生存在的问题

根据李婷婷的相关研究，高中生在选课和学业规划中，存在以下三个问题。

1. 相关信息充足，信息整合不足

虽然学生对自己的能力特长、兴趣爱好、性格特征的认识均处于中等偏上的水平，但其信息整合能力不高，有40%左右的学生不了解学科与专业的关系、专业与职业的关系以及职业发展前景，不知道外界环境的优势与限制。同时，学生对未来因素以及环境因素的考虑不周全，甚至完全忽略了这些因素的重要影响。

2. 缺乏规划技巧，态度犹豫不决

虽然大多数学生对高考改革保持中立态度，但有的学生因为在决策和规划方面出现了偏差，故在面临决策时感到焦虑、茫然。有40%的学生认为自己各科目的学习成绩比较平均，优势科目不明显；25%的学生喜欢的科目与擅长的科目不一致。这些问题会导致学生在面临决策时犹豫不决，自我效能感降低。

3. 决策信心不足，规划能力欠缺

对学生选择高考科目的调查发现，有22%的学生已经选好了三个学科，52%的学生已经确定了两门学科，20%的学生仅确定了一门学科。这说明，学生在选科决策上信心不足，在制定和实施规划的过程中也面临一定的困难。

（二）家长指导存在的问题

根据郝明星的相关研究，高中生家长对于孩子的学业规划指导存在以下问题。

1. 规划意识薄弱

家长对生涯规划的兴趣相对较高，63.6%的家长表示对此比较感兴趣。家长在孩子选科时能充分考虑孩子的兴趣、潜能和未来职业，这样的生涯理念相

对比较正确。但家长在对未来的生涯规划意识方面有所欠缺，如在孩子高考填报志愿的维度上，57.7%的家长选择"等高考成绩出来再考虑"和"现在没有考虑"。在对孩子未来职业和职业生涯规划维度上，有清晰规划的家长只占5.6%，表明家长的生涯规划意识薄弱或存在误区。在对孩子的职业期望即职业价值观方面，33.7%的家长仍旧希望孩子能从事传统和稳定的工作，而"没有规划，根据能考上的大学专业再定"的占34.7%，反映出家长生涯观念的传统性和滞后性。

2. 信息了解不足

家长对生涯规划相关知识了解情况并不理想。对社会所需人才要求、岗位设置、职业发展前景及院校专业信息等不太了解的，占比均超过60%。说明家长亟待提升自身生涯规划知识，以期对孩子的职业生涯选择做出合理指导。

（三）学校和老师指导存在的问题

在高中教育阶段，老师不仅需要强调学生基础性学科知识的学习，实现自身考试成绩的提升，还需要加强对学生学业生涯规划方面的教育，开设高中生学业生涯规划课程，从而让学生在接受学业生涯规划教育期间提升自身的学业规划能力。然而，从目前的实施情况来看，还存在不少问题，主要有以下几点。

1. 专业师资力量严重缺乏

在许多学校，学业规划指导被碎片化地安插于心理健康教育课程和班会之中，缺乏专业化和精细化的指导。

2. 生涯规划课程比重偏低

多数学校缺乏足够的重视，高中生学业生涯规划课程在整个高中学科教育中所占比重偏低，课时量非常少，一定程度上增加了老师开展此项工作的难度。

三、选课与制定学业规划的家庭指导策略与方法

在高中阶段，加强并做好孩子选课、学业规划教育工作，提升孩子的选课、学业规划能力，可以帮助高中生正确地认识自己，了解当前社会对于专业

人才的需求，进而更加科学地选择职业和填报志愿，实现自我价值。家长可以为孩子提供以下五方面的支持。

（一）帮助孩子认识自我

自我认知，包括认识到自己喜欢什么，适合干什么，具体的潜能在哪里，优势与劣势各是什么。它涉及孩子的个性、爱好、能力以及价值观。引导孩子如何去认识自己、了解自己，是家长需要考虑的问题。家长可以在平时的学习生活中，有意识地指导孩子通过自我观察认识自己，了解自己的个性特征；从他人对自己评价的态度中认识自己；通过参与集体活动认识自己；通过工作和学习成果认识自己；等等。此外，还可以借助心理测评工具来了解自己，例如可以运用以下几种心理测评工具。

1. 性格探索

MBTI职业性格测试，该理论认为，性格类型可以通过注意力方向、认知方式、判断方式和生活方式四大维度来进行划分。通过测试，孩子可以了解自己的性格类型，获取信息的偏好，以及行为方式的优缺点。在自我认识的基础上扬长避短，初步探索适合自己的职业状态。

2. 兴趣探索

美国心理学家霍兰德认为每个人都有不同的职业偏好，并将人的职业兴趣分为社会型、研究型、企业型、现实型、常规型和艺术型六种类型。兴趣岛游戏和职业兴趣测评量表的基础是"人职匹配"理论，根据一个人喜欢的活动、擅长的活动、喜欢的职业，找出他的典型职业倾向，以及与典型职业倾向相匹配的职业类型。通过测试，孩子能明确自身的职业兴趣，找到职业和专业的大致方向，循着这条线继续往下走，还可以进一步掌握专业填报的学科要求。

3. 多元智能探索

哈佛大学心理学教授霍华德·加德纳提出的多元智能理论，认为人类的思维和认识世界的方式是多元的，至少存在八项智能：语言、数学逻辑、音乐、空间、身体运动、人际、自我认识、自然认知。每一种智能在人类认识世界和改造世界的过程中都发挥着巨大的作用，具有同等的重要性。每个人与生俱来地拥有其中的多项智能，个体的不同在于所拥有智能的程度和组合的不同。通过多元智能测评工具，孩子能大致清楚自己的能力优势，结合专业的学科能力要求，能够更加理性科学地做出决策。

（二）帮助孩子树立合理目标

理想职业选择首先应"去功利化"，不能带着虚荣和功利的思维选择职业，这样的后果是孩子往往不是为自己读书，不是为自己选择，最后学习无动力，工作无激情，生活无情趣。所以，在选择职业之前，要先了解自己、认识自己。从自己的职业期望、职业理想出发，依据自己的兴趣、能力、特点等自身素质，选择一个适合自己的职业。只有这样，才能尊重自己的生命，让自己的生命自由，才能更好地去发展自己，为社会作贡献。家长可以帮助孩子从以下四方面进行思考。

1. 我看重什么

"我看重什么"指对个人而言，最重要和最想要的东西在职业上的体现，反映的是自己的职业价值观。在职业选择时，一个人越清楚自己的价值观，越了解自己在工作和生活中想寻求什么，什么对自己来说是最重要的，他的生涯发展目标也就越清晰。

2. 我适合什么

了解自己的气质类型和性格特征，对于选择适合自己的职业、生活方式和人际交往模式非常重要。一旦对自己的气质和性格有了较深刻的理解，就可以更有针对性地选择适合自己的职业道路、生活方式和社交活动。

3. 我能做什么

任何一种职业对从业人员的能力都有一定的要求。能力特征直接影响工作效率，是使工作顺利完成的个性心理特征。如会计、出纳、统计等职业，工作者必须有较强的计算能力；而工程、建筑及服装设计等职业，工作者要具备空间判断能力。了解自己的能力，就是要弄清楚自己能做什么和不能做什么。

4. 我喜欢什么

"我喜欢什么"对应的是职业兴趣。兴趣是学习、工作的原动力，如果对某项工作没有兴趣，做起来就不顺手，容易精疲力竭，生活质量也会随之降低。现实生活的压力不断加大，人只有努力寻找最适合自己的生活方式，做自己喜欢的事，提高生活质量，才能更有效地提升生命品质，发挥生命能量，更好地享受人生。

（三）帮助孩子了解大学、专业、职业

学习的最终目标不是高考分数，而是寻找适合自己的发展方向，将来谋取一份适合的工作，为自己和家庭、为国家和社会作出自己的贡献。高一选课，不亚于一次大致方向的志愿填报。要做好选课，孩子与家长须解决三个问题：一是大致确定专业方向；二是了解高校专业选课要求；三是如何选课可让总分最大化。所以，孩子和家长需要掌握数据资料，结合专业方向，明确自己的选课需求；必须在熟悉政策的前提下，做出匹配自己的选择。为此，家长需要多方向收集信息资料，全面了解大学、专业及相对应的职业，同时还要及时关注政策新变化，了解大学专业相应的选课要求。

1. 了解大学专业目录

家长可以通过查看大学的专业目录，了解不同专业的具体内容和就业方向，为孩子提供参考；利用网络资源，如教育网站和大学官网，获取最新信息。

2. 参观大学和参加开放日

安排孩子参观不同类型的大学，让孩子了解校园文化和学习环境；参加大学开放日活动，与在校学生和老师交流。

3. 开展职业体验

安排孩子进行职业体验，如实习、兼职或志愿服务。鼓励孩子参与他感兴趣的领域相关的活动。介绍不同职业的工作内容、所需技能和未来发展，讨论不同职业的利弊，帮助孩子进行全面的了解。

家长要做有心人，做到提早关注、提早规划、提早了解、提早准备，掌握有效信息，并根据孩子的自身特征，帮助孩子做出选择。

（四）帮助孩子了解高考动态信息

高考信息种类繁多，内容丰富，来源广泛，其中也混杂了一些不实宣传和虚假信息。那么，考生和家长应该通过哪些途径，准确、全面、及时地获取高

考信息呢？

1. 关注本省招生办网站

省招生办（考试院）官方网站是发布本省高考信息的主渠道，网站上内容丰富，信息权威，发布及时，是考生和家长了解高考信息的首要选择。

2. 依靠考生所在学校

在招生考试的工作系统中，高考报名、填报志愿、体检、政审、考试组织等大部分基础工作，都以高中学校为单位组织实施；招生政策宣讲、填报志愿指导等也大都由高中学校具体负责。省招生办会把高考相关信息和要求及时传达给学校。同时，高中一般配备有指导学生高考事宜的老师。这些老师具有多年工作经验，不仅熟悉政策，还对高中学生的兴趣爱好、价值取向、职业倾向等有深入的研究。考生和家长要依靠所在学校，获得重要、准确、及时的高考信息。

3. 及时获取权威部门印发的招生资料

省级招生办发行的考试招生刊物或图书，除刊登有关高考政策规定、公布招生计划外，还会发布各高校往年在本省录取的各类统计数据。各高校也会发放招生简章、报考指南等宣传资料。以上资料的提供方一般对资料的真实性负责。这些资料是考生和家长了解高考信息、填报志愿的主要依据。

4. 积极参加招生咨询

省招生办会在指定时间和地点组织各高校举办现场招生咨询会，考生和家长可与高校老师面对面交流。很多高校还会举办校园开放日活动，或派招生专家组到各地中学开展现场咨询。此类交流互动的时间比较充分，内容也比较丰富，考生和家长可关注并积极参与。

（五）帮助孩子规划阶段性目标

家长需根据新高考多元升学种类的招生特点，帮助孩子提早做好相应的准备，以获取最佳的招生途径，被最合适的高校录取。

对于做好高中学生三年学业生涯规划，高一这一年至关重要。新高一的学生和家长务必尽早熟悉新高考规则，寻找适合自己的升学渠道。

大多数高中会在高一结束后组织学生进行选课，选择三门选考科目，高二开始集中精力学习，到高三第一学期进行选考。选考科目的相应学考成绩合格，方能报考同科目的选考。根据考试科目的时间安排，考生如果因身体原因错过学考或者学考不合格，想要重考，只能等一年之后的相同月份。所以每一次学考，成绩合格很重要。

1. 制定阶段性目标

家长可以与孩子讨论对未来职业的期望和梦想，以及如何实现这些目标。考虑大学毕业后的职业规划，为高中三年制定阶段性目标，如每年的学业进步，技能掌握，学考、选考安排等。每个学期设定具体的学业目标，如提高特定学科的成绩、完成特定的项目等。

2. 制订学业规划书

学业规划书是一份个人的学习计划，它是一个很重要的工具。家长也可以帮助孩子制订一份学业规划书，来帮助孩子确定自己未来要达到的目标，并规划出必要的学习路径和资源；帮助孩子掌握自己的学习进度，确保能够在规定时间内完成学业。此外，学业规划书还可以帮助学生在面对学习困难和挑战时更加自信地应对，更快地适应高中生活。

3. 培养时间管理能力

引导孩子合理安排时间，平衡学习、休息和娱乐，如使用日程表、待办事项列表等时间管理工具。引导孩子自主解决生涯行动中的困惑，克服学习倦怠与拖延，学会高效利用时间，增强职业信息搜集能力，养成健康的生活方式，保持对未来职业世界的好奇和关注。协助孩子树立远大的职业理想和抱负，让他们能够结合目标制订合理的计划，选择有效的途径。引导孩子提升各项能力，循序渐进推动生涯发展。

帮助孩子做好学业生涯规划是一个涉及多方面的过程，需要家长的耐心指导和孩子的积极参与，家长在其中扮演着重要的角色。通过以上的途径和方法，家长可以帮助孩子为未来的教育和职业发展做好准备，为未来的成功打下坚实的基础。

参考文献

[1] 陈婉玉，叶一舵，杨军.新高考背景下高中生生涯辅导的必要性、内容及实施途径[J].教育评论，2017（11）：100-103.

[2] 郏蒙蒙.为高中孩子自主选科赋权增能[J].中小学心理健康教育，2023（10）：78-80.

[3] 李婷婷.高中阶段学业规划指导教育的现状与思考[J].基础教育参考，2019（10）：69-70.

[4] 郝明星.高中生家庭"生涯规划教育"现状调查分析[J].中小学心理健康教育，2021（33）：56-58.

（执笔：单海林　绍兴鲁迅中学）

第 28 课

如何帮助孩子
应对选课走班制

课程简介

教学对象

高一学生家长

教学目标

1. 了解选课走班制的内容。

2. 认识到选课走班制的重要性和必要性。

3. 掌握更好地指导孩子进行选课走班的策略。

教学时长

90 分钟

课程框架

（三）提升孩子自主学习的意识与能力

    1. 帮助孩子树立正确的学习观念

    2. 为孩子创设良好的学习环境

    3. 培养孩子的自主学习能力

    4. 鼓励孩子参与多样化的实践活动

（四）提高孩子的人际交往能力

    1. 提升孩子的自信心

    2. 培养孩子的同理心

    3. 提高孩子的社交技能

    4. 加强孩子的沟通能力

参考文献

课程内容

八三 [实例导入]

高一快结束了，丸子同学不仅要选择三门选考科目，还将重新分班，面对不一样的同学、老师，而且走班后同学们不再长时间相处，她害怕没有朋友。到底选哪三个科目，她很苦恼。她喜欢理科，但化学成绩很差，物理、生物成绩一般偏上，也没有优势。她的历史成绩很好，父母建议她将来读师范，做历史老师。她去寻求学姐的意见，学姐说兴趣才是真正的动力，选自己喜欢的学科是最重要的，另外很多专业都对物理学科有要求，不该放弃物理……丸子同学选来选去，越来越凌乱。学校最近准备再组织一次选课就分班了，她心急如焚……

在新高考改革的背景下，对于每一位高中生来说，如何科学理性地选课，显得尤为重要。选课走班不仅要求学生结合自己的优势学科、学科能力和学科兴趣，以及对高考相关政策信息的了解等，来合理地选择高考科目，也要求学生不断加强生涯规划的意识，提升自主学习的能力，提高人际交往能力等，从而更好地去适应新的挑战。

一、选课走班制概述

（一）选课走班制概念

选课制，是指孩子根据自身的爱好和能力，在学校规定的年限和范围内自主选择所要修习课程的一种教学管理制度。走班制，是指有固定的学科教室和固定的学科教师，但没有固定的行政班级。

选课走班制，是打破原来固定化的班级，让孩子根据自己的兴趣爱好，自主选择学科，建立新的班级；通常情况下，任课教师和教室是固定的，孩子根据自己的选课情况进行"走班上课"，以教学班为基本单位进行集体授课；同一年级不同班级的孩子因选择同一门课程而走进相同的教室，从而形成一个教学班；教学班存在时间短，通常一门课程结束后即结束。

选课走班制将改变同一求学时期始终被固定在相同的教室、接触相同的师生的状况。孩子的学习、人际交往将完全打破班级的限定，会因课程选择不同而到不同的教学班进行学习活动，在不同的教学班接触到不同的教师与同学。

2014 年 12 月 16 日，教育部发布了《关于普通高中学业水平考试的实施意见》，确定了高考的改革模式——选科高考。在新高考改革方案中，语文、数学、外语全国统考，再从政治、历史、地理、物理、化学、生物 6 门学科中选择 3 门参加等级性考试，考试成绩计入高考成绩，即选考"6 选 3"（浙江省多 1 门技术，即"7 选 3"）。因为每位学生选择的科目不同，所以只能进行走班学习。

（二）选课走班制设置意义

选课走班是高中新课程的一大特点，是素质教育的举措之一，是以学生发展为本理念的体现。它为适应社会对多样化人才的需求，满足不同孩子的发展需要，在保证每个孩子达到共同基础的前提下，各学科分类别、分层次设计课程内容，以满足对课程的不同需求，让孩子在知识基础、兴趣、发展上的差异从制度上得到尊重和保护。选课走班制因尊重孩子的个体差异，尊重孩子的学习兴趣而受到学界和课程专家的推崇，走班制教学自新一轮课程改革以来更是得到了大力的发展。

从追求导向出发，选课走班制注重孩子的兴趣和能力导向，能够促进孩子的专业化发展，促进孩子的职业生涯规划和教育。从多样化与个性化的角度出发，选课走班教学体现了多元发展的教育理念，充分尊重孩子的个性差异，能够促进各种人才的培养，彰显孩子的个性发展。从育人价值的角度出发，选课走班能拓宽孩子的选择性，满足孩子的多样化需求，激发孩子发展的主动性。

可以说，选课走班制不管作为一种教学组织形式、教学模式还是学习组织形式，都强调重视孩子的个体差异，突出对孩子的因材施教，有利于提升孩子的学习兴趣，展现孩子的个性，培养孩子的爱好，让孩子对自己的未来有一定的规划与认知，从而使其个性化发展和多样化发展走向真实的体现。

（三）选课走班制基本模式

1."全走班"模式

即语文、数学、英语和三门选考科目全部通过走班完成教学。采取这种方案的学校不多，一般是在学校师资充足、场地较多、资源丰富情况下的选择。

2."大走班"模式

即三门必考科目保持固定行政班，三门选考科目通过走班完成教学。

3."小走班"模式

即部分孩子或者科目走班，将三门或者两门选课相同的孩子优先组成班级，其他科目或者孩子走班教学。采用这种走班方案的学校比较多，是主流的选择。例如根据孩子的选课结果，优先将三门科目相同的孩子组成行政班，其次将两门科目相同的孩子组成行政班，最后组成一门科目或零科相同的班级。即优先满足选课人数最多的选课组合，把大部分孩子先固定成班级，然后剩下的再依次匹配到不同的班级类型。

4."零走班"模式

学校提供有限数量的选课组合，将同样选这几个科目的孩子组成一个班，在固定的教室上课。这种情况一般是学校师资困难、场地有限、资源不足下的选择。"零走班"本质上属于提前分班。

二、家长存在的问题及原因分析

（一）选课政策不了解

自主选课是所有新高一学生和家长面临的一个重要选择。自主选课选得合适与否，会影响学生未来两年的学习、等级赋分、专业报考以及高考报志愿等。很多家长对自主选课、等级赋分、大学专业选课要求、大学招生计划数的分配，以及录取分数线等都缺乏了解，导致在帮助孩子选课时出现不合理、不合适的选择。

（二）选课方法不恰当

家长在帮助孩子选课时会出现以下几种常见的错误认知和做法。

一是在选课时没有帮孩子确立专业目标，只选选课组合专业覆盖率高的。例如，物化政、物化生、物化地可以覆盖 95% 以上的专业，就从这几个组合中选；其他组合专业覆盖率低，就都不考虑。

二是在不了解孩子的思维特点、不挖掘孩子的学科潜能等情况下进行科目的选择，因而出现孩子学习能力和潜力与学科要求不匹配的情况，孩子不能很好地投入学习，在学习中无法获得成就感，致使孩子学习压力增大，形成恶性循环。

三是不了解不同学科的赋分优势和劣势，导致选考科目赋分低。在等级赋分规则下，选考科目的高考成绩不使用学生卷面分，而是使用等级赋分成绩，而等级赋分高低取决于考生的选考科目在全省的排位。这就需要学生和家长充分研究不同学科在全省范围内，高分学生选择多还是低分学生选择多。如果这个学科高分学生选择的明显多于低分学生，那么一个中等分数学生选择这科就容易赋低分，反之则容易赋高分。

四是不深入了解或片面了解专业选课要求。有些家长对大学有哪些专业课，对学生能力有何要求，职业前景如何等了解不多；即使是同一个专业，不同大学对选考科目的要求也不同，家长有时只看了个别大学的选课要求，就认为其他大学的要求也一样。

五是情感冲动。因为舍不得原班级和班主任老师而选课，或班里选哪科的人多就跟着选哪科。

（三）代替孩子选课

有些家长在面对孩子选课问题时，认为自己接触到的信息比较多，有更多的生活和职业经验，就会过多地干预孩子的选课问题，或不自主地替孩子做决定。当孩子的兴趣和需求与家长的期望不符时，就可能导致不满和冲突。家长过多的干预会导致孩子失去独立性，影响其决策能力，做出不合适的选课决定。高中选课是孩子成长道路上的重要部分，家长可以发挥积极的引导作用，提供信息和支持，但需尊重孩子的意愿和兴趣，最终的决策应该是基于孩子的需求和目标而确定的。家长的支持和指导可以帮助孩子更好地应对未来的挑战，迈向成功。

三、如何应对选课走班的指导策略

（一）加强对选课走班制的认识和重视

孩子在面对选课走班时，存在着不自觉性和盲目性等问题。新高考改革尊重孩子的自主选择权，让孩子根据自己的兴趣特长、职业发展取向和未来人生规划自主选择选考科目。但在实际情况中，孩子选课走班的自觉意识和能力尚不够，存在很大的盲目性，主要有以下几种表现。

1. 选课走班时感到迷茫与焦虑

杜芳芳等人的调查发现，41.32%的高一学生自主选择科目时不知道该如何选择，存在焦虑；74.6%的学生希望教师能为自己选课提供帮助，甚至替自己选课。

2. 选课走班时存在功利性

有些孩子在确定自己的选考科目时，会优先考虑那些简单、容易得高分的科目，或者主要依据当下成绩来确定选考科目，而对选课必须考虑的其他重要因素，如大学专业要求和长远目标等缺乏必要的重视。由于这种选课走班的初衷没有考虑各科目的内在学习规律，在经历高强度的学习后，孩子往往会对一些科目逐渐失去兴趣，从而产生较多的负面情绪，甚至影响身心健康发展。

3. 选课走班时存在随意性

很多时候孩子在听取他人对选考科目的介绍时，仅凭一时的情况、想法或对某个教师的喜好选择高考科目，认为只要自己不排斥的科目和教师就是好的选择。

基于新高考提出的创新发展需求和高中生的课程基础，家长要跟孩子多沟通、多讨论，提高孩子对选课走班教学的认知水平。家长可以带孩子参加选课相关的专题讲座，加强对新高考和选课走班的了解程度，增加对专业选择、探索兴趣、爱好和成长目标等内容的熟悉程度，避免孩子在选课走班过程中出现随意性或盲目性问题。

（二）强化孩子的生涯规划意识和能力

孩子在选课时的不知所措，往往和其不知道自己未来的职业方向有很大关系。随着社会的发展变化，生涯发展意识和职业规划能力对孩子的未来至关重要。培养孩子的生涯发展意识和职业规划能力，既可以帮助其更好地认识自己，在选课时做出适合自己的选择，也可以为其未来发展奠定良好的基础。

1. 帮助孩子了解其职业兴趣和能力

孩子的兴趣和能力是培养其生涯发展意识和职业规划能力的基础。家长要耐心倾听孩子内心的声音，了解他的兴趣方向，并发掘他的优势和潜在能力，引导他了解自己的能力所在，以及其与兴趣、能力相匹配的职业方向，从而在面对选课时，做出正确选择。

2. 为孩子提供多元化的职业体验机会

通过寒暑假或节假日让孩子参加各种职业活动，例如实地参观企业、志愿者活动、实习等，帮助他更好地去了解不同职业的工作内容、要求和未来前景，帮助孩子对自己的职业兴趣有进一步的了解和认识，从而明确自己的职业意愿，最终在选课时，根据自己的职业倾向来进行科目的选择。

3. 引导孩子进行职业规划和生涯决策

职业规划是孩子未来职业发展的重要前提，家长可以帮助孩子进行自我评价，明确自己的兴趣、能力、性格和价值观等，根据自身能力和兴趣，做出正确的选择。家长协同孩子一起制定短期和长期的职业目标，并与孩子一起探索实现这些目标的途径和方式。在职业规划中，培养孩子主动寻找信息、作出决策，以及解决问题和应对问题的能力。

4. 注重提升孩子的综合素养

除了专业的知识和技能外，孩子的综合素养也是生涯发展的重要影响因素。家长要有意识地培养孩子的沟通能力、创新能力、团队协作能力和组织能力等。通过培养孩子的综合素养，可以增强其适应不同生活环境的能力，提升其生涯发展的竞争力。

（三）提升孩子自主学习的意识与能力

选课走班背景下，孩子的自主学习能力将对其学习成绩产生重要的影响。随着教学管理方式的变革，孩子的学习方式将发生根本性的改变，由过去教师监管下的被动学习转变为自我主导式的自主学习。学习方式的转变，在很大程度上影响学业成绩。对那些自主学习能力强、具有自我管理能力的孩子来说，能较快地适应这种学习方式的转变；但对那些自主学习能力较差、自我管理意识不强的孩子而言，没有了父母和老师的监管，他们很可能会逐渐迷失自我，失去前进的方向和动力，从而导致学业成绩下降。

走班制的实施对班级的正常管理秩序造成了冲击，削弱了班级管理所特有的德育功能。除了在教师的配置模式上需要做出相应的调整，还需要提升孩子自身的责任意识和自我管理能力。作为家长，可以从以下几方面着手。

1. 帮助孩子树立正确的学习观念

家长要认识到，学习不仅仅是为了考试和升学，更是为了让孩子具备解决问题的能力，提高其生活的质量。因此，家长在平时的生活中要多鼓励孩子主动学习，而不是被动地接受教育；同时也要学会尊重孩子的学习兴趣和选择，让他能够在自己喜欢的领域学习。

2. 为孩子创设良好的学习环境

家长应给孩子创设一个良好的学习环境和氛围，为孩子提供一个安静、舒适的学习空间，准备必要的学习工具和资源。

3. 培养孩子的自主学习能力

家长要给予孩子适当的指导和支持。比如，协助孩子一起制订合理的学习计划，合理安排时间，指导他学会收集、筛选和利用学习资源，掌握分析问题、解决问题的能力，鼓励孩子学会独立思考和主动探索，提升其自主学习能力，激发其内在的学习动力。

4. 鼓励孩子参与多样化的实践活动

家长要引导孩子广泛阅读，培养他的阅读习惯和获取信息的能力；鼓励孩子多参与课外实践活动，开阔其视野，提高其综合素养。

（四）提高孩子的人际交往能力

实施选课走班制，孩子在以往传统的行政班学习之外，还要进行不同课程的走班学习，加大了与不同的老师、同学相处的可能，扩大了交际范围。传统教学班级制班级固定，有助于同学之间相互了解、交流、互动、互助；相较之下，走班制重新组合的学科班级，同学之间相处时间少，相互了解不够，不便于孩子按自己的意愿寻求学习伙伴，进行日常化的学习交流。同时在师生互动上，选课走班管理不同于以往的行政班级管理，班级组织形式多变，教师、场地等资源不固定，使得师生互动较少，关系逐渐生疏。因为走班，上课的学生来自不同的班级，在情感上没有班集体的认同感，短期内班级文化也很难形成，因而集体观念淡薄，行为上容易形成非正式群体。

面对选课走班产生的"师生""生生"之间的人际交往问题不容忽视，孩子与同学和老师之间应建立亲密而独立的人际互动关系。保持沟通的积极意愿和行为是增强生生互动、师生互动的重要手段，因此家长需要加强孩子的人际交往指导，具体可以从以下几方面入手。

1. 提升孩子的自信心

在孩子与他人交往中表现出积极的行为或主动尝试时，家长要及时给予肯定、支持和鼓励，帮助孩子建立自信心和自尊心，从而提升他的主动性和积极性。

2. 培养孩子的同理心

家长可以通过分享社交技巧等方式，引导孩子懂得如何与人交往相处，如何表达自己的想法和情绪，如何理解他人的情感和需求，从而培养其同理心，提升更好地与他人相处、理解他人的社交能力。

3. 提高孩子的社交技能

家长可以给孩子多创造一些社交机会，例如组织一些家庭活动或聚会，邀请其他家庭的孩子参加，为孩子提供与他人互动、交流的机会，从而帮助孩子了解和掌握社交技巧，促进他的社交发展。

4. 加强孩子的沟通能力

家长需要与孩子建立良好的信任关系，加强与孩子的沟通，进行耐心、细心的指导，从而帮助他更好地融入社会。

参考文献

[1]魏孔鹏.新高考选课走班模式下生涯规划意义与策略[J].考试周刊，2021（69）：10-12.

[2]崔利军.我国普通高中选课制实施现状及实施对策研究[D].长春：东北师范大学，2008.

[3]王郢，程曦.新高考背景下高中"选课走班"面临的矛盾、动因及应对——基于武汉市武昌区的实地调研[J].中国考试，2020（2）：23-29.

[4]李军靠，丁一鑫，赵丹.新高考下普通高中选课走班教学的困境与跨越[J].中国教育周刊，2018（1）：26-30.

[5]杜芳芳，金哲.走班制视野下高中生学业生活的转变及学校行动[J].湖南师范大学教育科学学报，2017（2）：43-48.

[6]邓箫.新高考选课走班制背景下和谐师生关系建构研究——基于深圳市高中的实证调查[D].阜阳：阜阳师范大学，2022.

[7]张敏，田晏铭."走班制"下高中生人际交往策略研究[J].中国校外教育，2011（1）：16.

[8]王宇.新高考背景下高中选课走班的意义、面对的挑战与实践策略[J].数学学习与研究，2022（15）：101-103.

[9]刘世丽，王宏伟.选课走班语境下高中教学的特征、困境与突破[J].教学与管理，2022（10）：5-7.

[10]陈珂，张鹏军，罗军凯.基于新高考下普通高中选课走班开展的思考[J].新课程，2022（25）：74-75.

[11]李勇.探讨新高考下普通高中选课走班教学的困境与策略[J].智力，2021（2）：43-44.

（执笔：宋海燕　绍兴鲁迅中学）

第 29 课

如何帮助孩子
应对学业挫败

课程简介

教学对象

高二学生家长

教学目标

1. 了解什么是学业挫败。

2. 正确认识学业挫败的相关影响。

3. 掌握帮助孩子应对学业挫败的策略和方法。

教学时长

90 分钟

课程框架

（三）关注学习状态，提升学习效益

    1. 帮助因身体疾病造成学习状态差的孩子接纳现状

    2. 帮助因过度疲劳造成学习状态差的孩子缓解疲劳

参考文献

课程内容

[实例导入]

小辉从小学到初中学习成绩一直名列前茅，经常得到家长和邻居的夸奖。中考他如愿以偿考上了当地最好的高中。可上高中后，小辉每次考试排名都比较靠后。小辉的父母很着急，责怪他学习不努力，把精力用在打游戏上。实际上小辉虽然爱打游戏，但每周打游戏的时间一直控制在三个小时以内。为了提高成绩，他在高一下学期不再打游戏，把时间都用在学习上。大半年过去了，他的排名仍然没有进步。他安慰父母说："高二选课分班之后，情况会变好的。"可直到高二上学期结束，他的排名依然没有明显变化。父母更着急了，对他的责骂也更多了。小辉感到很挫败，觉得自己很没用，不是学习的料。从寒假开始，他的学习兴趣急剧下降，开始把注意力转向游戏，每天都会花很多时间去玩游戏。他的游戏水平比较高，在游戏过程中可以获得很大的成就感。因此无论父母怎么责骂，他都无动于衷。父母无奈之下，只能向学校的心理教师求助，希望能够找到解决孩子问题的办法。

从上面的实例我们可以看到，进入高中的小辉由于无法接受成绩排名下降后，产生了挫败的感受。类似的情形在高中还是比较普遍的。不少孩子以为高二学习的主要科目数量减少了，会轻松一点，但随着选课走班的实施、各个学科学习难度的增大，学习强度不减反增，学习越来越吃力。部分孩子会因为学习上的困难、成绩一直不理想而感到挫败，也有部分孩子原来在高一各个学科成绩都很均衡，到了高二却因为没有优势选考学科，整体的成绩排位一下子退后很多，因此也产生了挫败感。如何指导孩子应对学业挫败，成为很多家长急切需要解决的难题。

一、学业挫败概述

（一）学业挫败的概念

学业挫败，是指孩子在学业上感到挫折和失败，它是一种主观感受。学业挫败不能用"学习成绩明显低下"或"成绩排名靠后"的客观标准来衡量，它是在学习成绩明显下降或成绩排名靠后等情况下，部分孩子在情感、情绪上明显遭遇打击，而产生挫败的主观感受。

学业挫败的孩子常常会因为挫败感而出现自我迷失、无望、自责、自罪、自虐等严重的情绪困扰，或者陷入家庭重压与难解的亲子矛盾之中。

（二）学业挫败的表现

孩子的学业挫败主要表现在学习过程受挫和成绩排名受挫。

1. 学习过程受挫

学习过程受挫的主要表现是孩子在学习过程中，无法掌握学习内容，作业不会做，导致考试成绩差。学习绝对成绩明显较差，使孩子感觉学业困难和自己无能为力，且环境压力很大，因此学业挫败感油然而生。

2. 成绩排名受挫

成绩排名受挫的主要表现是学习过程还比较顺利，学习绝对成绩并不差，但在学校或班级的排名靠后或者未能达到自己的预期目标，孩子因定位不当、力不从心、心气过高且环境压力很大等因素，而深感学业挫败。

（三）出现学业挫败的必然性

部分高中孩子出现学业挫败有其必然性。高中实行分层录取，不同成绩梯队的同学分别考入不同层次的学校。在重点高中，录取的大都是初中学业成绩名列前茅的孩子。到了高中以后就要重新进行排名，一些排名靠后的孩子往往因无法接受自己的落后而感到十分沮丧。高一的时候，他们尚且觉得通过努力可以改变现状，但等到了高二排名依然靠后，这让孩子和家长都难以接受，就会出现学业挫败的感觉。

而进入普通高中的孩子，在初中一般成绩中等，学习基础较弱。到了高中，大部分实行的是统一考试，普通高中的孩子绝对成绩远不如重点高中的孩子。特别是在普通高中排名也靠后的孩子，经受绝对成绩和相对排名的双重打击，挫败感就自然产生了。

另外，随着教材难度的增大，一部分孩子也会感到力不从心。如到了高二年级，随着各个学科（特别是理科）难度的加大，很多孩子出现上课听不懂、作业不会做的现象。高一时一些孩子相信自己通过各种方式努力可以改变现状，但到了高二还没有实质的改变，甚至差距更大，他们就变得越来越沮丧。此时遭受学业挫败是大概率事件。

二、学业挫败带来的影响

（一）学业挫败对孩子的影响

孩子学业挫败往往经历从暂时学业挫败到长期学业挫败的发展过程。

1.暂时学业挫败

暂时学业挫败，是指初次遇到学习上的困难或者考试成绩不理想而感受到挫败感。暂时学业挫败的孩子会感到迷茫，学习上失去动力和方向，常以"厌学"为主要表现形式。他们不想去学校，但一般还会坚持去学校学习，只是改变现状的信心有些不足，对学习的兴趣明显下降。此时如果能及时干预，会有比较好的干预效果，否则就会转化为长期学业挫败。

2.长期学业挫败

长期学业挫败，指孩子反复出现学业挫败的感受或长期处在学业挫败状态中。这样的孩子一直处在学习困难状态中，无法达到自己的预期目标或要求，内心充满失望、沮丧和焦虑。

长期学业挫败的孩子不仅表现出厌学，而且常常拒绝学习，不再去学校。他们感到特别迷茫，觉得未来毫无希望，不知道自己接着要做什么，于是会选择逃避。逃避的方式主要有以下几种：第一，逃到情感世界里去；第二，逃到虚拟世界里去；第三，逃到社会同类青少年团伙当中去；第四，放弃学业，逃入家庭"避风港"，与世隔绝。

（二）学业挫败对家庭的影响

1.引发家长负性情绪反应

面对孩子的学业挫败，家长常常会表现出各种负性情绪反应，如焦虑、沮丧、愤怒和自责等，是最常见的情绪反应。

焦虑是孩子出现学业挫败时家长最常出现的负性反应。他们会把孩子的每一个让自己不满意的行为都和高考以及未来联系起来，觉得孩子就此"完蛋"了。家长常常会急于帮助孩子摆脱现状，想方设法地做点什么，但由于方向不对或方式不恰当，结果往往适得其反。这时家长可能并没有认识到问题所在。

随着孩子学业挫败时间的延长，家长发现自己无论多么努力都是枉然，无法让孩子获得改变，沮丧就会油然而生。这时家长做什么事情都觉得没有心情，甚至感到孩子的未来没有希望，自己也没有可指望的了。

家长在感到沮丧的同时，还会对孩子产生愤怒的感觉，认为造成这样的结局都是由于孩子不努力。自己已经想了那么多办法，为孩子付出那么多，但孩子丝毫没有改变。因此，他们会认为一切都是孩子的错，于是开始攻击孩子，或者把这种情绪转移到其他家人身上来宣泄自己的愤怒。

很多家长在攻击了孩子或者家人之后，又会陷入深深的自责，觉得自己不应该这样对待他们，进而可能会归咎于自己无能才无法帮助孩子改变现状。

2. 导致亲子冲突

学业挫败引发亲子冲突的一个主要原因是家长对高中学习的错误认知。很多家长误以为高中学习还是和小学、初中阶段一样，只要孩子努力，成绩自然就比较好。他们忽视了一个客观事实：小学和初中的学习内容难度相对比较低，绝大部分智力正常的孩子，只要足够努力，就可以掌握大部分知识，从而取得相当好的成绩。但到了高中，学习难度和强度增大，与小学、初中有明显不同。部分孩子虽然很努力，但成绩还是有可能下滑。而且决定孩子学习成绩的有很多因素：学习基础、学习方法、身体状态、心理状态、自身的态度等，无论哪个方面出现问题，都会影响到学习结果。特别到了高二，成绩分化更加明显。家长如果没有认识到引起学业挫败的诸多因素，而只简单归因于孩子不够努力，做的题目不够多，于是指责甚至打骂孩子，就容易引发亲子冲突。

3. 让家长陷入迷茫

面对孩子成绩不理想，家长往往会产生焦虑、沮丧、愤怒等负面情绪。当家长被自己的情绪困扰时，一般很难体会到孩子的感受，只会一味地责怪孩子不努力，进而攻击孩子，这样会对孩子的身心造成更大的影响，使他的挫败感更加强烈。

以上这些情景，或多或少会对家庭生活带来一定影响。有些原本和睦的家庭变得争吵不断或相互冷战。有的夫妻会相互指责，责怪对方的教育方式或行为造成了孩子的学业挫败，有的甚至还会引发婚姻问题。

三、家长帮助孩子应对学业挫败的策略和方法

（一）接纳学习现状，理性应对不足

面对孩子的学业挫败，家长首先要接纳孩子的学习现状，理性应对孩子的不足。学业挫败的孩子大多学习基础相对薄弱，主要原因有两点：一是学科学习能力偏弱，二是前一阶段的学习不够扎实。针对不同情况，家长应采取的策略也是不一样的。

1. 接纳孩子学科素养或学科智能的不足

从多元智能理论来看，虽然整体智能大家差不多，但每个人的智力组合是不一样的。因此，大部分孩子都有自己擅长和不擅长的学科。如有的孩子擅长文科，语言智能比较高，而数学逻辑智能会相对低一些；有的擅长理科，逻辑数学智力高一些，语言智能则相对低一些。即使有不擅长的学科，绝大部分孩子也不会差到学业挫败的程度，但总有一小部分孩子会因为某些学科所需的智能偏低，从而导致学习困难，进而导致学业挫败。

面对学科素养或者说学科智能不足导致的学业挫败，家长要学会接纳，承认孩子在学习这些学科的时候是有困难的，允许孩子相对落后。家长接纳孩子的不足，孩子才能够接纳自己，从而理性地分析自己的学习情况。家长还可以鼓励孩子扬长避短，更多关注自己有优势的科目，进一步提升成绩，从而使整体学业水平提高，帮助孩子逐渐从学业挫败中走出来。

2. 切实帮助孩子弥补学科知识的不足

有很多孩子是前一阶段的学习不够扎实或者掌握得不到位，以致学习新知识困难，进而导致学业挫败。面对这种情况，家长首先要接纳孩子暂时的落后，这样才能稳定孩子的情绪，使其能尽快把精力集中到如何夯实基础上。

当孩子情绪稳定之后，家长可以和孩子协商，聘请该学科指导能力比较强的老师进行辅导。找到适合的老师，让老师和孩子共同讨论，确定弥补学科知

识不足的起点，规划大致需要多少时间跟上其他同学的进度。这个过程意在让孩子得到切实的帮助，重拾信心投入学习中，逐渐从学业挫败当中走出来。

（二）教给学习方法，提高学习效益

学习方法不恰当也是导致孩子学业挫败的重要原因。这部分孩子常常表现为主观上非常愿意学习，特别努力，但学习效益很低，学业成绩不理想，进而感到学业挫败。针对这一类孩子，家长可以采取以下应对策略：首先，帮助孩子认清情况，肯定其愿意学习、特别努力的态度，同时指出由于学习方法不当导致学习效益低，结果无法令人满意的事实。其次，可以从以下几方面和孩子共同分析，并纠正不恰当的学习方法。

1. 优选学习内容

在以提高考试成绩为目的的学习中有一个"铁律"：提高成绩不能简单地依赖于多做练习，还要善于查找短板漏洞并加以弥补提升。以学生的作业为例，大致可以分为三类："一看就会"的作业、"似懂非懂"的作业和"一点也不会"的作业。哪类作业是最有效的作业？根据学习心理学家维果茨基的最近发展区域理论，"似懂非懂"的作业是学生自我攻克的最近发展区域，这一类作业一定要做，而且也是效益较高的作业。"一点也不会"的作业是最能提升自己学业水平的作业，所以自己一定要有所钻研；在这个基础上，去请教老师和其他同学，如果通过他们的讲解自己能够理解，那这部分就是维果茨基定义的"最近发展区域"。而"一看就会"的作业，是已有发展区域，是学习效益低的作业，可以尽量少做。

2. 应用科学的补漏策略

针对自己不懂的内容开展查漏补缺，是学习特别重要的一个环节。在现实中，很多孩子的补漏策略很不科学，主要体现在提问策略上。很多孩子遇到不会做的作业或不懂的问题，自己不思考就去问老师。结果老师讲解了，自己还是没有掌握；或自己觉得听懂了，但到考试的时候依然不会。其原因是孩子只是背下了答案，并没有真正理解题目，也没能弥补自己的知识漏洞。

家长应教会孩子科学的提问策略，即先对不会的题目做充分的思考，提问时向老师讲述自己思考的过程，要求老师有针对性地给予指导，如分析自己知识的漏洞在哪里，方法的欠缺之处在哪里，思路的偏差在哪里，从而一一进行弥补，这样就可以真正地理解和掌握自己不会的题目。

3. 彻底解决不懂的问题

很多孩子在老师讲解时听懂了就以为自己会了，其实未必真正掌握了，还需要采取彻底解决问题的策略才能更好地学以致用。彻底解决问题的策略，第一，需要在自认为听懂的基础上，再复述自己理解的内容，将内隐的思维过程展示给老师；如果老师肯定了自己的理解，那才是正确理解。第二，在听懂的基础上，还需要再找几道相同类型的题目来练习；如果这些练习题都解答正确了，才算会做。第三，在完成了几道同一类型的题目之后，自己进行分析总结；从知识点、解题方法、解题思路等方面归纳出规律，才能算彻底解决问题。

（三）关注学习状态，提升学习效益

孩子学习状态差也是导致学业挫败的常见原因。学习状态差的外在表现常常是无法进入学习状态和学习效益很低。从导致孩子学习状态差的原因看，可分为身体疾病和过度疲劳两种，家长应该采取不同的应对策略。

1. 帮助因身体疾病造成学习状态差的孩子接纳现状

面对孩子因身体疾病造成的学习状态差，家长首先要接受现状。高中学习强度过大和学习时间过长，会消耗孩子大量的精力和体力，因此好的身体是取得好成绩的前提。当孩子因为身体疾病无法跟上其他同学的学习节奏而造成落后时，家长一定要接受现实，把身体健康放在首位，允许孩子学习上的相对落后。这样才能够帮助孩子接纳自己无法像其他同学那样拼命学习，用消耗身体的方式去取得更好成绩的现状，逐渐从学业挫败的阴影中走出来，按照自己的节奏去学习。

2. 帮助因过度疲劳造成学习状态差的孩子缓解疲劳

家长首先要观察、分析孩子过度疲劳的原因，然后采取相应的措施。造成过度疲劳的因素是多方面的，比如睡眠时间不足、学习时间过长、休息（休闲娱乐）太少、运动缺乏和营养不足等。家长要和孩子共同商议，多方面入手，来有效调整身体状态，缓解学习疲劳。综合来看，应对过度疲劳主要有以下几个策略。

（1）保证足够睡眠

高中生睡眠时间不足是比较普遍的现象，严重不足时就会影响学习状态。一般来讲，高中生至少要保证 7 个小时的睡眠时间。不过，个体对睡眠时间的需要差距很大，有的孩子需要更多的时间，有的则需要的相对少一些。因此可以参照白天没有明显的困意，上课学习效益比较高作为标准。如果有困意，而且影响学习效益的话，就需要适当延长睡眠时间。

（2）控制学习时长

孩子每天的学习时间不宜过长。家长可以鼓励孩子探索适合自己的最佳学习时长，努力按照适合自己的学习节奏进行学习。

（3）适当安排休息

足够的休息能够恢复孩子的体力和精力，有效缓解疲劳，为下一阶段的学习做好准备。同时，每周还要有一定的休闲娱乐时间，这可以给孩子带来精神上的愉悦。

（4）确保运动时间

孩子每天一定要有时间运动。国家提倡学生每天运动一小时，这是最基本的。在每天运动的基础上，每周最好有一次能让孩子出一身汗的运动。这有利于提高身体的兴奋度，从而缓解疲劳。

（5）均衡营养摄入

过度疲劳的孩子，要摄入足够的蛋白质、碳水化合物、脂肪、维生素和矿物质等营养物质，才有助于促进身体机能的恢复。因此三餐都要正常吃，而且摄入的食物要保证营养均衡。同时要注意补充能量，早餐可以选择富含蛋白质和碳水化合物的食物，如牛奶、鸡蛋、全麦面包等。同时，在午餐和晚餐中也要适当增加主食的摄入量，如米饭、面条等。另外还可以适当食用一些坚果、巧克力等高热量食物，以补充能量。

当孩子的身体逐渐从疲劳状态中恢复过来时，他对学习的信心也就逐渐增强，慢慢就会从学习挫败的阴影中走出来。

面对学习挫败的孩子，家长应该理性对待，根据孩子的情况，科学地运用适合的策略方法，帮助孩子更好地应对学习挫败，平稳地走出人生低谷。换另一个角度思考，经历一次挫败对孩子也有积极的一面，它可以丰富孩子的阅历，使其增加克服困难的经验。

参考文献

[1] 王昭娟.善待学业挫败的学生[J].教师，2016（1）：29.

[2] 钟志农.中学生学业挫败引发的"逃跑反应"及其预防[J].江苏教育，2019（40）：32-34.

[3] 钟志农.善待处境不利的学生 ——校园危机干预的再思考[J].江苏教育，2019（88）：31-36.

[4] 法伯，玛兹丽施.如何说孩子才会听 怎么听孩子才肯说（2012年全新修订版）[M].安燕玲，译.北京：中央编译出版社，2012.

（执笔：周杨经 长兴县金陵高级中学）

第 30 课

如何陪伴孩子
度过高考期

课程简介

教学对象

高三学生家长

教学目标

1. 明确高考期给孩子和家庭带来的影响。

2. 了解高考期的常见问题及其影响。

3. 掌握科学陪伴孩子度过高考期的策略与方法。

教学时长

90 分钟

课程框架

（四）合理确定高考目标，让孩子学习更有动力

    1. 正确认识决定目标动力的主要因素

    2. 根据孩子的实力区间确定目标大学

参考文献

课程内容

[实例导入]

　　王艳是一名高三女生，父母都是教师，对她的学习要求与期望值都很高，为她制定的目标就是考上 C9 名校。从小学到高二，王艳的学习成绩基本保持第 1 名。进入高三后的第一次考试，不知怎么的，她的成绩降到班里第 10 名。按照往常的经验，这一次考不好，下一次一定能考好。她继续努力学习，可第二次考试，成绩更差，排到第 15 名。此后她焦虑不安，上课无法集中注意力，脑子一片混乱，成绩很快滑到第 15 到 20 名之间。她出现了失眠、食欲不振的情况，一想到考试，就紧张得几乎不能呼吸，回家还常常发脾气。

　　即便这样，王艳依然自觉学习。晚自习后回到家已接近 23 点，她不是抓紧休息，而是拿出复习材料，关上门继续学习。母亲每天一看到她回家，就嘘寒问暖，喋喋不休，直到女儿受不了，请她闭嘴为止。而父亲在每次考试过后，都会将女儿的成绩与其他尖子生做对比，指出她不应该有的失误。每次听完父亲的分析，王艳都满心内疚，暗暗下决心下次一定要避免失误，争取最好的成绩。可是她越想考好越觉得力不从心。父母也越来越不能接受她的成绩。

　　母亲觉得自己对女儿的关心是无微不至的，父亲也觉得自己用了最好的方法帮助女儿。但是两个人的策略却都不管用，于是他们深深地陷入无助的状态中，不知道还能做什么。

　　高考期，指面对高考的整个高三阶段。从实例中，我们看到一名优秀学生进入高考期后，由于一次考试成绩下滑，家长和孩子都陷入过度焦虑的状态中，造成了一系列不良反应。到了高三，竞争更加激烈，学生们都知道要在数百万考生中脱颖而出，必须在高考中有出色的表现。为此他们需要加倍努力，同时还要面对来自家庭和社会的期望与压力。如何陪伴孩子度过高考期，是家长们需要重视的问题。

一、高考对高中生家长的影响

高考成绩对孩子升学和就业的重要性不言而喻，它决定其能否进入理想的大学并获得更好的就业机会，甚至可能决定其未来的社会地位和经济状况。因此，高考成为家庭和社会共同关注的焦点，给孩子和家长带来了巨大的心理压力。进入高三，高考的"战场"就从学校一直延伸到家庭，家长们开始焦虑起来，给生活带来了很多影响。

（一）影响生活状态

在焦虑情绪的影响下，有的家长会变得无心工作，甚至干脆请假或把生意停了专门来陪孩子学习迎考；有的整天想孩子高考的事情，感到焦虑但又无所事事；有的会影响到饮食，常常会茶饭不思，甚至影响身体健康；还有的会影响睡眠质量，出现难以入睡或者过早醒来的情况，有的甚至整夜失眠。

（二）影响家庭氛围

有的家长反映，孩子上了高三后，家里的气氛紧张起来，有时甚至觉得空气都似乎凝固了。只要孩子在家里，家里就会鸦雀无声。电视机关了，手机调成静音模式，每个人走路说话都是轻悄悄的，有的家长甚至会有"喘气重一点都是罪过"的心理，生怕弄出一点声响影响孩子学习。

（三）影响亲子关系

进入高考期，家长对孩子的关心越来越细致，孩子的一个轻微举动都会引起家长的高度重视。比如孩子稍微咳嗽了几声，家长就如临大敌，不停地嘘寒问暖、寻医问药。这些行为可能没有让孩子感受到温暖，反而让孩子感到压力，以致影响了亲子关系。

二、高考期常出现的问题

为了能够让孩子用最好的状态学习、考试，家长竭尽所能帮助孩子，与学习无关的事情选择在高考结束后再处理。但家长的很多做法往往适得其反，给孩子带来负面影响。

（一）无微不至的关怀，孩子焦虑不安

在生活方面，很多家庭会全员出动，无微不至甚至"无孔不入"地关怀孩子。这种过度的关怀好像一张无形的大网罩着孩子，使其无法自由呼吸，感觉无所适从、焦虑不安。面对这种情况，不同类型的孩子会采取不同的应对方法。有的孩子由于处在青春期，会自然而然地产生逆反心理，去顶撞家长，让家长不要管他；有的孩子会不自觉地产生自责心理，深深地觉得自己对不起家长。

逆反心理与自责心理都会影响孩子的学习状态，使其学习效益降低，从而影响成绩。长期处在严重的负性情绪中，还可能导致孩子心理扭曲，产生心理问题或疾病，从而无法学习，甚至无法参加高考。

（二）无限制的学习要求，孩子疲惫不堪

很多家长面对高考压力，认为孩子应该尽最大努力，利用一切时间来学习，给孩子提出过高的要求。如紧张学习了一周之后，孩子想在周末放松一下，玩会儿游戏或看看电视，家长却认为这是在偷懒、不务正业。有的家长会给孩子安排很多补习班，或者监督着孩子连轴转地学习。有的家长甚至会要求孩子学习古人头悬梁锥刺股的精神，通过减少睡眠时间来进行苦读。如此无限制的学习要求，使孩子疲惫不堪，出现过度疲劳现象，从而严重影响学习效益。

（三）过度重视考试成绩，孩子诚惶诚恐

进入高三后，很多家长特别重视孩子每次的考试成绩，牢牢盯住孩子在班级和年级中的排名变化。每当孩子的排名有进步时，他们会特别高兴，大加夸赞，甚至会满足孩子提出的一切要求；反之，当名次下降时，家长会特别担心，仿佛整个世界都毁了，会不断地指责孩子学习不够努力。

家长如此看重每次的考试成绩，往往让孩子诚惶诚恐，引起一系列的不良反应。比如，会让孩子对考试产生过度焦虑，影响其学习状态和考试发挥，还可能让孩子产生自卑与自责的情绪。如果多次考得不好，孩子会对学习产生畏惧心理，严重的还会出现"习得性无助"现象。

（四）过高的高考目标，孩子力不从心

"望子成龙""望女成凤"的急切心情，容易让家长对孩子有着过高的期待，会有意无意地拔高孩子成绩的上限，拔高孩子的高考目标。面对过高的高考目标，不同的孩子会有不同的反应：有的孩子会觉得完全没有希望，从而放弃一切努力，索性"躺平"；有的孩子听从家长，也把这不切实际的想法作为自己的高考目标，但其实内心里认为自己不管怎么努力也无法实现目标，于是为了维持自己有可能实现目标的假象，就表现为因为这样或那样的原因始终无法真正努力地学习。

三、陪伴孩子度过高考期的策略与方法

（一）关注高考焦虑，把焦虑控制在适度水平

面对高考，孩子有一定的焦虑是正常的事情，但是如果家长把高考期的每一件小事都当成大事来看，给予特别的重视，会让孩子变得特别焦虑。这不但干扰其正常的学习，还会给最后的高考带来负面影响。那么，家长应该如何帮助孩子应对焦虑呢？

1. 对孩子高考期的焦虑有正确的认识

面对考试尤其是较为重要的考试，如中考、高考，每个孩子的心情都难免有点紧张。心理学研究表明，适度的焦虑有助于调动孩子的心理能量和生理能量，帮助他们全力以赴地面对考试，使自己的学识得以充分发挥，从而取得较好的考试成绩。面对高考，如果孩子的重视程度不够，过于轻视，会影响其学习状态，导致高考成绩不佳；但是过度焦虑，则会影响其正常的学习，甚至无法面对考试。

2. 不要将自己的焦虑传递给孩子

在高考期，家长切不可夸大孩子的紧张程度，认为这实在糟透了，肯定会影响成绩，结果自己也陷入高度紧张状态，而这种紧张的状态会感染孩子。表面上看，家长的焦虑是由孩子引起的，但深究下去可以发现，恰恰是家长的焦虑引起了孩子的焦虑。家长把自己对生活的不满和未实现的愿望都寄托到孩子身上，对孩子期望过高，过度关注其学习成绩，过度强调与他人的比较，等

等，这些都影响到孩子的学习心态，导致其无法平静地面对考试得失，进而出现各种症状和反应。

3. 允许孩子有失利的可能

有的家长把高考看作孩子的全部，好像高考不理想就什么都完了。但实际上，无论做了多么充分的准备，都有可能会失利。如果不允许有失利，那孩子的焦虑就会超过一般水平。

高考不过是人生无数次机遇中比较重要的一次，就算失败了，也不足以遗憾终生。因为人生的机遇不是只有一次高考，人生的道路也并非只有升学这一条。孩子曾经努力过，奋斗过，煎熬过，考上了固然好，考不上也没有什么。生活还会继续，前方还有很多机会，只要继续努力，肯定会有一次成功。如果家长有这样的想法，并把这样的信息传递给孩子，孩子就会降低对高考的恐惧，更加安心学习。

（二）关注疲劳度，提高孩子的学习效益

随着高三学习强度的不断增加，在连续紧张复习一段时间后，很多孩子会出现学习疲劳的情况，学习效益也随之降低。家长需要正确认识，帮助孩子降低学习疲劳，提高学习效益。

1. 家长要正确认识疲劳

疲劳现象的出现是大脑产生的自我保护性反应，它向人体发出一种需要暂停学习、进行调整休息的信号。如果不能及时调整和休息，疲劳的程度就会由弱到强地逐渐变化。最初具体表现为学习精力不集中、听课走神、记忆力差和学习效益明显下降；继而会出现哈欠连天、老是打瞌睡、反应迟钝、学习错误率增高、学习速度明显减慢；如果还没有进行调整，过度的疲劳会降低机体的功能，孩子可能出现思维停滞、精神萎靡、头昏、头痛、失眠、嗜睡、食欲减退等症状。

2. 采取有效措施缓解疲劳

孩子出现学习疲劳的主要因素有：休息不足、作业量过大、学习压力过重、学习方法不当、学习动力不足、营养不合理等。家长可以从减少无效的作业、采用更科学的学习策略、激发孩子的学习动力以及给孩子合理的饮食等方面，

帮助孩子有效缓解疲劳。

（三）正确看待考试成绩，让孩子更有稳定感

1. 全面了解决定考试成绩的诸多因素

决定高中生考试成绩的因素概括起来，可以分为以下五方面。

（1）掌握的知识量

因为考试内容范围广，高中生也许不能像小学生那样把所有要考试的知识点全部掌握，但掌握的知识越多，考好的概率自然就越大。

（2）考试心态

适度的焦虑可以提升考试成绩，但过度的焦虑就会影响考试成绩。

（3）考试技巧

高中的考试相对复杂，需要掌握很多应试技巧。例如，避免无谓失误的技巧，时间分配的技巧，处理难题的技巧，等等。这些技巧掌握得怎么样，都会影响到最后的考试结果。

（4）考试时的身体状态

身体状态影响成绩的最普遍因素是疲劳度。当孩子处于过度疲劳的状态时，会严重影响考试发挥。

（5）考试运气

考试的运气来自考试出题的随机性。例如考卷中某个知识点的题目可以从100道备选题库中随机选一题。题库中的100道题目，有一个孩子可以做对99道，而另一个孩子只能做对5道。但是现在选1道题目来作为考题，就有可能出现这样的情况：所选的这1道题目正好是能做对99道的孩子做不出或做错的那1道，却是只能做对5道的孩子能做对的其中1道。这道题分值是5分或10分，那么对于这两个孩子来说，因为这道题目导致的分差或排名先后就不足以说明其学习水平差异，更多的是说明他们这次的考试运气不同。

2. 正确认识平时考试的真正作用

高考期的任何一次考试都是为学生迎接高考、适应高考而安排的。考试是检验学生在测试范围内，还存在哪些知识疏漏。如果家长过度重视平时的考试成绩，一味地和其他人进行比较，只会让孩子无所适从。家长要尽量分散孩子

对分数的注意力，更多地总结成绩背后的得失。当孩子成绩不好时，家长要帮助孩子分析考试的意义和失分的原因，成绩不理想是由于情绪紧张，还是由于复习计划有偏差。特别是要分析孩子不会的地方和会做却失分的原因，从中发现不足，制订下一阶段的学习计划，从而起到更好提升成绩的作用。

3.从实力区间看考试成绩让孩子有稳定感

如何对待孩子的成绩，才能让孩子更有稳定感，不受一两次考试成绩起伏的影响？从实力水平看孩子的成绩，是最理想的分析成绩方法。每个孩子的实力水平都是一个从失常水平到完全水平的区间。这个区间包含五种实力水平，依次是失常水平、最低水平、平均水平、最高水平、完全水平。按照孩子的排名情况，最低的名次是最低水平，最高的名次是最高水平，平均排名就是平均水平，各门功课考过的最低分加起来放在一次考试中去排名就是失常水平，各门功课考过的最高分加起来放在一次考试中去排名就是完全水平。（见图1）这次考试无论孩子成绩落在这五个水平的哪个区间，都只说明孩子这次考试是在这个水平发挥，而他的实力情况并没有太大的变化。下次考试的成绩落在这五个实力水平的任何一个水平都是有可能的。从一般规律来看，落在失常水平和完全水平的概率最低，落在平均水平的概率最高。

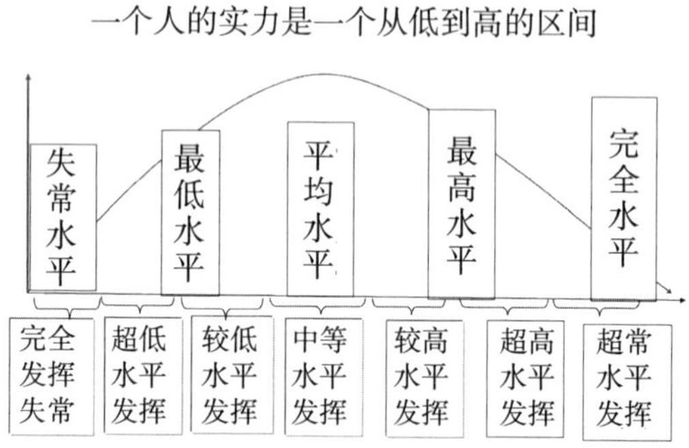

图1 考试成绩概率分布

（四）合理确定高考目标，让孩子学习更有动力

1.正确认识决定目标动力的主要因素

家长往往认为给孩子定的高考目标越高越好，因为即使最后达不到理想目

标，能实现一部分目标也很好了。家长并不知道制定高考目标的主要意义在于给孩子带来更大的学习动力。从动机心理学的"期望价值理论"来看，决定孩子高考目标的动力水平主要有"对目标的渴望程度、目标成功的可能性、目标的激励值"三个因素。这三个因素的乘积值越大，目标动力的水平越高。在这三个因素中，任何一个为 0，目标就会失去价值。因此确定高考目标时，要充分考虑孩子对目标的渴望程度、目标成功的可能性和目标的激励值三个因素，在三者之间找到一个平衡点，让它们的乘积最大。

其中，对目标的渴望程度和孩子对自己选择专业的喜欢程度有更大关系。在新高考背景下，高中开设的生涯规划课程可以帮助孩子解决这个问题。定位高考目标选择具体大学的时候，关键要考虑"目标成功的可能性和目标的激励值"。一般来说，目标成功的激励值与成功率是反向相关的——确定比较低的目标，成功的概率就上升，激励值会降低，因为低的目标会让人认为没有成功的价值。相反，确定比较高的目标，成功率会降低，而激励值会升高。因此，根据孩子的实力情况，选择适合的大学作为目标是定位的关键点。

2. 根据孩子的实力区间确定目标大学

家长合理定位孩子的高考目标，给孩子选择适合的大学，主要方法是在孩子的实力区间找到适合他的目标水平，然后根据这个水平来确定相应的目标大学。那么孩子实力区间的五大实力水平，应该以哪个水平作为确定目标大学的依据呢？不同特点的孩子，应该有不同的标准。

心理学家阿特金森认为，人在竞争时会产生两种心理倾向：追求成功的动机和回避失败的动机。每个人对这两种倾向的追求强度是不同的，一种人追求成功，另一种人力求避免失败。根据看待成就任务方式的不同，可以把人分成四种类型：成功导向型、失败避免型、过度努力型和失败接受型（见图 2）。

		接近成功的动机	
		低	高
避免失败的动机	低	失败接受型	成功导向型
	高	失败避免型	过度努力型

图 2　关于成就需要的分布模型

通常认为，成功导向型的孩子，在"最高水平到完全水平"的区间来寻找目标大学是比较科学的做法，能够给其带来更大的动力。失败避免型的孩子，高考目标大学定位在"平均水平"的区间，能够带来一定的动力，同时可以缓解其对成功概率低的焦虑。过度努力型的孩子，高考目标大学定位在"平均水平到最高水平"区间是比较科学的做法，这样能够带来较大的动力，同时也不至于产生太大的焦虑。对于失败接受型的孩子，家长在协助其确定高考目标大学的过程中，更应激发其希望感，给孩子寻找高考的动力，不要太急于去确定目标大学。

在高三的关键阶段，家长对孩子的高考有正确的认知，在高考期尽量减少对孩子产生负面影响，同时给予孩子更多正确科学的帮助，对孩子的高考发挥无疑将是一大助力。

参考文献

[1]孙珊珊.高考视角下家长焦虑情绪的原因分析及调适策略探析[J].科教文汇，2023（3）：166-168.

[2]王利.适应，困扰高三学生的问题[J].四川教育，2016（10）：26-27.

[3]刘若懿.浅谈高三学生心理问题及对策[J].科学大众（智慧教育），2017（2）：48-49.

[4]孙世红.浅谈高三后期学生易出现的心理问题及疏导[J].教师，2017（21）：177.

[5]杨芳.为心赋能助力高考——高三学生学习适应典型问题的识别和处理[J].现代教学，2022（15）：129-132.

[6]张雨强，陆卓涛，贾腾娇.新高考下高中生减负了吗——浙江新高考首届高中毕业生考试负担调查[J].教育发展研究，2019（12）：43-51.

[7]袁殷红，王健.高三学生高考前状态焦虑及其影响因素[J].中国健康心理学杂志，2011（6）：709-711.

（执笔：周杨经　长兴县金陵高级中学）

中学生家庭教育指导标准化课程体系

维度	初一	初二	初三	高一	高二	高三
生理卫生保健	1. 如何指导孩子正确应对青春期身体变化 3. 如何帮助孩子提高身体素质			20. 如何给孩子做好性与生殖健康教育		
心理健康教育	2. 如何帮助孩子适应初中生活			23. 如何培养孩子的法治意识和公民意识 25. 如何维护孩子的心理健康		
	8. 如何培养孩子的自律能力 11. 如何对孩子开展青春期性心理教育 16. 如何引导孩子建立电子产品与学习的平衡			19. 如何帮助孩子适应高一新生活 22. 如何引导孩子树立正确的价值观		
				26. 如何对孩子开展家庭生命教育		
关系指导	12. 如何帮助孩子与同伴友好相处 13. 如何与老师建立良好的关系			21. 如何建立高质量的亲子关系 24. 如何帮助孩子应对社交风险		
	15. 如何与青春期孩子有效沟通					
学习的家庭支持	4. 如何帮助孩子做好时间管理	5. 如何提升孩子的学习内驱力		27. 如何指导孩子选课与学业规划 28. 如何帮助孩子应对选课走班制	29. 如何帮助孩子应对学业挫败	30. 如何陪伴孩子度过高考期
	6. 如何帮助孩子克服考试焦虑 7. 如何帮助学习困难的孩子 9. 如何让孩子乐于投入生活实践					
	10. 如何帮助孩子过一个有意义的寒暑假		17. 如何帮助孩子应对中考压力 18. 如何帮助孩子做好升学指导			
	14. 如何帮助孩子做好学业规划					